맛있게 읽는

말랑말랑
파이썬
유쾌한
맛

신유선 지음

맛있게 읽는
말랑말랑 파이썬 유쾌한 맛

초판 인쇄 2022년 1월 25일
초판 발행 2022년 1월 30일

지은이|신유선
펴낸이|조승식
펴낸곳|도서출판 북스힐

등록|1998년 7월 28일 제22-457호
주소|서울시 강북구 한천로 153길 17
전화|02-994-0071
팩스|02-994-0073
홈페이지|www.bookshill.com
이메일|bookshill@bookshill.com

정가 16,000원
ISBN 979-11-5971-410-8

맛있게 읽는

말랑말랑
파이썬
유쾌한
맛

신유선 지음

북스힐

추천의 글

최근 인공지능과 빅데이터, SW 교육은 우리 사회뿐 아니라 교육에서도 중요하게 인식되고 있습니다. 2015 개정 교육과정에서 정보교육의 중요성이 확인되었으며 차기 교육과정에서 그 중요성은 더욱 강조되리라 생각합니다. 정보과학의 중요성은 인정하면서도 파이썬이라는 프로그래밍 언어를 공부하기는 만만치 않다고 느끼는 사람들이 많을 것입니다. 초반에 의욕을 가지고 파이썬 프로그래밍 공부를 시작했다가도 그 내용이 어려워 중간에 포기하는 사람을 많이 보았습니다. 그런 면에서 이 책은 초보자도 하나씩 따라가면서 파이썬 프로그래밍에 대해 폭넓은 이해를 할 수 있도록 도와주고 있습니다. 더욱이 고등학교 정보, 정보과학의 성취기준과 연계하여 학습이 가능하도록 구성되어 있어 함축된 교과서의 내용을 이해하는데 많은 도움이 되리라고 생각합니다. 컴퓨터 공학을 꿈꾸는 학생과 정보과학에 관심이 많은 초중고 선생님에게 이 책을 추천합니다.

– 세종특별자치시교육청 정책기획과 장학사 **서원경**

프로그래밍의 과정은 나의 생각을 친절하게 분절하여 컴퓨터에게 논리적인 순서에 따라 이야기를 하는 과정입니다. 이 책은 파이썬을 이용하여 프로젝트를 만드는 과정을 컴퓨터와 이야기하듯 자연스럽게 써 내려간 책입니다. 프로그래밍이 어렵다는 편견을 가진 이들에게 말을 걸 듯 자연스럽게 대화를 이끌어내고, 그 내용을 파이썬으로 구현하는 방법을 쉽게 풀어내었습니다. 친구와 함께 이야기를 나눈다고 생각하며 읽어내려가다 보면 파이썬에 대해 쉽게 이해하고 활용할 수 있게 되는 신기한 경험을 하게 될 것입니다.

– 인천광역시교육청교육과학정보원 교육연구사 **박상희**

프로그래밍 관련 책들은 어려운 전문 용어에 딱딱한 문체를 쓴다는 선입견을 없애준 책입니다. 중·고등 교과 연계 성취기준이 제시되어 있어 인공지능 교육을 강조하는 시기에 아주 좋은 교육용 교재로서의 가치가 있다고 생각됩니다. 부드럽고 위트 있는 언어로 쉽게 소설책 읽듯이 읽어가며 프로그래밍에 처음 입문하는 사람 누구나 쉽게 파이썬 프로그래밍 언어를 배울 수 있을 것입니다.

– 인천시교육청교육과학정보원 교육연구사 **조윤정**

저는 정보교사입니다. 이 책은 가벼운 마음으로 따라 하다 보면 금방 끝이 나는 책입니다. 우리 학생들이 혼자서 프로그래밍 실력을 키울 수 있는 아주 친절하고도 재미있는 책입니다. 또한, SW교육, 융합교육에 관심 있는 선생님들께서 매우 쉽게 배울 수 있도록 돕는 참 유용한 책이기에 추천합니다. 이 책을 통해 "컴퓨팅 사고력이 길러졌으면 좋겠습니다!"

– 선인고등학교 교사 **채미혜**

처음 '파이썬'이라는 프로그래밍 언어를 사용해 데이터를 분석해야 하는 과제를 해결해야 했을 때가 떠오르네요. 기초 단계의 '파이썬' 책을 보기도 하고, 블로그나 동영상강의를 찾아 따라 하기도 했지만, 코딩의 기초도 몰랐던 때라 '파이썬'을 실행할 도구를 찾아 설치하는 데만도 한참 걸렸어요. 그런데《맛있게 읽는 말랑말랑 파이썬-유쾌한 맛!》은 처음 파이썬 프로그래밍을 시작하려는 사람들에게 필요한 기본적인 프로그램 설치 방법부터 간단한 함수를 활용한 코딩까지 쉽고 다양한 예시를 통해 설명해줘서 프로그래밍에 대한 막연한 두려움을 가지고 있는 사람들에게 쉽고 재미있는 편안한 안내서가 되어주는 책입니다.

– 인천광역시교육청교육과학정보원 교사 **박영희**

"어쩌면 미래의 세상에서는 프로그래밍이 글 쓰는 것 정도의 기본 소양이 될 수도 있지 않을까요?" 저자께서 책의 도입부에 하신 말씀이 참 공감이 됩니다. 앞으로의 시대에서 프로그래밍을 아는 것은 우리 삶 속에서 선택의 보기를 더 넓혀줄 수 있을 것이라 생각하기 때문입니다. 교육 현장에 있으면서 제자들에게 앞으로 프로그래밍의 활용도와 중요성에 대해 설명하고, 이를 교육하기 위해 여러 가지 노력을 했습니다. 하지만 '낯설고 독특하고 어려운 언어'라는 인식의 벽 때문에 그들을 프로그래밍 안으로 끌어들이기란 쉽지 않았습니다. 훌륭하게도 이 책은 학생들이 이해하기 쉽도록 프로그래밍 중 발생하는 실제 화면과 문구를 지세히 보여주고 있습니다. 또한 친근한 그림과 함께 딱딱한 문체가 아닌 함께 대화하듯 풀어내는 설명 방식을 취하고 있습니다. 이런 점은 학생들이 용기 내어 그 벽을 부수고, 프로그래밍 안으로 한걸음 내딛을 수 있게 도울 것입니다.

– 인천광역시교육청교육과학정보원 교사 **김힘찬**

들어가는 말

정확한 시점은 기억나지 않지만 그리 오래되지 않은 과거 언제인가부터 파이썬이라는 단어가 주변에서 심심찮게 들립니다. 다른 프로그래밍 언어와 무엇이 다른지 아주 깊은 곳까지는 모르겠지만 쉽고 쓰기 편하다는 평이 많습니다. 생각해 보면 '프로그래밍'이라는 것이 '쉽다'라는 말로 간단히 표현할 수 있는 것인지부터가 이상하게 들리긴 하지만 좀 더 속내를 살펴보아야 할 것 같습니다.

일반적으로 프로그래밍을 공부하는 책은 딱딱한 문체와 전문용어 그리고 두께 때문에 어렵다는 인상을 많이 받습니다. 요즘처럼 인공지능, 4차산업혁명 같은 말이 흔하게 되어버린 사회에서는 그나마 프로그래밍 지식이 세상을 살아가는 데 반드시 필요하다는 공감이 과거에 비해 아주 높아졌지만 배우기 어렵다는 편견과 첫인상 때문에 선뜻 손을 대기가 두려운 것도 사실일 것입니다. 이 책은 그런 분들을 포함해서 누구나 쉽게 읽으면서 파이썬과 친해지고 덤으로 프로그래밍에 대해서도 알아갈 수 있으면 좋겠다는 마음에서 쓰기 시작했습니다. 프로그래밍 책은 무조건 딱딱하고 어렵다는 편견을 깨보고자 하는 의지도 조금 들어가 있습니다. 책을 읽다 보면 진지한 부분도 두루 있지만, 부담 없이 읽을 수 있도록 쉬운 표현과 예제를 이용하여 친근한 어투로 설명하려고 최대한 고민하였습니다. 책을 읽어가며 프로그래밍을 공부하는 과정에서 여기저기에 숨어있는 의도와 원리를 계속해서 접하다 보면, 생각한 것을 프로그래밍으로 풀어내려고 할 때 무엇이 필요한지 쉽게 생각해 낼 수 있게 될 것이라 믿고 두서없는 말들을 주저리주저리 써봅니다. 본 책의 내용은 중·고등학교 정보교과의 프로그래밍 영역과도 연계되어 있습니다.

파이썬 프로그래밍 언어를 공부하면서 각 영역의 개념이 어떤 의미를 가지고 있으며, 프로그래밍에 어떻게 활용될 수 있는지 좀 더 쉽게 접해보고 이해할 수 있도록 구성되어 있습니다.

이 책을 활용하는 방법

중·고등 교과 연계

❶ 중등

교육과정	영역	관련 부분
정보	입력과 출력	**2-1** 첫 프로그래밍 **2-2** 숫자와 문자
	변수와 연산	**2-3** 파이썬의 연산자 **2-4** 프로그래밍과 가독성
	제어 구조	**2-6** if로 프로그램 만들기 **2-7** 뱅뱅이 돌려요 **2-8** 뱅뱅이 더! 더!
	프로그래밍 응용	**3-1** 몸으로 때우고 배우자

🔍 성취기준

9정04-01 사용할 프로그램 언어의 개발 환경 및 특성을 이해한다.

9정04-02 다양한 형태의 자료를 입력받아 처리하고 출력하기 위한 프로그램을 작성한다.

9정04-03 변수의 개념을 이해하고 변수와 연산자를 활용한 프로그램을 작성한다.

9정04-04 순차, 선택, 반복의 개념과 원리를 이해하고 세 가지 구조를 활용한 프로그램을 작성한다.

9정04-05 실생활 문제 해결을 위한 소프트웨어를 협력하여 설계, 개발, 비교·분석한다.

② 고등(정보, 정보과학)

교육과정	영역	관련 부분
정보	프로그램 개발 환경	**1-3** 프로그래밍 환경 만들기 **1-4** 프로젝트에 대해서
	변수와 자료형	**2-2** 숫자와 문자 **2-4** 프로그래밍과 가독성
	연산자	**2-3** 파이썬의 연산자
	표준입출력과 파일 입출력	**3-10** 이젠 입력도 귀찮아. 파일을 바로 읽어 보자
	중첩 제어 구조	**2-7** 뺑뺑이 돌려요
	배열	**3-4** 함수와 그놈 **3-5** 반갑다 그놈! 넌 왜 이렇게 할 줄 아는 게 많니?
	함수	**3-2** 반갑다 함수야 **3-3** 이만하면 함수 연습이 좀 되려나?
	프로그램 응용	**3-8** 이젠 진짜로 몸으로 때워 보려 합니다

🔍 성취기준

12정보04-01 텍스트 기반 프로그래밍 언어의 개발 환경 및 특성을 이해한다.

12정보04-02 자료형에 적합한 변수를 정의하고 이를 활용한 프로그램을 작성한다.

12정보04-03 다양한 연산자를 활용한 프로그램을 작성한다.

12정보04-04 표준입출력과 파일입력을 활용한 프로그램을 작성한다.

12정보04-05 순차, 선택, 반복 구조를 활용한 프로그램을 작성한다.

12정보04-06 중첩 제어 구조를 활용한 프로그램을 작성한다.

12정보04-07 배열의 개념을 이해하고 배열을 활용한 프로그램을 작성한다.

12정보04-08 함수의 개념을 이해하고 함수를 활용한 프로그램을 작성한다.

12정보04-09 다양한 학문 분야의 문제 해결을 위한 알고리즘을 협력하여 설계한다.

12정보04-10 다양한 학문 분야의 문제 해결을 위해 설계한 알고리즘을 프로그램으로 구현하고 효율성을 비교·분석한다.

교육과정	영역	관련 부분
정보과학	연산수행 - 변수와 상수, 연산자	**2-4** 프로그래밍과 가독성 **2-3** 파이썬의 연산자
	자료저장 - 자료형, 다차원 배열	**2-2** 숫자와 문자 **3-4** 함수와 그놈 **3-5** 반갑다 그놈! 그런데 넌 왜 이렇게 할 줄 아는 게 많니?
	흐름제어 - 순차, 선택, 반복 구조, 중첩 제어 구조	**2-6** if로 프로그램 만들기 **2-7** 뺑뺑이 돌려요 **2-8** 뺑뺑이 더! 더!
	모듈화 - 함수, 변수의 영역	**3-2** 반갑다 함수야 **3-3** 이만하면 함수 연습이 좀 되려나? **3-9** 귀찮아, 귀찮아… 누가 만들어 놓은 것 없나?

`12정과01-01` 변수와 상수를 활용하여 프로그램을 작성한다.

`12정과01-02` 다양한 연산자를 활용하여 프로그램을 작성한다.

`12정과01-03` 기본 자료형과 사용자 정의 자료형을 활용하여 프로그램을 작성한다.

`12정과01-04` 다차원 배열을 활용하여 프로그램을 작성한다.

`12정과01-05` 순차, 선택, 반복 구조를 활용하여 프로그램을 작성한다.

`12정과01-06` 중첩 제어 구조를 활용하여 프로그램을 작성한다.

`12정과01-07` 함수를 정의하는 방법을 이해하고 문제 해결을 위해 필요한 함수를 모듈화하여 프로그램을 작성한다.

`12정과01-08` 변수의 적용 범위를 이해하고 효율적인 모듈화 프로그램을 작성한다.

페이지
찾기

준비하기

① 프로그래밍 언어의 역사?

초록색 검색창에 선사시대를 검색해서 아래 그림과 같은 표를 찾았습니다.

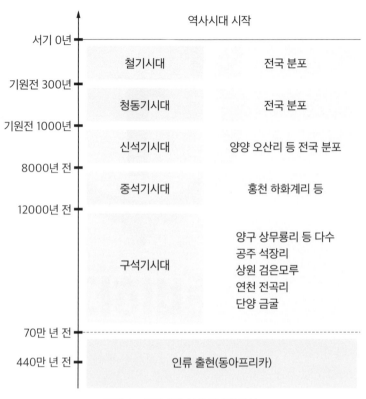

그림 1 우리나라 선사시대의 구분

지구상에 인류가 나타난 시기를 구석기시대 이전부터라고 본다면 대략 440만 년 전입니다. 현재 알려진 것 중 가장 최초의 문자인 쐐기문자가 만들어졌다는 기원전 3,300년부터 따져보면 문자의 역사는 2020년 기준으로 5,320/4,400,000 × 100 = 0.12% 정도밖에 되지 않는 극히 짧은 시간이죠. 인류가 언제부터 언어를 사용하게 되었는지는 모르지만, 그 역시 인류의 출현 이후부터 따졌을 때 그다지 큰 비중을 차지하지 않는 짧은 시간일 것이라고 짐작할 수 있을 겁니다. 그런데 말이죠. 지금처럼 사람이 알아볼 수 있는 형태의 프로그래밍 언어의 역사는 선사시대를 제외하고 역사시대만 놓고 따져보더라도 증손자뻘도 안 되는 아주 젊은 나이를 가지고 있습니다. 그렇다면 수천 년의 역사를 공부해야 하는 한국사나 세계사보다 프로그래밍이 많이 쉬워야 하지 않을까요? 단순히 시간으로만 비교한다면 역사시대를 다루는 과목이 몇 십 배는 더 알아야 할 게 많을 듯합니다. 하지만 아무도 프로그래밍이 쉽다고 말하지는 않습니다. 왜 그럴까요? 자세한 이유는 모르겠지만 지금부터 역사보다 수십 배는 쉬운 프로그래밍 언어에 대해서, 그중에서도 가장 쉽다고 평가받는 파이썬에 대해 이런저런 이야기를 통해 알아보려고 합니다. 프로그래밍 언어를 이야기하려다 보니 프로그래밍과 컴퓨팅 사고력에 대해서도 덤으로 생각해봐야 할 것 같군요. 자! 다음 절부터 가볍게 들여다보겠습니다.

② 프로그래밍을 한다는 것은?

영어를 처음 배울 때를 떠올려 볼까요? 저는 새로운 무언가를 배우는 것을 나름 좋아하는 편이라서 영어를 배울 때도 거부감은 없었지만 부담이 되긴 했습니다. 아마도 생소했기 때문일 겁니다. 그런데 그 영어가 말이죠. 평생 사람을 괴롭힙니다. 모국어가 아니기도 하고 평소에 많이 사용하지 않는다는 이유도 있지만, 어찌되었든 참 익숙해지지 않는 숙제이자 큰 걸림돌입니다. 프로그래밍도 영어와 별반 다르지 않습니다. 도통 무슨 말인지 알아들을 수가 없다는 점! 마치 영어로 된 시를 읽는 듯 도무지 와닿지 않는다는 점이 공통점이라고 할 수 있죠. 아무튼 공대를 나온 저와 같은 보통 사람에게 시와 영어는 절대로 잘할 수 없는 영역입니다. 그러니 너무도 당연하게 그 두 개를 합쳐놓은 것처럼 보이는 프로그래밍 코드가 소설책처럼 눈에 확확 들어올 수 없겠죠. 누군가 프로그래밍과 영어 중 어느 것에 더 자신 있냐고 물으면 아마도 영어에 한 표를 던질 만큼 프로그래밍은 막연히 어렵고 거북한 존재일 것이라고 생각해 봅니다. 그래도 영어로는 'Hello'하고 인사 정도는 할 수 있으니까 말이죠. 무척이나 자존심 상하는 일입니다. 인사도 못하다니……. 더 안타까운 사실은 프로그래밍도 영어만큼은 해야 하는 시대에 살고 있다는 점이죠. 그래서인지 거의 모든 프로그래밍 책의 초반은 '안녕'을 화면에 나타나게 하는 것으로 시작합니다. 마치 프로그래밍으로도 최소한 인사 정도는 할 수 있어야 한다는 듯이 말이죠(물론 다른 의미가 더 크다고 생각합니다만).

프로그래밍과 영어는 공통점도 있지만 절대적인 차이점도 있습니다. 무엇일까요? 생각할 시간이 필요한가요? 제가 원래 말이 많은 편이라 그럴 정도의 시간을 드리지 못하는 게 아쉽네요. 바로 상대방이 다르다는 것이 차이점입니다. 우리는 영어를 잘 못해도 해외여행을 갑니다. 그리고 밥도 사먹고, 쇼핑도 하지요. 물론 손짓 발짓 섞어서 상대를 이해시키는 능력이 좋아 비영어권 국가에서도 어지간한 것은 다 할 수 있습니다. 바로 상대가 사람이기 때문이죠. 유창하게 말하지 못해도 철석같이 알아듣는 만물의 영장인 사람이 대상이라 명사 몇 개만 내뱉어도 충분히 의사소통이 가능합니다. 그런데 프로그래밍은 그렇지 않습니다. 용기를 내어 책에 나오는 몇 줄의 예제를 따라서 입력하였는데, 알아들을 수 없는 영어로 뭐가 안 된다는 말을 하는 경우가 더 많죠. 더욱이 무엇이 되지 않는지도 영어로 말한다는 것이 큰 부담이 됩니다. 일단 오타가 있는지 정성을 들여 확인해보고 다시 실행하면 또 다른 말로 안 된다고 합니다. 인내심을 가지고 그렇게 몇 번 해보다가 조용히 창을 닫아버리고 좀 더 능숙히 다루는 친구에게 바로 메시지를 보냅니다. 물론 과제로 제출해야 하는 경우가 아니라면 연락하지도 않겠지만요. 여기서 격하게 공감하는 분은 지극히 정상입니다.

프로그래밍은 누구에게나 그런 대상입니다. 좀 더 잘 알게 되기까지, 좀 더 잘하게 되기까지 시행착오와 시간이 필요한거죠(이런 뻔한 말을 한참을 걸려서 하게 되었네요). 하지만 왜 그런지를 이해하게 되는 것으로 그 시간과 시행착오를 줄일 수 있습니다. 이 책을 읽다가 그런 느낌이 들면 가볍게 '아하!'하고 느끼세요. '유레카!'를 외치고 밖으로 나가면 앞으로의 삶이 많이 불편하게 될지도 몰라요.

프로그래밍 환경 만들기

진정한 명필은 붓을 가리지 않는다고 하지만, 말도 안 되는 이야기입니다. 프로그래밍도 쓰기 편하고 잘 만들어진 도구를 사용하는 것이 좋습니다. 우리는 파이썬을 배워야 하니까 파이썬에 맞춰서 어떻게 준비할지 알아보기로 합시다. 일단 설치는 잠시 미뤄주세요.

　프로그래밍을 하려면 우선 컴퓨터가 필요합니다. 연습장과 펜으로 프로그래밍을 해도 되는데 동작시키기 어려우므로 컴퓨터가 꼭 필요합니다. 다음으로 정말 중요한 프로그래밍 도구가 필요한데, 저는 JetBrains 사에서 만든 파이참을 주로 사용합니다. 다른 프로그램과 비교해보지는 않았지만 개인적인 의견으로는 파이참은 사용하기 쉽게 잘 만들어진 도구입니다. 우선 인터넷에서 pycharm(파이참)을 검색하여 홈페이지로 가면 '전문 개발자용'이라고 큼지막하게 쓰여 있습니다. 혹시 주변에서 IDE라는 말을 들어보았다면 그냥 프로그래밍 도구를 어렵게 말한 거라고 생각하고 넘어가면 됩니다.

가운데에 있는 검정색 다운로드 버튼을 누르면 프로페셔널 버전과 커뮤니티 버전 중에 선택하라고 하네요. 커뮤니티 버전으로도 공부하는 데 아무 문제가 없지만, 학교 메일을 사용하는 사람이라면 프로페셔널 버전을 받아서 무료로 사용할 수도 있습니다.

앞에서 설치는 잠시 미뤄달라고 했는데, 설마 벌써 설치 버튼을 누른 분은 없겠죠? 자, 그러면 계속해서 소개를 하겠습니다. 파이썬으로 프로그래밍을 배우는 목적은 거창한 게임을 만들기보다는 '필수 과목이라 어쩔 수 없어서', '데이터 분석에 도움이 된다기에', '남들 다 하니까', 아니면 '인공지능 학습을 할 수 있어서' 등의 이유일 겁니다. 파이썬이 좀더 배우기 쉬운 것도 있지만 공짜로 받을 수 있는 다양한 패키지들이 많아서 더 인기가 있기도 합니다. 혹시 지금 설명이 이해되지 않는다면, 복잡한 일들을 하나하나 프로그래밍하지 않아도 되는 방법이 있다고 이해하셔도 됩니다.

파이썬을 사용하는 사람에게는 종합 선물세트라고 할 수 있는 패키지 배포판으로 유명한 아나콘다가 있습니다. 익숙한 이름이죠? 맞습니다. 뱀이죠, 뱀! 그것도 세상에서 가장 거대한 뱀이라는데, 예전에 아나콘다라는 제목의 영화에서 뱀이 사람을 잡아먹는 장면이 나왔던 게 기억이 나네요. 크기로 세계 최고라는 뱀처럼 패키지 중에서도 세계 최고라는 느낌으로 이름을 지은 게 아닐까하고 생각해 봅니다. 이것도 다운받으려면 영어로 anaconda라고 검색하면 됩니다.

기업용으로 쓰는 게 아니니까 왼쪽의 Anaconda Distribution을 다운로드 받으면 됩니다. 그런데 다운로드를 누르면 또 뭔가 복잡한 게 나옵니다.

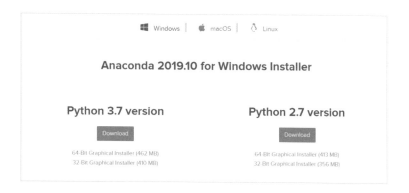

자기가 사용하는 운영체제를 선택하고, 원하는 파이썬 버전으로 받아야 합니다. 뭔가 복잡하게 선택지가 많아서 고민이 되나요? 혹시 비싸고 있어 보이는 애플 컴퓨터를 쓴다면 위의 그림에서 가운데 사과 마크를 먼저 누르고, 옆에 있는 펭귄이 뭔지 잘 모르는 분은 주저하지 말고 그냥 윈도우를 선택하세요. 자! 이렇게 한고비 넘겼습니다.

이제 파이썬 버전을 선택해야 하는데 차도 신형이 좋은 것처럼 웬만하면 3.x 버전으로 배우는 게 좋습니다. 몇 비트 제품을 선택할 거냐고 물어보는 건 신경 쓰지 말고 그냥 다운로드를 누르세요. 그러면 지가 알아서 다운 받습니다. 알아서 할거면서 늘 과잉 친절을 베풀죠.

설명의 편의상 파이참과 아나콘다 순서로 설명을 했는데, 실제로 설치는 반대의 순서로 해야 합니다. 설치를 미뤄달라고 했던 이유가 바로 이거죠! 아나콘다를 먼저 설치하고 파이참을 설치하면 파이참이 아나콘다를 자동으로 찾아서 사용할 수 있게 해주거든요. 반대로 설치하면 좀 피곤해집니다.

여기까지 설명했으니 이제부터 프로그램을 설치해보세요. 설치 경로를 물어볼 때 중간에 한글이 있으면 한글 없는 경로로 바꾸라고 나옵니다. 이를 제외하고는 '동의한다. 그래, 어그리', '다음. next' 이런 것만 누르면 설치가 될 겁니다. 설치가 잘 되었다면 드디어 프로그래밍을 위한 1단계 준비가 끝났다고 보면 됩니다.

2단계를 시작해 볼까요? 설치가 끝나면 바탕화면에 이렇게 ▦ 생긴 파이참 아이콘만 있고, 아나콘다 아이콘은 없을 겁니다. 아니, 없어야 합니다. 만약 아이콘이 있으면 그냥 살며시 휴지통으로 버려 주세요. 이제 무엇을 해야 할까요? 당연히 하나밖에 없는 파이참 아이콘을 눌러서 실행시켜야죠. 그런데 뭐 작은 창이 나오고 이것저것 물어볼 거예요. 여기서도 다음(next) 이런 것만 하면 될 것 같네요. 아, 물론 어두운 화면이 좋아? 밝은 화면이 좋아?를 선택하는 부분은 개인 취향에 맞게 설정하세요. 열심히 버튼을 누르다 보면 마지막에는 아래 그림처럼 생긴 화면이 나옵니다(버전에 따라 표시되는 화면은 다를 수 있습니다). 아래 그림은 밝은 색을 선택했을 때 화면입니다.

더하기 기호 '+'가 붙어있는 새로운 프로젝트 만들기를 선택하는 것으로 프로그래밍 준비 2단계를 마무리하고 잠시 '프로젝트'에 대해서 생각해 봅시다.

 ## 프로젝트에 대해서

혹시 '프로젝트'에 대해서 생각해 보자는 말에 뭘 만들지 고민하신 분 있나요? 본인이 그렇다면 자랑스러워하셔도 됩니다. 제가 생각해 보자고 말씀드린 '프로젝트'보다 더 높은 수준을 생각하니 정말 대단하다고 말씀드릴 수밖에 없겠네요.

책에서 배우는 실습 예제는 주로 파일 한 개로 모든 것을 다 해결할 수 있어요. 그러면 앱스토어나 플레이스토어 삼성 앱스 등에서 다운받아 사용하는 앱들은 몇 개의 파일들로 만들어져 있을까요? 이렇게도 생각해 보죠. 개인 과제를 받으면 주로 몇 명이 하나요? 2~3명이라고 생각했다면, 글을 좀 더 생각하며 읽는 습관이 필요하신 분입니다. 개인 과제는 혼자 합니다. 자꾸 이상한 질문을 하는 것 때문에 책을 덮어버릴 분이 계실 것 같아서, 급하게 요점을 말씀드리자면 혼자 공부하는 경우가 아니라면 프로그래밍은 대개 다수의 사람이, 다수의 파일을 이용하여 공동의 결과물을 만드는 과정이라고 생각해야 한다는 점입니다.

그렇다면 본론으로 다시 돌아와서 질문을 하나 또 해보죠. 바로 앞쪽에서 새로운 프로젝트 만들기를 선택! 혹시 더하기(+)를 선택했다고 생각할 수도 있겠네요. 아무튼 그게 프로젝트를 만드는 기능이었습니다. 그러면 진짜 질문 '프로젝트의 기능'은 무엇일까요? '프로젝트'는 앞에서 이야기했던 다수에 의한 작업을 해결하기 위한 관리도구입니다. 여러분은 '혼자 공부하니까 나는 필요없어'라고 생각할 수도 있을텐데 그냥 만들어진대로 사용하세요. 파일이 하나라도, 프로그래밍을 하는 사람이 한 명뿐이라도 프로젝트를 만들어야 예제든 다른 사람이 만든 코드든 실행해

볼 수 있으니 새로운 노트를 하나 사서 이름을 붙였다 하고 프로젝트를 만들기를 바랍니다.

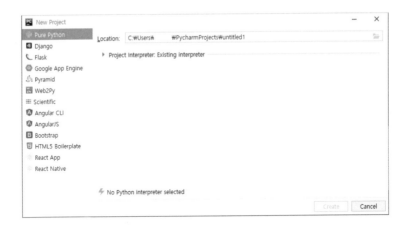

뭔가 그림을 보면 고를 수 있는 게 많이 나오는데, 우리는 순수하니까 순수한 파이썬을 사용할 겁니다. Pure Python이 선택된 상태에서 오른쪽 창에 untitled를 지우고 본인의 프로젝트 이름을 영어로 써주세요. 익숙한 한글로 쓰고 싶지만 안타깝게도 우수한 프로그래밍 언어는 영어로 만들어졌으니 어쩔 수 없습니다. 갑자기 궁금해져서 찾아보니 한글로 만들어진 프로그래밍 언어가 아예 없진 않았네요. 하지만 한글로 프로그래밍을 해야 할 특별한 장점이 없어서 잘 사용되지 않았나 봅니다. 아쉽지만 영어 프로그래밍에 익숙해져야겠어요. 영어 프로그래밍이 억울한 점은 또 있어요. 나름 영어를 쓰는 랭귀지를 공부하는 건데, 도무지 영어가 늘지 않아요. 십수 년간 조건만 내걸고 따지 거는 이상한 영어만 조금 늘었을 뿐이랍니다.

아래에 있는 Create 버튼을 누르기 전에 작은 삼각형 ▶ 표시를 눌러보세요. 뭔가 또 심상치 않은 영어가 아래 그림처럼 잔뜩 나왔어요.

이제 막 시작인데 무엇부터 알아야 할지 고민될 것입니다. 자, 다음과 같은 선택 지를 드릴게요.

📝 당신의 선택은

1 칼을 꺼냈으면 두부라도 썰고, 쇠뿔도 단김에 빼랬다고 지금 알아보겠다.

　🔘 12쪽으로 가세요.

2 아니다. 지금도 충분히 머리 아프니 우선 훑어보겠다.

　🔘 14쪽으로 가세요.

12쪽을 선택한 당신은 탁월하다고 할 수 있습니다. 어차피 14쪽을 선택해도 동일한 내용이거든요.

혹시 파이썬 인터프리터라는 것을 들어본 적이 있나요? 우리가 작성한 프로그램을 컴퓨터가 알아들을 수 있게 해석하는 통역가라고 생각하면 이해하기 쉽습니다. 프로그램을 설치할 때 통역가도 같이 고용되어 여러분의 컴퓨터에 사무실을 차립니다. 이제부터 통역가는 통C라고 부를게요(원래 미스터 통이라고 하려고 했는데, 양성 평등적인 표현을 위해 통C로 결정했습니다). 잠시 아래 글을 읽어봅시다.

> 일청 젼쥥(日淸戰爭)의 춍쇼리는 평양 일경(平壤一境)이 쩌나가는 듯ㅎ더니,
> 그 춍쇼리가 긋치민 사룸의 쥭는 쓰어지고 샨과 들에 비린 쎅슬 쑨이라.

1906년 한국 최초의 신소설인 이인직의 '혈의 누'라는 작품의 일부입니다. 대강 무슨 소리인지는 알 듯한데 정확히는 모르겠죠? 프로그래밍 언어도 마찬가지로 시간이 지나면서 조금씩 문법이 바뀌어 옛날 문법으로 된 프로그램을 읽으려면 두 가지 문법을 모두 아는 고어에 좀 더 능통한 통C가 필요합니다. 하지만 현실은 그렇지 않으므로 필요에 따라서 여러 명의 통C를 고용하기도 하는데, 앞의 화면은 바로 이럴 때 어떤 통C에게 번역을 맡길지를 선택하는 부분입니다.

앞에서 설치했던 아나콘다 뱀 기억나세요? 아나콘다도 3.7이냐 2.7이냐를 놓고 최신 버전을 설치하자고 했었는데 그게 바로 이 통C의 버전이었습니다. 통C들은 모두 자기가 보는 책장을 가지고 있는데, 아나콘다와 함께 고용된 통C는 아나콘다 종합선물 세트를 책장에 잘 보관하고 있죠. 그런데 이런 정보력 좋은 통C를 고용해 놓고 다른 통C를 고르면 걔는 융통성이 없어서 옆집 통C에게 모르는 걸 물어보지도 않고, "주인님 전 잘 모르겠으니 책을 사서 책장에 꽂아주시면 안 될까요?"라고 엉뚱한 소리를 합니다.

좀 더 쉬운 이해를 위해 그림을 준비했습니다.

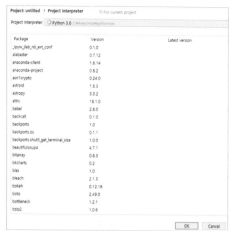

아나콘다 통C　　　　　　　　　　　　　　다른 통C

　　그림을 보면 두 통C의 책장에 있는 패키지 목록이 다릅니다. 아나콘다 통C의 책장에 없는 astor라는 책을 참고해서 통역하라고 하면 "전 잘 모르겠으니……." 이렇게 말하고 마는 거죠. 나중에 본격적인 프로그래밍을 해보려는데 뭔가 잘 되지 않으면, File 메뉴 아래에 Settings...　　　　　　Ctrl+Alt+S 이것을 선택해서 Project > Project Interpreter로 들어가서 어떤 통C가 선택되었는지 확인해보세요.

　　여기까지 잘 따라왔으면 c:\Users\ 아래 자기 이름 폴더 안에 Anaconda 폴더에 있는 통C가 선택되어있어야 합니다.

이젠 Create를 눌러서 새로운 프로젝트를
만들어 봅시다. 설명을 잘 읽었으니
19쪽으로 넘어가세요.

다다다~

4. 프로젝트에 대해서　　13

14쪽을 선택한 분은 절대 고민 또는 후회하지 마시고, 뒤도 돌아보지 말고 아래 쉬운 설명으로 직행하세요. 어차피 쉬운 길을 택했는데, 이런 일이 있어도 절대 **12**쪽을 보면 안 됩니다. 갈등하지 마세요.

혹시 파이썬 인터프리터라는 것을 들어본 적이 있나요? 우리가 작성한 프로그램을 컴퓨터가 알아들을 수 있게 해석하는 통역가라고 생각하면 쉽게 이해할 수 있을 겁니다. 프로그램을 설치할 때 통역가도 같이 고용되어 여러분의 컴퓨터에 사무실을 차립니다. 이제부터 통역가는 통C라고 부를게요(원래 미스터 통이라고 하려고 했는데, 양성 평등적인 표현을 위해 통C로 결정했습니다). 잠시 아래 글을 읽어 봅시다.

일청 전쟁(日淸戰爭)의 총쇼리는 평양 일경(平壤一境)이 떠나가는 듯하더니,
그 총쇼리가 긋치미 사름의 자취는 끄너지고 산과 들에 비린 쎅슬 뿐이라.

1906년 한국 최초의 신소설인 이인직의 '혈의 누'라는 작품의 일부입니다. 대강 무슨 소리인지는 알 듯한데 정확히는 모르겠죠? 프로그래밍 언어도 마찬가지로 시간이 지나면서 조금씩 문법이 바뀌어 옛날 문법으로 된 프로그램을 읽으려면 두 가지 문법을 모두 아는 고어에 좀 더 능통한 통C가 필요합니다. 하지만 현실은 그렇지 않으므로 필요에 따라서 여러 명의 통C를 고용하기도 하는데, 앞의 화면은 바로 이럴 때 어떤 통C에게 번역을 맡길지를 선택하는 부분입니다.

앞에서 설치했던 아나콘다 뱀 기억나세요? 아나콘다도 3.7이냐 2.7이냐를 놓고 최신 버전을 설치하자고 했었는데 그게 바로 이 통C의 버전이었습니다. 통C들은 모두 자기가 보는 책장을 가지고 있는데, 아나콘다와 함께 고용된 통C는 아나콘다 종합선물 세트를 책장에 잘 보관하고 있죠. 그런데 이런 정보력 좋은 통C를 고용해 놓고 다른 통C를 고르면 걔는 융통성이 없어서 옆집 통C에게 모르는 걸 물어보지도 않고, "주인님 전 잘 모르겠으니 책을 사서 책장에 꽂아주시면 안 될까요?"라고

엉뚱한 소리를 합니다.

좀 더 쉬운 이해를 위해 그림을 준비했습니다.

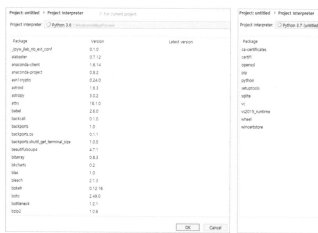
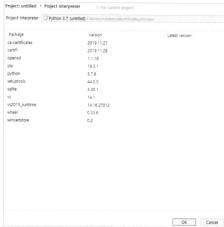

아나콘다 통C   다른 통C

그림을 보면 두 통C의 책장에 있는 패키지 목록이 다릅니다. 아나콘다 통C의 책장에 없는 astor라는 책을 참고해서 통역하라고 하면 "전 잘 모르겠으니……." 이렇게 말하고 마는 거죠. 나중에 본격적인 프로그래밍을 해보려는데 뭔가 잘 되지 않으면, File 메뉴 아래에 **Settings…**   **Ctrl+Alt+S** 이것을 선택해서 Project > Project Interpreter로 들어가서 어떤 통C가 선택되었는지 확인해보세요.

여기까지 잘 따라왔으면 c:\Users\ 아

다다다~

래 자기 이름 폴더 안에 Anaconda 폴더에 있는 통C가 선택되어있어야 합니다. 이젠 Create를 눌러서 새로운 프로젝트를 만들어 봅시다.

여기까지 나름 쉽게 설명한다고 했는데 좀 어려운 부분이 있었을지도 모르겠네요. 좀 더 익숙해지면 이 내용을 분명 이해하기 쉬워질 겁니다. 여러분의 이름을 걸고 장담합니다. 이제는 설명을 잘 읽었으니 다음 장으로 넘어가세요.

많은 독자분에게 '컴퓨터 과학', '컴퓨터 공학' 등의 단어를 말하면 프로그래밍을 가장 먼저 떠올릴 겁니다. 하지만 프로그래밍은 컴퓨터 관련 학문의 전부이면서 동시에 전부가 아니기도 합니다. 왜냐하면 그 단어 자체만으로는 '컴퓨터를 동작시키기 위한 명령들을 구성하는 행위'로 프로그래밍 없이는 컴퓨터를 동작시킬 수 없지만, 컴퓨터라는 여러 가지 기술의 집합체를 효율적으로 동작시키기 위한 세부 개념들을 실험하고 실행시키기 위한 '도구' 역할도 하기 때문입니다.

현대의 컴퓨터는 하나의 CPU(중앙 처리장치)만으로 음악을 재생하면서 동시에 자료를 다운로드 하고, SNS로 사람들과 소통을 하는 등의 다양한 작업도 수행할 수 있습니다. 이런 동시 작업이 가능하게 된 것은 윈도우즈나 iOS 같은 운영체제의 발전 때문이죠. 우리는 늘 컴퓨터의 화면만 보지만 밑바닥에서는 CPU에게 작업을 나누어주고, 디스크를 체크하며 메모리를 정리하는 등의 같은 행위가 쉴 새 없이 벌어집니다. 많은 사람이 이런 부분을 연구하고 있고, 그 결과가 계속 이어져서 발전되면서 지금과 같은 편리한 도구가 만들어지게 된 거죠.

또한 인터넷을 이용해서 은행에 가지 않고도 업무를 처리한다거나 다른 사람들에게 노출될 걱정 없이 안전하게 사적인 대화를 나누는 등의 일들은 모두 컴퓨터 네트워크, 컴퓨터 보안 등의 학문 분야가 존재하는 덕분이기도 합니다. 컴퓨터 비전 분야의 발달로 디지털 사진, 영상 등에 쉽게 접근할 수 있게 된 것, 카메라를 이용한 자율주행 자동차의 현실화 등도 또한 컴퓨터 과학의 여러 분야가 모여서 만들어진 결과물입니다. 이렇게 컴퓨터라는 학문은 현대인의 일상생활에서 많은 부분에 영향을 끼치고 있습니다.

건축가는 집을 설계하고 요리사는 맛있는 음식을 만드는 것처럼 사회는 다양한 직업을 가진 사람들이 구성원으로서 존재할 때 다 같이 어울려 살 수 있습니다. 그러니까 모든 사람이 학문으로 컴퓨터 과학을 공부할 필요는 없습니다. 하지만 어쩌면 미래의 세상에서는 프로그래밍이 글 쓰는 것 정도의 기본 소양이 될 수도 있지 않을까요? 지금 공부하고 있는 프로그래밍은 앞에서 이야기한 모든 것을 가능하게 만들어주는 기본적인 수단이니까요. 이렇게 프로그래밍에 관심을 가지게 된 지금의 선택이 여러분의 미래의 삶을 좀 더 윤택하게 만들어주기를 바랍니다.

기본을 익힙시다

① 첫 프로그래밍

정말 시작이 힘들었습니다. 하지만 시작이 반이라는 말이 있죠? 처음에 시간을 쏟아 고생하였으니 이제 좀 수월해질 거라 생각해보세요.

프로젝트를 잘 생성해서 파이참 화면을 보고 있을 거라는 전제하에 새로운 내용을 알아보겠습니다. 어렵게 진행해보았는데, 쉽다고 하는 파이참 화면을 얼핏 보거나 뚫어지게 보아도 여전히 복잡투성이입니다. 도대체 왜 그러는 걸까요? 아마도 영어이기 때문이지 않을까 조심스레 추측해 볼 뿐입니다.

우리 모두 초보니까 복잡한 내용은 천천히 알아가기로 하고, 당장 필요한 것부터 시작해봅시다. 기본 구성은 대략 다음과 같습니다.

하나씩 눌러보면 어마어마한 게 튀어나올 것 같은 영어 메뉴들	
그나마 조금 익숙해진 project라는 단어와 내가 정한 이름이 써 있는 구역	친절하게 뭔가 설명하고 있는데, 손대기 민망한 영어들

어떤가요? 대략 이런 느낌일 거 같지 않나요?

윈도우즈 디펜더를 사용하고 계신다면 갑자기 오른쪽 아래에 다음 그림과 같은 창이 뜰 겁니다. 혹시 본인이 그것을 사용하는지 아닌지 모르더라도 이런 창이 뜨면 앞에서 설명한 무적의 치트키인 next, ok를 누르면 되는데, 이러한 치트키가 뜨지 않는다면 Fix를 누릅니다. actions를 누르면 뭔가 많은 것을 골라야 할 것 같은 기분이 들어요. 일단 ~s 복수형이잖아요. 그러니까 우리는 짧고 단수인 Fix를 눌러봅시다.

> ⚠ Windows Defender might be impacting your build performance. PyCharm checked the following directories:
> C:\Users\신유선\PycharmProjects\2d_Label
>
> Fix...   Actions ▾

역시 만능 치트키입니다. 오토매틱(Automatically)이라는 글자가 보입니다. 잘 모르겠다면 '자동'을 누르면 새로 프로젝트를 만들기 전까지는 다시 이것에 대해 묻지 않습니다.

책 앞부분에 원래 화면캡처를 했을 때 제 이름은 지웠었는데 큰딸이 말하더군요. 아빠는 어차피 책 쓴 사람 이름을 뻔히 앞에 써놓고 왜 힘들게 지우냐고 말이죠. 아무래도 부들부들 손을 떨면서 하얀색 상자를 덮어씌우는 게 안쓰러워 보였나 봅니다(혹시 눈치 빠른 독자분들께서 이름 안 지웠다고 할까봐 노파심에…).

자, 우리 프로그래밍 해야죠?

우리에게 이제는 익숙해진 프로젝트가 표시된 왼쪽 구역에서 본인이 만든 프로젝트 이름을(저는 untitled입니다) 마우스 오른쪽 버튼으로 클릭하세요.

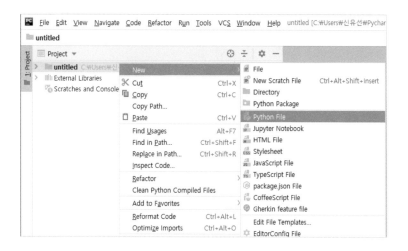

그림을 보면 무엇을 해야 할지 알겠죠? 이 정도는 설명 없이 할 수 있어야 해요(파이참 버전별로 메뉴가 살짝 다를 수 있습니다).

그렇다면 다음 설명으로 넘어가 볼게요.

지금까지 잘 따라왔으니 고민의 시간을 줄일 수 있도록 이름은 정해드릴게요. ex1-1 이렇게 써 놓고 엔터키를 누릅니다.

여러분 이제 화면에서 이 그림처럼 예쁘게 빨간색 사각형으로 표시한 부분에 우리가 정한 이름이 표시된 걸 볼 수 있습니다. 정말 대단하지 않나요?

자, 이제 우리 무슨 프로그램부터 해볼까요?

우선 인사부터 시작해봅시다. 'Hello, everyone!'이라고 화면에 출력해 보는 걸로 첫 프로그램의 설명을 마치려고 합니다. 화면에 한 줄 출력하는 데 생각보다 많은 이야기를 해야 될 듯 합니다.

우리가 아무 생각 없이 사용하는 컴퓨터를 굳이 작은 단위로 분류해 볼게요. 우선 컴퓨터와 관련된 것들을 순서 없이 10개만 써 봅시다. 1분 동안 종이에 적거나 머리로 생각해 봅시다.

키보드, 마우스, 화면(?), USB, USB메모리, 하드디스크, 전원, 프린터 등…….

어때요? 고작 10개일 뿐인데 만만치 않죠? 제가 적어놓은 것 중에는 출력장치가 뭐가 있을까요? 정답은 두 개입니다. 바로 프린터, 그리고 화면이지요. 화면이 왜 출력장치인지 궁금할 수 있습니다.

컴퓨터의 두뇌를 씨퓨라고 하는 건 다들 아실 거예요. 그런데 이 CPU는 무언가 계산을 하기 위해서도, 계산 결과를 저장하기 위해서도 메모리라고 하는 저장공간이 필요합니다. 다시 말해 이를 '램(RAM)'이라고 하지요. 이 메모리에 내용을 넣는 것을 입력, 그리고 그 메모리에 무엇이 들었는지 보여주는 것을 출력이라고 정의합니다. 그러니까 메모리에 있는 걸 종이에 써서 보여주면 프린터 출력, 화면에 써서 보여주면 화면 출력, 파일로 기록해 주면 파일 출력인거죠. 프로그래밍 언어마다 조금씩 다른데, 대부분 Print 또는 write라는 단어로 표현하고요.

파이썬에서는 화면에 무언가 표시하기 위해서는 print라는 내장 함수를 사용합니다. 내장 함수에 대해서 여기서는 '그런게 있다'라고만 생각하고, 'print는 화면에 무언가를 출력해 주는 일을 하는 명령어구나' 이렇게 정의합시다.

컴퓨터 메모리에 있는 내용을 사람이 이해할 수 있게 보여주려면 어떤 형태가 좋을까요? 그림, 기호, 문자? 아무래도 문자가 좋겠죠? 파이썬에서 문자를 표현하는 방법은 두 가지입니다. 문자들을 작은따옴표(' ')로 묶어주거나 큰따옴표(" ")로 묶어주는 거죠. 말 나온 김에 타자를 쳐서 입력해 볼게요. 직접 쳐보는 것만큼 빨리 배우는 방법은 없습니다. 자! 이제 어서 아래 상자에 있는 내용을 프로젝트 영역 오른쪽 편집 영역에 입력해 볼까요?

```python
print('Hello, everyone!!')
print("Hello, everyone!!")
```

잘 동작하는지 실행시켜 봅시다. 편집창 아무 곳에나 마우스 오른쪽 버튼을 누르면 다음 그림 같은 메뉴가 나옵니다.

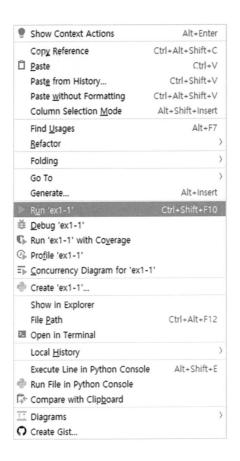

그림을 보고 이해한 대로 클릭하여 보세요.

편집화면 아래에 무언가 나왔어요. 혹시 놀라셨나요? 그렇지 않으셨죠?

참고로 한 번 실행되었으면 다음부터는 편집창 오른쪽 위에 있는 초록색 삼각형
을 눌러서 실행시킬 수 있습니다(아래 그림은 프로버전 메뉴입니다).

우리는 이 출력 화면에서 새로운 사실을 알아낼 수 있습니다. print 명령은 문장을 출력하고 나면 새로운 출력을 위해서 다음 줄로 출력 위치를 이동시킨다는 사실이죠. 뒤에서 print에 대해서 좀 더 자세히 알아볼 때 다음 줄로 이동시키지 않고 이어서 출력하게 만드는 법을 알려드리겠습니다. 여기서는 프로그래밍을 하면서 뭔가 조작하지 않으면 print 명령은 문장을 출력하고 다음 줄로 이동하도록 행동한다는 사실을 잘 기억하고 계십시오.

조금 전에 통C가 어떤 일을 했는지 좀 살펴봅시다. 우리는 '헬로, 에브리원'이라는 인사말을 화면에 표시하라고 파이썬 언어로 프로그래밍했습니다. 실행 버튼을 눌렀을 때 통C는 일단 통역가답게 우리가 맞춤법에 맞게 글을 썼는지 확인합니다. 그리고 print라는 명령을 무사히 통역하면, 화면에 있는 글자를 출력하는 일을 하는 서비스 회사에 연락할 준비를 하죠. 그 다음 괄호 '()' 안에 써 놓은 문장을 잘 정돈해서 print 서비스 회사로 넘기죠. 서비스 회사는 자기가 받은 내용을 예쁘게 꾸며서 화면에 표시한 후에 일을 잘 끝마쳤다고 결과를 알려줍니다. 전기를 조금 사용하겠지만 대금은 청구하지 않고 공짜로 일을 해줍니다. 대단하죠!

여기서 다시 생각해야 되는 부분은 바로 하나의 오타도 있어서는 안 된다는 겁니다. 맞춤법이 틀리면 실행되지 않아요. 예를 들어 print라는 문장을 빠르게 타이핑 하다보면 pritn이라고 글자가 뒤섞이는 오타가 나기도 합니다. 이 경우에는 어떤 일이 벌어지는지 한 번 볼까요?

```
Run:  ⊕ ex1-1 ×
  ▶   ↑    C:\Anaconda\python.exe C:/Users/신유선/PycharmProjects/untitled/ex1-1.py
            Traceback (most recent call last):                                    ❷
  ■   ↓      File "C:/Users/신유선/PycharmProjects/untitled/ex1-1.py", line 1, in <module>
  ⬚  ⇥  ❶    pritn('Hello, everyone!!')
  📌  ≕   NameError: name 'pritn' is not defined

      🖶
             Process finished with exit code 1 ❸
      🗑
```

결과 창에 제 이름이 계속 나오니 조만간 파이썬 문법보다 빠르게 제 이름을 외우시겠네요. 뭐, 사실 의도한건 아닙니다만…….

통C가 통역하다 보니 잘못 쓴 부분이 있다고 수정해서 다시 제출하라고 알려줍니다. ❶번 표시 아래에 NameError라고 써 있는 게 보입니다. 이름을 잘못 썼다는 말이에요. 그런데 프로그램이 길어지면 어디서 오타가 났는지 찾기가 어렵습니다. 그래서 친절하게 ❷번의 정보를 더 주죠. 첫 번째 줄에 오타가 있다고 알려줍니다.

```
 ex1-1.py ×
1        pritn('Hello, everyone!!')
2        print("Hello, everyone!!")
```

첫 번째 줄인지는 어떻게 아냐고요? 문장을 입력한 창의 왼쪽에 당연하다는 듯이 떡하니 써있습니다. 그리고 ❸번을 보면 프로세스가 코드 1번으로 종료되었다는 말이 덤으로 있어요. 앞쪽에 있는 출력 결과를 보면 코드 0번으로 종료되었다고 써 있는 것을 확인할 수 있는데, 정상적으로 프로그램이 종료되면 0번 코드로 끝나고, 0번이 아니면 뭔가 정상이 아니구나라고 감을 잡으세요.

적을 알고 나를 알면 백번 싸워서 어쩌고 저쩌고……. 이제 우리는 적은 아니지만 통C의 보고서를 읽을 수 있게 되었으니 통C와 싸워서 이길 수 있게 되었습니다.

여기에서 오타를 줄일 수 있는 한 가지 팁을 드릴게요. 편집기에서 뭔가 입력하려고 할 때 파이참(파이썬이 아닙니다)이 알고 있는 단어인 듯 하면 상자를 띄워서 목록을 보여줍니다. pr을 입력했더니 아래 그림처럼 pr이 들어가는 목록들이 보입니다. 키보드의 화살표 키를 이용하여 위아래로 이동해서 원하는 목록을 선택하고 엔터나 탭버튼을 누르면 입력창에 명령이 입력됩니다. 혹시나 빛보다 빠른 속도로 타이핑 하는 분은 Ctrl + Space Bar 를 누르면 앞에 그 시점에 입력된 단어의 앞 글자로 시작하는 목록을 보여주거나 목록이 하나면 바로 입력을 해주는 기능도 있으니 기억해 두면 좋습니다.

이번에는 다른 부분을 틀리게 만들어서 통C를 실험해 보겠습니다. print 명령의 괄호 안에 출력할 내용을 입력하는 데 따옴표를 잊어버리고 입력할 수도 있습니다.

```
Run:    ex1-1 ×
  ▶  ↑   C:\Anaconda\python.exe C:/Users/신유선/PycharmProjects/untitled/ex1-1.py
  ■  ↓       File "C:/Users/신유선/PycharmProjects/untitled/ex1-1.py", line 1
              print(Hello, everyone!!)
  ☷  ⇥                          ^
  ⚲  ⬇   SyntaxError: invalid syntax
  📌  🖨
     🗑   Process finished with exit code 1
```

무언가 문법이 잘못되었다고 ^ 표시로 위치를 알려주는데 도통 모르겠습니다. 이런 경우에는 열심히 인터넷 검색을 한 후 출력하려고 하는 내용을 문자열로 써야 한다는 정보를 찾아 문제를 해결해야 합니다. 프로그래밍의 절반은 인터넷 검색이라고 이야기할 수 있을 정도로 중요한 팁이니 잘 활용하세요. 영어가 능숙한 분은 stack overflow라는 사이트를 이용하면 좋은 예제나 해결법을 찾을 수 있습니다.

첫 번째 프로그래밍인데 뭔가 주저리주저리 약을 많이 판 것 같습니다. 하지만 파이참과 파이썬이 어떻게 동작하는지 머릿속에 개략적인 그림이 그려졌을 거라 믿습니다. 잠시 머리를 식히고 다음 장에서 찾아뵙겠습니다. 수고하셨습니다.

1 다음 중 파이썬에서 문자로 사용할 수 있는 것은 무엇인가요?

① 2020-06-25

② 나는 문자다!

③ '3.141592'

④ 「말랑말랑 파이썬」

2 다음 print 명령의 출력 결과로 맞는 것은 무엇인가요?

```
print(Hello, everyone!)
```

① Hello, everyone!

② 안녕하세요 여러분

③ SyntaxError: invalid syntax

④ NameError: name 'print' is not defined

3 다음 중 출력장치가 아닌 것은 무엇인가요? (정답 2개)

① 모니터

② 프린터

③ 마우스

④ 키보드

4 파이참에서 새로 만든 파일을 실행하는 방법이 아닌 것은 무엇인가요?

① 편집화면에서 마우스 오른쪽 버튼을 눌러 초록색 삼각형 메뉴를 실행한다.

② Ctrl + Shift + F10 키를 동시에 누른다.

③ 통C에게 실행해달라고 말한다.

④ 상단의 메뉴바에서 Run 메뉴를 찾아 실행메뉴를 선택한다.

② 숫자와 문자

그림을 한 번 살펴보겠습니다. 꽤나 유명한 그림이죠.

　보는 관점에 따라 젊은 여자로도 나이 많은 노파로도 보이는 그림입니다. 갑자기 웬 그림이냐고요? 오늘 하고 싶은 말이 이 그림에 들어 있습니다. 궁금해도 참고 계속 읽어주십시오.

　알파벳은 몇 글자죠? 26자? 땡! 모두 세 글자입니다. 알, 파, 벳……. 죄송합니다. 몹쓸 개그를 그만.

　잠시 그림 생각은 접어두고, 파이썬에서 숫자를 다뤄보기로 합시다.

　파이참 편집기 왼쪽 아래를 보면 ⬚ Python Console 이렇게 생긴 메뉴가 있습니다. 뭔지 궁금하시죠? 실행부터 시켜볼까요? (당연하겠지만 마우스 포인터를 옮겨놓고 클릭하시면 실행이 됩니다.)

```
Python Console
C:\Anaconda\python.exe "C:\Program Files\JetBrains\PyCharm 2019.2.1\plugins\python\helpers\pydev\pydevconsole.py" --mode=client --port=6227
import sys; print('Python %s on %s' % (sys.version, sys.platform))
sys.path.extend(['C:\\Users\\신유선\\PycharmProjects\\Jiyoon', 'C:/Users/신유선/PycharmProjects/Jiyoon'])
Python Console
>>> |
```

　>>> 표시 뒤에 글자 입력을 기다리는 듯 커서가 깜빡입니다. 그럼 무언가를 입력해 볼까요? 컴퓨터는 비싸고 큰 계산기니까 숫자 계산이 특기입니다. 우선 계산부터 좀 시켜볼게요.

　아무 숫자나 입력하고 더하기(＋), 빼기(－), 곱하기(＊), 나누기(／)를 이용해서 식을 만든 다음에 엔터를 쳐보죠. 아래 그림처럼 답이 나오고 다시 입력을 기다리는 >>> 표시가 생겼죠?

```
Python Console
>>> 123456789 + 987654321
1111111110

>>>
```

아무것도 입력하지 않은 상태에서 위, 아래 화살표 키를 누르면 앞에 입력했던 내용이 나타납니다. 입력을 잘못했거나 다시 사용할 경우에 유용하게 써먹을 수 있겠네요.

이번에는 문자를 써보세요. 어떤 결과가 나왔나요?

```
>>> Good morning
    File "<input>", line 1
      Good morning
                ^
SyntaxError: invalid syntax
```

저처럼 문법 에러가 났다면 왜 그런지 한 번 생각해 보세요. 분명히 앞에서 뭔가 얘기했던 것 같은데 혹시 잘 기억나지 않나요? 원래 다 그런겁니다. 문자를 표시할 때는 큰 따옴표나 작은 따옴표가 있어야 한다고 했었습니다.

이번엔 따옴표를 붙여서 다시 입력해 보겠습니다.

```
>>> 'Good morning'
'Good morning'
```

아무런 에러 없이 따옴표를 달고 잘 출력되었습니다. 그런데 컴퓨터는 어떤 방법으로 글자를 기억할까요? 뭐, 별로 안 궁금하다고요? 그래도 궁금해 하심 안될까요? 생각해 보세요. 컴퓨터는 0과 1만 저장할 수 있다고 어디에선가 들었던 것 같은데 숫자도 아닌 글자를 어떻게 저장할 수 있는지 좀 이상하지 않나요?

여러분이라면 숫자만 저장할 수 있는 컴퓨터에 어떤 방법으로 글자를 저장할 건가요? 답을 말씀드리자면, 컴퓨터는 문자에 숫자를 할당해 놓고 그 숫자를 참고해서 문자를 불러옵니다.

예를 들어 'H'는 72번, 'e'는 101번, 'l'은 108번, 'o'는 111번에 할당되어 있으니, Hello를 컴퓨터에서는 72, 101, 108, 108, 111 이렇게 숫자 5개로 저장을 한다는 말입니다. 어떤가요? 이해가 쏙쏙 되지 않나요?

그런데 뭔가 석연치 않아요. 알기는 알겠는데 뒷맛이 개운하지 않다는 말입니다. 제가 뒤가 구린 게 아니라 중요한 무언가가 빠진 듯 합니다. 그런데 그게 무엇인지 도통…….

..

..

..

앗, 생각났습니다! 숫자로 저장한다는 건 알겠는데 말입니다. 컴퓨터가 저장된 정보가 숫자인지 문자인지 어떻게 아는지 설명하는 게 빠졌네요. 어마어마한 사실인데 말이죠. '컴퓨터는 워낙 똑똑해서 숫자를 저장했는지 문자를 저장했는지 스스로 알아서 구분합니다.'라고 말할 수 있으면 좋겠습니다. 그런데 못해요, 못해! 그렇게 칭찬을 해줘도 72, 101… 이게 숫자인지 문자인지 통 구분을 못 해요. 숟가락에 먹을 것을 떠서 입에 넣어주지 않으면 1도 모릅니다. 결국 사람의 손이 가야 하는데, 앞에서 봤던 유명한 그림과 마찬가지로 컴퓨터 입장에서는 어떻게 보면 숫자고, 어떻게 보면 문자인 착시를 일으키는 것 같은 상황이 되는 거죠.

이러한 모호한 상황을 구별해 주기 위해 프로그래밍 언어에서는 자료의 형태를 규정해 놓았고, 프로그래밍 언어 문법에 잘 맞춰 줄 수 있도록 교육을 합니다. 누구를 교육하냐 하면, 바로 여러분처럼 프로그래밍을 공부하는 사람들을 말이죠.

일단 숫자인지 문자인지가 한 번 정해지면 통C는 자기가 알고 있는 정보를 가지고 여러분의 프로그램을 통역하기 시작합니다. 72 * 72 = ? 이렇게 물어봤는데, 72를 통C에게 숫자라고 알려줬었다면 아무 말 없이 두 수를 곱한 결과를 알려주겠지만, 만약 72를 문자라고 알려줬었다면 아마도 통C가 여러분께 이렇게 말을 할 것입니다. '이렇게는 아무 일도 할 수 없어요. 문자는 곱하라고 있는 게 아니잖아요?' 다만, 이렇게 대놓고 우리말로 말하지 않고 영어로 말하겠지만 말입니다.

```
>>> a = 72
>>> b = 72
>>> a * b ❶
5184
>>> a = chr(72)
>>> b = chr(72)
>>> a
'H'
>>> a * b ❷
Traceback (most recent call last):
    File "<input>", line 1, in <module>
TypeError: can`t multiply sequence by non-int of type 'str'

>>>
```

위의 결과물을 한 번 봅시다. ❶번 부분을 보면 a, b를 숫자 72로 정해주고(아무 표시 없이 그냥 숫자를 써주면 숫자로 인식합니다) a와 b의 곱을 계산하라고 했습니다. 통C가 씨퓨에게 5184라는 결과를 출력하도록 잘 설명해주었습니다. 5184라는 결과 다음 줄을 보면 아직 알려드리지 않았지만 chr()이라는 기능을 써서 a를 숫자 72가 가리키는 글자로 지정을 해주었습니다. 그 아래 부분을 보면 파이썬은 우리가 문자라고 알려준 대로 a를 'H'라고 알고 있습니다. 그 다음 b도 동일한 값으로 정해주고 ❷번처럼 a와 b를 곱하라고 했더니 말씀드린 대로 '이렇게는 아무 일도 할 수 없다니까요!'라고 말하며 실행되지 않습니다.

혹여나 chr(72)는 72가 나타내는 문자가 아니라고 생각할 수도 있을 듯하여 작은따옴표를 이용해서 '72'라는 문자열로도 동일한 일을 시켜봤습니다.

```
>>> a = '72'
>>> b = '72'
>>> a * b
Traceback (most recent call last):
    File "<input>", line 1, in <module>
TypeError: can`t multiply sequence by non-int of type 'str'
```

어떻습니까? 실제로 확인했으니 이제는 정확히 알겠지요?

이제 python console 오른쪽 편을 한 번 보시죠.

```
>>> a = 72         01 a = {int} 72
>>> b = chr(72)    01 b = {str} 'H'
>>> c = '72'       01 c = {str} '72'
```

이 그림의 왼쪽처럼 a는 숫자 72, b는 72에 해당하는 문자, c는 '72'라는 문자 두 개로 구성된 문자열로 쓰겠다고 통C에게 알려주면 오른쪽 편에는 컴퓨터 기억장치 안에 통C가 어떻게 이해하고 있는지를 보여줍니다. a, b, c 각각에 대해서 a는 {int}, b와 c는 {str}이라는 표시가 있고 오른쪽에 해당하는 값들이 표시됩니다. 여기에서 {int}는 integer 즉, 정수(사람 이름 아닙니다)를 나타내고, {str}은 문자열인 string을 나타냅니다. 이해가 되나요?

내친김에 소수도 써보죠. d = 1.5 이렇게 써보겠습니다.

```
>>> d = 1.5    01 d = {float} 1.5
```

이번에는 {float}라고 표시되면서 소수를 메모리에 저장했습니다. floating point number의 약자인데 앞의 'f'만 기억해도 충분합니다.

type이라는 함수를 써서 자료의 형태를 볼 수도 있는데, 특별한 경우를 빼고는 많이 쓰는 기능이 아니므로 오른쪽의 정보창에 보여주는 내용을 해석하는 게 더 도움이 될 듯하여 소개하지는 않겠습니다.

이 외에도 도움이 될만한 자료형늘이 더 있는데, 한꺼번에 너무 많은 내용을 알아가기보단 책의 전반에 걸쳐서 하나씩 살펴보도록 할게요. 이번에는 숫자와 문자 두 가지만 소개하는 것으로 끝내겠습니다.

이제 이 그림을 다시 감상해보시죠. 우리가 이 그림을 젊은 여자 또는 노파로 인식하는 것이 왠지 컴퓨터가 숫자를 숫자 또는 문자로 인식하는 것과 닮았다고 생각되지 않나요?

1 빈칸을 채워보세요.

① 정수를 지칭하는 용어는 영어로 □□□□□□이다.

② 문자열을 가리키는 용어는 영어로 □□□□□□이다.

③ float는 □□를 나타내는 단어이다.

2 다음 중 정상적인 결과를 얻을 수 있는 표현은 무엇인가요?

① '33' / 124

② chr(56) + chr(82)

③ 1.9 * 235

④ 13 - A

3 파이썬에서 어떤 값을 그 숫자에 해당하는 문자로 지정해 주는 기능을 하는 함수는 무엇인가요?

4 파이참에서 ⊕ Python Console 버튼이 하는 역할은 무엇인가요?

① 파이썬 콘솔창을 실행한다.

② 특별한 기능이 없는 디자인이다.

③ 편집창을 하나 더 여는 기능이다.

④ 파이썬 명령어를 실행시킨다.

5 파이썬 콘솔에서 '>>>'이 의미하는 것은 무엇인가요?

① 어떤 값을 계산할 때 '진행 중'임을 알려준다.

② 어떤 값이 다른 값보다 아주 크다는 것을 나타내는 표현이다.

③ 값이나 명령어를 입력할 수 있다는 표시이다.

④ 모르겠다. 군대에서 보는 계급장 같은데.

③ 파이썬의 연산자

연산자란 무엇일까요? 설마 길이를 재는 자와 비슷한 개념이라고 생각하면 되는 걸까요? 아니면 연산군을 지칭하는 다른 말일까요? 한과 중에 연한 산자… 먹는 것?

상상력을 발휘하여 이러한 것들을 떠올렸다면 당신은 진정한 문과입니다.

연산자는 간략하게 정의하면 어떤 규칙을 표현하기 위해 정해놓은 기호입니다. 초등학교 때부터 열심히 배워서 잘 아는 사칙연산의 더하기, 빼기, 곱하기, 나누기 기호는 각각 숫자를 가지고 어떤 행위를 해야 하는지를 약속해 놓은 것이죠. 아마 두 개의 숫자 사이에 '+' 기호가 들어가 있는 모습을 보면 자연스럽게 양쪽의 숫자를 합하라는 의미로 다들 이해할 겁니다. 마찬가지로 −,   ,   기호가 각각 무엇을 의미하는지도 잘 알고 있으리라 믿습니다. 수학을 많이 공부한 분들은 다른 기호도 많이 보았을 텐데 프로그래밍 언어에도 이러한 기호들이 여럿 있습니다. 다음은 기호들을 한 번 살펴보도록 하겠습니다.

첫 번째, 앞장에서 본 것처럼 사칙연산 기호가 조금 다릅니다.
우선 더하기, 빼기 기호는 동일합니다. 나머지 두 개를 비교해 보면 곱하기는 '*', 나누기는 '/' 기호로 표시합니다. 물론 작은따옴표는 빼야 합니다.

각각의 중요한 특징을 설명하겠습니다.

'+' 기호는 더하기 기능을 합니다. 숫자뿐만 아니라 문자도 더할 수 있습니다. 2 + 2처럼 숫자를 더하는 것과 달리 문자를 더한다는 말이 당연히 이해되지 않을 수 있어요. …이런젼추로녀린빅셩이니르고져홇배이셔도ᄆᆞ춤내제ᄠᅳᆮ들시러펴디몯홇노미하니라.. 설명을 드리겠습니다. 에헴…….

2 + 2 대신 'two' + 'two' 이렇게 더할 수 있다는 말이 아니라 '+' 기호의 양쪽에 있는 문자, 그러니까 string! 이것이 있으면 양쪽의 문자를 이어주는 일을 한다는 말입니다. 다음 캡처한 이미지를 보세요.

```
>>> 2 + 2
4
>>> 'two' + 'two'
'twotwo'
```

두 번째 'two' + 'two'의 결과는 'twotwo'입니다. 혹시 2+ 'two'하면 어찌될지 궁금하지 않으십니까? 이건 통C한테 한 소리 들을만한 문장입니다. 그래도 한 번 시도해볼까요?

```
>>> 2 + 'two'
Traceback (most recent call last):
    File "<input>", line 1, in <module>
TypeError: unsupported operand type(s) for +: 'int' and 'str'
```

'int' 정수(사람 이름 아니고)와 'str' 문자열은 더할 수 없다는 말이죠. 한편 문자열을 잘 더해주면서 정작 빼기는 못 합니다. 아마 또 시도하면 통C한테 한 소리 들을 겁니다. '−' 기호는 그냥 숫자만 뺄 수 있습니다.

'*' 기호 차례입니다. 이 기호는 숫자를 곱해주는 기능 외에도 다른 기능이 있습니다. 설마 문자를 곱하는 걸까요? 어떻게 보면 그렇게 생각해도 됩니다. '*'는 문자와 숫자를 혼합해서 쓰면 문자를 숫자에 쓴 횟수만큼 반복합니다. 다음 그림을 보면 이해하기가 더 쉬울 겁니다.

```
>>> 'two' * 3
'twotwotwo'
>>> 3 * 'two'
'twotwotwo'
```

사실 문자만 반복하는 건 아닌데, 그건 나중에 다른 자료형을 공부할 때 다시 설명하겠습니다. 파이썬에서는 신기하게도 숫자와 문자의 순서를 다르게 써도 통C

가 찰떡같이 이해하고 통역을 해줍니다.

'/'는 나누기 기호입니다. 역시나 빼기처럼 문자를 나누지는 못합니다. 대신 기억해야 하는 게 있는데, 나눈 결과값이 무조건 소수로 표현된다는 사실이죠.

```
>>> 123456 / 1
12345.0
>>> 123456 / 7
17636.571428571428
```

이 예제에서 123456/1은 당연히 123456이어야 하는데, 이상하게도 뒤에 .0이 붙습니다. 파이썬에서는 우리가 정수라고 인식하는 것도 소수점이 있기만 하면 무조건 소수로 생각합니다. 몇몇 자료형이나 문법에서 정수만 사용 가능한 경우가 있는데, 나눗셈을 이용한 계산 결과가 소수가 되어 통C에게 한 소리 듣는 경우가 많이 발생합니다. 사소한 것 같지만 이런 차이를 모르면 나중에 문제가 생겼을 때 이유를 몰라서 혼자 고민만 하게 됩니다. 잘 기억하길 바랍니다.

파이썬 뿐만 아니라 다른 프로그래밍 언어에서도 이렇게 단순한 사칙연산이지만 보통 알고 있는 동작 외의 상황을 정의한 경우가 많습니다. 물론 당연히 프로그래머가 정의할 수도 있습니다. 여기에 소개해 드리는 새로운 정의들은 프로그래밍을 하다 보면 굉장히 유용하다는 느낌을 받을 때가 많은 것들입니다. 파이썬 프로그래밍과 조금 친해지면 다른 언어가 불편하다는 느낌을 받을 정도이니 말입니다.

두 번째는 정말 꿀 같은 연산자죠.

'//'와 '%'입니다. 이것들은 무엇을 의미할까요? '//'는 왠지 나눌 것 같이 생겼고, %는 결과값을 퍼센트로 바꿔줄 것 같이 생겼죠? 아쉽게도 예상한 의미와 실제 기호의 의미는 좀 다릅니다. 이러한 이유로 연산자를 알아두어야 한다는 말입니다.

이 둘은 의미상으로 짝을 이룹니다. 둘 다 나눗셈과 관련되어 있는데 처음 연산자 '//'는 앞의 숫자를 뒤의 숫자로 나눈 결과값의 몫을 '정수'로 알려줍니다. '%'

는 나눗셈을 한 결과의 나머지 값을 역시 '정수'로 알려주는 연산자입니다.

역할을 알고 보니 별 볼 일 없어 보이는 이 둘이 사실은 엄청 쓸모있는 역할을 합니다. 우선 어떤 경우에 좋은지 알아보기 전에 두 연산자를 사용한 결과를 확인해 보겠습니다.

```
>>> 123 // 20
6
>>> 123 % 20
3
```

어떠한가요? 결과에 .0이 붙지 않은 것만 보더라도 정수로 결과를 알려준다는 것을 알 수 있습니다.

그러면 '//' 연산자가 어떨 때 사용하면 좋은지 알아보겠습니다. 프로그래밍을 하다 보면 여러 개의 자료들을 동일한 덩어리로 나누어서 사용할 경우가 많이 있습니다. 그런데 이렇게 덩어리로 나누어서 동일한 동작을 반복하려면 개수나 횟수 같은 정보를 활용해야 합니다. 이러한 정보들은 뜻 자체가 '정수' 그중에서도 자연수를 의미합니다. 통C에게 1.3개씩 작업을 하라던가, 10.9회만큼만 실행하라고 하면 당연히 '삑! 무슨 말씀을 하십니까? 공부 좀 더 하고 오십쇼.'라는 소리를 듣게 됩니다. 이렇게 되면 상황이 대략 난감하죠. 아직 1.3개를 반올림하는 방법이나 올림/내

림하는 방법을 모르기도 하고, 계산한 값들을 다시 한 번 처리하려면 프로그램이 그만큼 길어지기도 한단 말입니다. '//'는 이 상황을 깔끔하게 한방에 원샷원킬 해 주는 몹시 쓸모있는 도구입니다.

얼추 내용이 정리되었다면 '//'보다 더 사용 빈도가 많은 나머지 연산자 '%'에 대해서 살펴봅시다.

과제를 하나 드리죠.

1부터 10까지의 숫자에 대해서 홀수일 때는 2를 곱하고, 짝수일 때는 2로 나누는 방법을 찾아보세요. 아직 파이썬을 이용한 표현 방법은 배우지 않았으니까 어떻게 해야 할지 머릿속으로만 생각해 보기로 합시다.

수학에 센스가 조금 있다면 이 문제의 '홀수'라는 단어를 보는 순간 유레카를 외쳤을 겁니다. (혹시 목욕 중에 책을 읽으셨다면 실례…….)

홀수와 짝수를 구분하는 것이 이 과제의 핵심인데, 나머지를 이용하면 쉽게 구분할 수 있습니다. 2로 나눈 나머지가 1이면 홀수, 0이면 짝수가 되는 것이죠. (아직 이해되지 않더라도 걱정마세요. 눈 딱 감고 외우면 됩니다.)

나머지 연산자를 응용한 과제를 하나 더 드려보겠습니다.

"그래도 지구는 돈다."라는 말을 했다고 알고 있는 그분. 저는 항상 헷갈리는데 '갈릴레오 갈릴레이'인가요? '갈릴레이 갈릴레오'인가요? 갈릴레오 갈릴레이가 살던 시대와 달리 지금은 지구 평면론을 제기하는 몇몇 분을 제외하고는 모든 사람이

지구가 태양 주위를 돈다고 알고 있습니다. 그리고 지구가 태양을 한 바퀴 돌아오는 데 걸리는 시간은 365일이라는 것도 상식이죠. 그런데 지구가 정확히 한 치의 오차도 없이 365일이 딱 걸려서 태양 주위를 도는 것이 아니라는 건 지나가는 초등학생에게 물어봐도 알만한 또 다른 상식입니다. 지구는 대략

1년하고도 1/4일이 조금 못 미치는 시간 동안 태양을 한 바퀴 돌기 때문에 1/4일씩 모아서 4년에 한 번씩 2월에 하루를 더 붙여 윤년을 만드는 방법으로 오차를 보정합니다. 여기까지 지극히 과학적인 이야기였는데 지루하셨다면 죄송합니다.

그래서 여러분께 드리는 문제는, 1900년이 윤년이라고 가정했을 때 올해가 윤년인지 구하는 방법을 나머지 연산자를 이용해서 생각해 보시라는 겁니다. 준비되셨으면 바로 시작하세요. 10초 드리겠습니다.

째깍째깍..🕐

자! 시간이 다 됐습니다. 생각해 보셨습니까?

네, 맞습니다. 바로 그렇게 하는겁니다. (설명은 휘리릭~ 생략)

이런 방법으로 나머지 연산자를 이용할 수 있습니다. 이외에도 나머지 연산자를 활용하면 복잡한 프로그래밍을 쉽게 해결할 수도 있음을 기억해 주십쇼.

remember me~♪🎵 (by 미겔 from COCO)

숫자와 관련한 연산으로 그다지 사용 빈도가 높지는 않지만, 가뭄에 콩나듯 사용하는 연산자가 하나 더 있네요. 바로 거듭제곱 연산자입니다.

거듭제곱은 어떤 수를 몇 번 곱한다는 말로 2의 3제곱을 $2^3(2 \times 2 \times 2)$으로 표현하는 숫자입니다. 표현 방법을 보시면 '아, 이거!'하고 바로 반응이 오실 겁니다. 파이썬에서는 곱하기 기호 '*'를 연속해서 두 번 표시하면 거듭제곱을 의미합니다. '**' 이렇게요. 아래 그림에서 차이를 보시면 좀 더 명확할 듯합니다.

```
>>> 2 * 3
6
>>> 2 ** 3
8
```

1 다음 기호는 각각 어떤 연산을 의미하나요?

① ** :

② / :

③ // :

④ % :

2 다음 수식을 파이썬 연산으로 고쳐 쓰세요.

① 150 × 37 ÷ 59:

② 25^{10}:

③ 100을 7로 나눈 몫:

④ 10을 7로 나눈 나머지:

3 다음 중 홀수와 짝수를 구분하기 위해 필요한 연산자는 무엇인가요?

① *

② %

③ //

④ **

4 다음 파이썬 수식을 일반 수식으로 고쳐 쓰세요.

① 1024 // 17:

② 36 ** 5

③ (3 + 5) % 2

④ 7 * (10 - 6) / 5

④ 프로그래밍과 가독성

지금부터 시간 여행을 하겠습니다.

셋을 세면 여러분은 저의 능력으로 과거로 돌아가게 됩니다. 준비되셨나요?

하나,

둘,

둘의 반,

둘의 반의 반.

둘의 반의 반의 반.

..

셋!

짜잔! 레이디스 앤드 젠틀맨. 과거로 오신 것을 환영합니다.

우리는 무려 열한 쪽 전의 과거로 돌아왔습니다. 음핫하하하하!

```
>>> a = 72
>>> b = 72
>>> a * b ❶
5184
>>> a = chr(72)
>>> b = chr(72)
>>> a
'H'
>>> a * b ❷
Traceback (most recent call last):
    File "<input>", line 1, in <module>
TypeError: can`t multiply sequence by non-int of type 'str'

>>>
```

거짓말처럼 생각되겠지만 불과 몇 쪽 전에 우리는 이 그림을 봤습니다. 그리고 잘 기억해 보면 엄청난 사실에 놀랄 겁니다. 우리는 배운 적도 없는 파이썬 문법을 정말 한 톨의 의심도 하지 않고 아주 자연스럽게 지나쳤습니다. 그것도 엄청나게 중요한 변수라는 것을 말이죠.

이 그림에서 a와 b처럼 CPU가 내용을 읽고 쓸 수 있고, 프로그램 코드를 보는 사람도 이해할 수 있게 이름을 붙여놓은 기억공간을 변수라고 부릅니다.

변수는 등호(=)를 중심으로 왼편에 변수의 이름을, 오른편에 변수의 값을 표시합니다.

'a'라는 이름의 '정수 72'를 값으로 가지는 변수를 정의하려면, 다음과 같이 쓰면 됩니다(파이썬은 대소문자를 다르게 구분하기도 하고, 변수는 영어 소문자로 시작하도록 이름 짓는 것이 관례입니다).

```
a = 72
```

개념을 쉽게 표현하면 a ← 72 이렇게 생각하여도 무방할 듯합니다. 변수에 대해서 조금 더 깊은 이야기는 뒤에서 차차 알아가기로 하고, 다음 프로그램을 보겠습니다.

```
a = 1
b = 100
c = b * (a + b) / 2
print(c)
```

지금까지 우리가 봤던 내용만으로 구성한 프로그램입니다. 무엇을 하는 프로그램이라고 생각되나요? 아마 마음에 와닿지는 않을 거예요.

도대체 왜 그런 걸까요?

"아, 난 문과야. 그런 것 묻지마." (물론 모든 문과분들께서 이러지는 않겠지만 말입니다), "수… 수학이잖아. 그 이상 나에게 뭘 바래?", "묻지도 따지지도 말고 그냥 뭘 계산해서 출력하는 거 아닌가." 등 다양한 반응을 보이리라 생각됩니다.

위의 프로그램은 1부터 100까지의 합을 구하는 공식을 이용해서 그 결과를 출력하는 프로그램입니다. 그런데 단지 수학이라서 와닿지 않았다기보다 a, b, c 이렇게 막연한 이름을 사용했기 때문에 한눈에 들어오지 않았던 것입니다(절대 여러분의 수학 실력이나 이해력이 부족해서가 아님을 거듭 말씀드립니다. 좌절하지 마시고 안심하세요).

a, b, c를 다른 이름으로 바꿔서 써보겠습니다.

```
첫 번째 값 = 1
마지막 값 = 100
합 = 마지막 값 * (첫 번째 값 + 마지막 값) / 2
print(합)
```

합을 구하는 공식을 모르더라도, 무언가 공식을 이용해서 합을 출력했으리라 짐작하기 쉬웠을 겁니다. 이게 바로 변수 이름의 힘입니다.

```
value_1st = 1
value_last = 100
total = value_last * (value_1st + value_last) / 2
print(total)
```

위의 코드는 한글로 표시된 코드를 비슷한 뜻의 영어로 표현한 것입니다. 실제 프로그래밍을 한다면 이런 식으로 만들게 될 겁니다.

꽃

김춘수

내가 그의 이름을 불러 주기 전에는
그는 다만
하나의 몸짓에 지나지 않았다.

내가 그의 이름을 불러 주었을 때,
그는 나에게로 와서
꽃이 되었다.

📔 가독성을 위해서

프로그램을 읽기 쉽게 만드는 방법에 변수의 이름만 있지는 않습니다.

모든 프로그래밍 언어에서는 코드를 읽기 쉽게 메모를 넣을 수 있는 기능이 있습니다. 영어로는 comment 우리말로는 '주석'이라고 부르는데 특별한 표식 뒤에 있는 내용은 통C가 해석을 하지 않는다는 불문율을 가지고 있고, 주석을 표기하는 방법은 다음과 같이 크게 두 가지로 분류할 수 있습니다.

❶ #을 이용하는 방법

주로 코드의 뒤쪽에 붙여서 사용할 수 있는 방법으로 짧은 설명을 표시할 수 있습니다. 파이참에서는 이렇게 표현됩니다.

```
value_1st = 1 # 처음 값
value_last = 100    # 마지막 값
total = value_last * (value_1st + value_last) / 2    # 등차수열의 합의
공식을 이용한다.
print(total)    # 결과를 출력한다.
```

❷ ''' ~ ''', """ ~ """

긴 설명이 필요한 경우에는 가운데 물결 부분에 여러 줄에 걸쳐서 넣을 수 있습니다. 정말 저처럼 말이 많은 분이 아니면 특별히 사용할 일은 없을 듯한데, 이런 느낌으로 작성하시게 됩니다.

```
''' 등차수열의 합의 공식을 이용하여 연속된 자연수의 합을 구하는 프로그램
[사용되는 변수]
value_1st - 첫 번째 수를 저장
value-last - 마지막 수를 저장
'''
value_1st = 1
value_last = 100
total = value_last * (value_1st + value_last) / 2
print(total)
```

5 ▶ 만약에…

우리는 과거에 하지 못했던 사실에 대해서 가끔 미련을 가지고 이렇게 말합니다. '만약에 ~했으면…….' 하지만 '만약에'라는 말은 과거의 사실을 말할 경우에만 사용하지는 않습니다.

'만약에'는 미래의 상황을 가정할 때에도 사용합니다. 프로그래밍을 할 때에는 통C에게 이 사실을 알려줘야 할 때가 아주 많습니다. 통C에게 심부름을 시켜보겠습니다.

여보게 통C, 내 부탁 좀 하나 들어주오.

내가 사진을 하나 찍어왔는데 컴퓨터 화면으로 보고 싶구먼.

그런데 만약에 사진 파일이 잘못된 것 같으면 나한테 알려주고,

그렇지 않으면 작업을 계속 진행해 주시게나.

만약에 사진을 여는데 내가 사용하는 모니터 해상도보다 사진이 크면

해상도에 맞게 줄여주고, 만약에 사진이 너무 작으면 화면에 꽉 차게 보고 싶네.

만약에 사진을 좋은 화질로 크게 보여줄 수 있으면 시간이 걸려도 내가 좀 기다릴테니

그렇게 해주게.

만약에 그게 어렵다면, 최소한 화면 절반 크기보다는 크게 보여주게나.

만약에 ....

– 쥔장 백

통C에게 사진파일 하나를 열어서 보여달라고 심부름을 시켜봤습니다. (프로그래밍이 이렇게 간단하면 좋겠지만, 현실은 그렇지 않다는 거 아시죠?) 프로그래밍에서는 이렇게 미래에 어떤 상황이 생길지 모르니까 필요한 경우를 모두 고려해서 '만약에', '만약에 그게 아니면…….', '만약에 그게 아니고 이렇다면…….' 이런 식으

로 해야 할 일들을 미리 작성해 놓습니다.

영어로는 if가 '만약'을 의미하며 거의 모든 프로그래밍 언어에서 조건문이라는 이름으로 if를 사용합니다. if는 약방의 감초처럼 프로그래밍에서 없어서는 안 되는 존재입니다.

그런데 '만약에 이렇다면…'이라는 표현을 '만약에 이렇다는 것이 참이라면'이라고 쓰더라도 의미가 다르지 않습니다(말장난 같겠지만 두 표현은 같은 의미입니다).

이쯤에서 컴퓨터에서 중요한 개념인 '참'에 대해서 생각해 보겠습니다. 기름 중에서 진짜 좋은 기름은 **참**기름입니다. 숯도 **참**숯이 좋고, 사랑도 **참**사랑…… 어쨌든 '참'이라는 말은 좋은 곳에 다 붙는 것 같습니다. 여러분이 생각하는 컴퓨터에서의 '참'이란 무엇인가요? 여기서 '**참**컴퓨터'라고 답하시는 분은 저와 비슷한 수준의 개그를 하시는 분입니다.

무언가 '참'이라는 것을 정의하기 어렵지 않습니까? '참'의 반대는 '거짓'입니다. 그러면 컴퓨터에서의 '거짓'은 정의할 수 있습니까? '거짓'은 '참'이 아닌 것이라는 답은 하지 마세요.

힌트를 하나 드리겠습니다. 컴퓨터가 정보를 처리하는 가장 작은 단위는 bit(비트)라는 단위로 0과 1의 값만을 가집니다. 다시 생각할 시간을 드리겠습니다. 컴퓨터의 '참'과 '거짓'은 어떤 의미일까요?

0과 1 중 어느 것은 참을, 어느 것은 거짓을 의미합니다. 이제 찍기 문제로 가죠. 정답을 맞힐 확률은 50%입니다. 0이 '참'이고 '1'은 거짓이다. 이 말이 맞다고 생각하는 분은 손!

오! 눈치가 100단이네요. 이 말은 틀린 말입니다. 0은 '거짓', 1은 '참'입니다. 잘 기억하세요. 0은 아무것도 없는 상태를 표현하는데, 컴퓨터에서는 **0만 거짓**입니다.

이제 문제 나갑니다.

정답을 찾았나요? 과연 어떤 것이 거짓일까요? 문제를 푸는 데 필요한 정보는 이미 다 알려드렸습니다. 긴가민가하다고 생각한 사람이 많을 듯합니다.

이 중에서 거짓은 ①, ③번입니다.

'뭐야, 내가 이럴 줄 알았어'라고 생각할 수도 있겠지만 여러분이 컴퓨터 프로그래밍에서 생각해야 할 몇 개 되지 않는 중요한 개념의 하나인 **0만 거짓**을 잘 기억했다면 어렵지 않게 답을 찾았을 것입니다. 다만 0과 1 중에 1이 '참'이라고 말했던 상황 때문에 망설임이 생겼을 수는 있겠지만 말입니다. 그러면 이 경우는 '참', '거짓' 중 무엇일까요?

```
if 'H'
```

'H는 문자인데?'라며 고민하고 있을지 몰라요. 'H는 0입니까?' 아니라고요? 그러면 '참'입니다. 0이 아니면 그냥 '참'입니다.

파이썬 if 문법을 보겠습니다.

```
01:if 조건: ← ':'을 빼먹지 않도록 주의하세요
02:▓▓▓▓▓'참'일 때
03:else:
04:▓▓▓▓▓'참'이 아닐 때 실행할 명령
```

▓▓▓▓▓는 탭(tab) 또는 공백 여러 칸

if 문장의 맨 마지막에 쌍점(:)을 찍는 것에만 신경쓴다면 문법이 어려워 보이지는 않습니다. (이제 이쯤 되면 어느 정도 이 책의 패턴에 익숙해졌을 것 같은데 말입니다. 질문 아니면 예제가 나올 타이밍입니다.) 파이썬의 특징이면서 잘 알고 있

어야 하는 부분이니 몇 가지 예제와 함께 설명하겠습니다.

앞에서 했던 홀수와 짝수 구분으로 예제를 다 같이 만들어 보겠습니다.

우선 number1이라는 이름으로 홀수, number2라는 이름으로 짝수를 각각 지정해 놓겠습니다. 컴퓨터의 CPU가 기억공간에 값을 가지고 있어야 계산할 수 있으니까 이렇게 하는 겁니다.

```
number1 = 3
number2 = 6
```

다음과 같이 정해볼게요.

다음으로 이 숫자가 홀수인지 짝수인지를 알아야겠죠? 앞서 언급했으나 다시 힌트를 드리겠습니다. 나머지를 활용하세요. 나머지가 1이면 홀수, 0이면 짝수! 여기까지는 좋습니다. 그런데 나머지를 어떻게 구하는지는 % 기호를 사용한다고 했습니다만 다시 한 번 이야기 하겠습니다.

if와 함께 이렇게 표현하겠습니다.

```
if number1%2 = 0:
```

일단 앞에 적어드린 문법대로

```
      print("even number!")
```

여기까지만 입력하고 실행해 보면 에러가 납니다.

```
>>> number1 = 3
>>> number2 = 6
>>> if number1%2 = 0:
...     print("even number!")
...
    File "<input>", line 1
        if number1%2 = 0:
                     ^
SyntaxError: invalid syntax
```

문법이 이상하다는데 '=' 기호 부분이 이상하다고 합니다. 무엇이 문제일까요? (결단코 제가 모르고 실수한 것은 아닙니다. 여러분의 학습 이해를 위하여 연출된 상황입니다.) 어떻게 수정해야 하는지 모를 수 있지만 이상한 부분은 발견할 수 있어야 합니다.

'=' 기호의 의미를 떠올려봅시다. '=' 🔍 이것은 무슨 기호일까요? 바로 '=' 오른쪽에 있는 값을 왼쪽에 저장하는(←) 기호입니다. 우리가 생각했던 것처럼 0과 같은지를 비교한 것이 아닙니다. 파이썬에서 왼쪽과 오른쪽이 동일한 지 물어볼 때는 '==' 이렇게 등호를 두 개 연속으로 붙여서 표현해야 합니다. 파이참의 파이썬 콘솔창에서 예제를 따라가는 중이라면 위, 아래 화살표를 눌러서 이전에 입력했던 내용을 불러내어 쉽게 수정할 수 있습니다.

```
>>> if number1%2 == 0:
...     print("even number!")
...
```

에러가 사라졌는데, number1이 홀수라서 출력되는 문장도 없습니다.

여기에 else:를 붙여서 짝수가 아닌 경우에 홀수라고 출력해 주도록 수정하겠습니다.

```
>>> if number1%2 == 0:
...     print("even number!")
... else:
...     print("odd number!")
...
odd number!
```

이번에는 홀수라고 출력이 되었습니다.

통C는 이 문장을 다음과 같은 조건을 쓴 부분에서 나머지를 계산하여 0인지를 비교하였습니다.

$$number1\%2 == 0$$

그 결과, 참과 거짓을 그 자리에 대치하는 방식으로 문장을 해석합니다.

우선 number1이 3이니까 3을 2로 나눈 나머지를 '=='의 왼쪽에 먼저 넣은 다음 결과를 비교합니다.

$$3\%2 == 0 \quad ①$$

$$1 == 0 \quad ②$$

거짓   ③

if 문의 뒤쪽은 이런 순서로 해석이 됩니다.

이번에는 문장을 이렇게 수정을 하고 어떻게 되는지 보겠습니다.

```
>>> if number1%2:
...     print("even number!")
... else:
...     print("odd number!")
```

무엇이 바뀌었을까요?

아랫부분에 다른 그림 찾기로 이어집니다. 다른 곳은 한 곳입니다.

```
>>> if number1%2 == 0:
...     print("even number!")
... else:
...     print("odd number!")
```

```
>>> if number1%2:
...     print("even number!")
... else:
...     print("odd number!")
```

원래 프로그램   바뀐 프로그램

찾아보았나요? 바로 오른쪽에는 결과 값이 0인지 비교하는 '== 0'이 없습니다.

그런데 신기하게도 실행이 됩니다. 다음 그림은 실행의 결과입니다.

```
>>> if number1%2:
...     print("even number!")
... else:
...     print("odd number!")
...
even number!
```

자, 보십시오. 분명히 0과 비교하는 부분을 삭제했음에도 **완전히 동일하게 실행**이 되었습니다. 그렇다면 왜 이러한 실행이 가능할까요? 함께 추론해봅시다.

① 파이참의 오동작이다.

② 통C가 잠시 정신을 놓았다.

③ 바이러스가 침투했다. 백신을 가동시켜야 한다.

만일 바이러스의 문제라면 여러분은 당장 백신으로 컴퓨터를 검사해야 합니다.

'내가 이럴줄 알았어. 이상한 프로그램을 설치하라더니 결국 사고가 나는구만. 아… 자료 많은데 다 날아가면 어쩌지?'

이러한 걱정은 버리고 안심하십시오.

①~③ 안에 정답은 없습니다.

이것은 지극히 정상인 동작입니다.

여러분은 '완전히 동일하게 실행'되었다는 말에 넘어간 것입니다. 사람 말을 그렇게 쉽게 믿으면 큰일납니다. '짝수'라고 출력되었습니다. 직접 눈으로 확인하세요. 항상 주의 깊게 살펴야 합니다.

잘 생각해 보면 다음과 같습니다. if문에서 참인지 비교하는 내용은 number1을 2로 나눈 나머지 즉, 3%2입니다. 당연히 이 값은 1이죠. 그리고 값이 1이 되는 순간 **0이 아닌 값**이므로 if문의 조건은 '참'이 되어버립니다. 조건이 참이므로 바로 아래에 있는 문장이 실행되어 버린거죠. 조건은 그대로 둔 채 위·아래의 출력문장을 바꿔 놓으면 처음 작성했던 프로그램과 완전히 동일하게 동작합니다.

```
>>> if number1%2:
...     print("even number!")
... else:
...     print("odd number!")
...
odd number!
```

이제 앞에서 문법 설명할 때 음영 처리했던 부분에 대해 알아보면서 '만약에…' 파트를 마치겠습니다. 이 부분은 파이썬의 특징이면서 강점이죠.

```
01:if 조건: ← ':'을 빼먹지 않도록 주의하세요.
02:     '참'일 때 실행할 명령
03:else:
04:     '참'이 아닐 때 실행할 명령
```

는 탭(tab) 또는 공백 여러 칸

책장을 넘기는 수고를 덜어드리기 위해서 '복붙'했습니다.

파이썬에서는 프로그램의 덩어리를 구분하기 위해서 음영부분(▬▬)을 사용합니다. if 조건이 참일 때 실행해야 하는 내용들을 하나의 덩어리로 본다면 if 문장 아래에서 음영으로 표시한 부분의 길이가 동일한 문장들은 모두 동일한 덩어리가 됩니다.

예를 들어 다음을 살펴보세요.

```
01:if 조건 :
02:     문장①
03:     문장②
04:문장③
```

이렇게 작성을 하면 문장①과 문장②는 if문의 조건이 참일 때 실행해야 할 같은 덩어리가 되고, 문장③은 if문과는 별개가 됩니다. 문장③은 조건이 참이든 거짓이든 매번 실행됩니다. 파이썬의 이런 문법은 코드를 읽을 때 다른 프로그래밍 언어에 비해 이질감이 적게 만들어줍니다. 홀수·짝수 조건을 바꿔서 실제 문장을 실행한 결과를 보여드리면서 다음 주제로 넘어가겠습니다.

```
>>> if 100:
...     print("sentence one.")
...     print("sentence two.")
... print("sentence three.")

sentence one.
sentence two.
sentence three.
```

조건이 참일 때
(100도 0이 아니므로 '참'입니다.)

```
>>> if 0:
...     print("sentence one.")
...     print("sentence two.")
... print("sentence three.")

sentence three.
```

조건이 거짓일 때

1 다음 if문에서 잘못된 두 부분을 찾아 고치세요. (정답 2개)

```
number1 = 6
if number1 % 2 = 0
      print("even number!")
```

2 다음 조건 중 참이 아닌 조건을 고르세요.

① 3 == 1 + 2

② 3 * 0

③ '파이썬' == '파이참'

④ '거짓'

3 다음 문장의 실행 결과를 써보세요.

```
number = 3
if number != 2:
      print("2가 아닙니다.")
print("number")
```

4 if문의 조건이 참이 아닐 때만 ④번을 실행시키도록 ③번에 넣어야 할 명령을 써보세요.

```
if ①:
      ②
③:
      ④
```

6 If로 프로그램 만들기

기억을 되짚어보면 별로 공부한 거 같지 않을텐데 지금까지 공부했던 내용을 이용해서 프로그램을 하나 만들어볼까 합니다. 제가 질문하면 여러분들이 답하는 식으로 프로그램을 만들어갈 것입니다. 이번 주제는 메시지를 주고받듯 이어가 보죠.

채팅방에 입장하였습니다.

> 저자: 우리는 지금까지 변수, 기본 연산자, If 조건문에 대해 알아봤습니다.

> 독자: 헐! 대박. 진짜예요?

> 저자: 에이~ 장난치지 마시고. 여러분 사랑합니다♥

> 독자: 헐! 대박. 진짜예요?

> 저자: 아, 진짜. 장난 그만하고 시작합시다. 안그러면 삐칠 거예요.

> 독자: ...

> 독자: ...

> 독자: ...

독자 님이 퇴장하였습니다.

헉, 뭐지요? 이러면 안됩니다. 다시 진행해보도록 하죠.

저자 님이 독자 님을 초대하였습니다.

> 저자: 아무래도 제가 뭔가 착각을 한 것 같습니다. 그냥 혼자 진행하겠습니다.

> 독자: ㅇㅇ

잠시 옆길로 좀 샜다가 오겠습니다. 우리는 누구나 잘 알고 있죠. 학년이 올라가면서, 졸업해서는 나이가 들어가면서.. 질문을 받으면 점점 더 가슴이 떨리고, 제발 나를 피해갔으면 싶기도 하다는 것을…….. 앞에서 설명하는 사람이 열심히 떠들면서 청중의 반응을 유도해도 동방예의지국의 국민답게 아주 겸손하다는 것을요. 오로지 반응을 할 때는 빵! 터질 때나 영상 틀어줄 때 뿐이라는 것을요.

암요. 벼는 익을수록 고개를 숙여야죠.

잠시 쉬셨습니까? 옆길 다녀왔습니다. 진정이 된 듯하니 다시 시작해 보겠습니다.

지금까지 우리는 변수와 연산자 그리고 조건문에 대해 공부했습니다. 이번에는 이것들을 이용해서 짧은 프로그램을 만들어 보겠습니다.

"만약 여러분이 잘 호응해 주신다면 저는 행복할 것 같습니다."

이 문장으로 프로그래밍을 해보겠습니다.

CPU가 여러분의 반응을 알아야 할테니 반응이라는 이름의 변수를 만들 필요가 있겠네요. 반응이 없으면 통C는 아무 것도 할 수가 없어요.

반응을 변수로 만들어보겠습니다. 이 책에서는 프로그래밍을 공부하면서 영어 단어 공부도 덤으로 할 수 있는 장점이 있습니다. (다른 책들도 그렇겠지만요.) 반응은 영어로 리액션(reaction)이라고 쓰면 됩니다.

```
reaction = '호응'
```

이렇게 프로그램의 앞부분에 써줍시다. 그리고 조건문을 이용해서 reaction이 '호응'이면 제가 인사말을 쓰도록 프로그래밍하겠습니다.

```
01:if reaction == '호응':
02:    print('독자 여러분 사랑합니다~♥')
03:else:
04:    print('ㅠ_ㅠ')
```

한 번 프로그램을 실행해 보겠습니다.

```
>>> reaction = '호응'
>>> if reaction == '호응':
...     print('독자 여러분 사랑합니다~♥')
... else:
...     print('ㅠ_ㅠ')
...
독자 여러분 사랑합니다~♥

>>>
```

정말 잘 출력되었습니다.

그런데 가끔 뒷북치는 분들이 있어요. 뒤늦게 '호응'을 보이는 분들이 계신데, 그러면 통C한테 이상한 잔소리를 듣게 됩니다. 한 번 보시겠습니까?

```
>>> if reaction == '호응':
...     print('독자 여러분 사랑합니다~♥')
... else:
...     print('ㅠ_ㅠ')
... reaction = '호응'
Traceback (most recent call last):
    File "<input>", line 1, in <module>
NameError: name 'reaction' is not defined
```

확인해보았죠? 제 말이 맞지 않습니까? 통C가 reaction이 뭔지 모르겠다며 에러를 냈습니다.

여기서 우리는 중요한 사실을 하나 배울 수 있습니다. 변수는 사용하기 전에 미리 정의를 해 놓아야 통C가 알아들을 수 있다는 사실 말입니다. 통C는 문장을 윗줄부터 읽어서 내려오는데 앞에 없던 내용을 대뜸 말하면 그 다음부터 아예 일을 하지 않습니다. 한없이 가만히 있지요. 그리고 투덜거리며 이야기할 거예요. '난 도통 뭔 말인지 모르겠으니 제대로 정리해서 알려 주던가 말던가.'

그런데 예상치 않게 저의 팬이 생길 수도 있습니다. 그래서 reaction이 '호응'이 아니고 '사랑'이면 뭔가 특별한 보상을 해드리려고 합니다. 그런데 아직 안 배웠거든요. '만약 이 조건이 아니고 다른 조건이면' 여기서부터는 그런 여러 가지 상황들에 대해서 어떻게 할지 설명을 드리고자 합니다.

우선, 위의 상황에 대해서 바로 알아보겠습니다. '만약'과 '그렇지 않다면'을 우리는 if와 else로 표현을 했습니다. 이 두 가지 표현을 이용해서 '그렇지 않고 만약에'를 순서대로 써보겠습니다. else if라고 순서를 바꿔서 쓰면 그런 뜻이 되겠네요. 다른 언어에서는 이렇게 표현하기도 하는데 파이썬에서는 프로그래밍의 편의를 위해서 이 두 단어를 줄여서 elif라고 표현을 할 수 있도록 만들어 놓았습니다. 그래서 '만약 이렇다면, 그렇지 않고 만약 이렇다면' 등 이러한 상황을 다음과 같이 정의합니다.

```
01:if 조건①:
02:     조건①이 '참'일 때 실행할 명령
03:elif 조건②:
04:     조건②가 '참'일 때 실행할 명령
05:else:
06:     조건①, ②가 모두 '참'이 아닐 때 실행할 명령
```

중간에 elif는 여러 번 넣을 수 있습니다. 100개, 1000개라도 가능한데 한 번에 그렇게 많이 사용하면 통C는 해석이 가능하지만, 자기가 작성한 프로그램을 자기가 이해하지 못하는 상황이 생길 수 있으니 남용은 하지 않는 게 당연히 좋을 겁니다.

만약 위의 프로그램에서 elif를 사용하지 않고 if만 썼다면 어떻게 될까요?

```
01:if 조건①:
02:     조건①이 '참'일 때 실행할 명령
03:if 조건②:
04:     조건②가 '참'일 때 실행할 명령
05:else:
06:     조건②가 '참'이 아닐 때 실행할 명령
```

이렇게 됩니다. elif를 썼을 때와 어떻게 다른지는 다음 쪽에서 알려드리겠습니다.

'사랑'을 넣고 elif를 이용해서 프로그램을 만들어보겠습니다.

```
>>> reaction = '사랑'
>>> if reaction == '호응':
...     print('독자 여러분 사랑합니다~♥')
... elif reaction == '사랑':
...     print('♥♥♥♥♥♥♥♥♥♥♥♥♥♥♥♥♥♥♥♥♥♥')
... else:
...     print('ㅠ_ㅠ')
...
♥♥♥♥♥♥♥♥♥♥♥♥♥♥♥♥♥♥♥♥♥♥
```

'사랑'이라고 반응해 준 팬 분께 하트를 무더기로 날려드렸습니다.

이 구조에서 통C는 if, elif, else를 하나의 연결된 덩어리로 보고, if, else 또한 하나의 연결된 덩어리로 봅니다. 그리고 if만 있고 else가 없는 것도 가능하다고 생각합니다.

두 가지 경우를 좀 더 알기 쉽게 그림으로 그려서 설명해 드리겠습니다. 제가 그림을 좀 그리거든요. 붓 말고 마우스로만요.

❶ 조건①이 참일 때

```
if 조건①:
    조건①이 '참'일 때 실행할 명령
elif 조건②:
    조건②가 '참'일 때 실행할 명령
else:
    조건①, ②가 모두 '참'이 아닐 때 실행할 명령
```

하나의 덩어리에서 처음 조건이 만족하기 때문에, 아래는 쳐다보지도 않음

```
if 조건①:
■■■■조건①이 '참'일 때 실행할 명령
if 조건②:
■■■■조건②가 '참'일 때 실행할 명령
else:
■■■■조건②가 '참'이 아닐 때 실행할 명령
```

조건①의 if문과 조건②의 if~else 이렇게 두 개의 덩어리이므로 조건①의 참, 거짓과 관계없이 조건②까지는 쳐다봄

❷ 조건①은 거짓이고 ②는 참일 때

```
if 조건①:
■■■■조건②이 '참'일 때 실행할 명령
elif 조건②:
■■■■조건②가 '참'일 때 실행할 명령
else:
■■■■조건①, ②가 모두 '참'이 아닐 때 실행할 명령
```

하나의 덩어리에서 처음 조건이 만족하지 않으므로 조건 ②까지 확인함

```
if 조건①:
■■■■조건①이 '참'일 때 실행할 명령
if 조건②:
■■■■조건②가 '참'일 때 실행할 명령
else:
■■■■조건②가 '참'이 아닐 때 실행할 명령
```

조건①과 관계없이, 조건② 를 무조건 확인함

❸ 조건이 모두 거짓일 때

```
if 조건①:
■■■■조건①이 '참'일 때 실행할 명령
elif 조건②:
■■■■조건②가 '참'일 때 실행할 명령
else:
■■■■조건①, ②가 모두 '참'이 아닐 때 실행할 명령
```

앞의 두 조건이 모두 거짓이므로, 마지막 else 문을 실행

```
if 조건①:
▨▨▨조건①이 '참'일 때 실행할 명령
if 조건②:
▨▨▨조건②가 '참'일 때 실행할 명령
else:
▨▨▨조건②가 '참'이 아닐 때 실행할 명령
```

조건①을 확인하고, 조건②
도 확인, 조건②가 거짓이
므로 else 문을 실행

여기서 알 수 있는 아주 중요한 사실은, 통C는 쓸데없는 일을 하는 것을 싫어한다는 겁니다.

이렇게 사실 확인까지 하니까 끝인 줄 알았나요? 무언가 서운한가요? 그래서 몇 가지 더 알아보고 마무리 하겠습니다.

프로그래밍을 하다 보면 두 가지 이상의 조건을 동시에 만족하는 경우를 확인할 필요가 있습니다. 테마파크(놀이동산)에 가면 나이와 키 제한이 있는 놀이기구가 있습니다. 나이는 되는데 키가 작아서 친구들은 다 타는데 혼자만 못 타는 일이 발생할 수도 있습니다. 이렇게 두 가지 이상의 조건을 모두 만족해야 하는 상황으로 조건문을 만들고 싶을 때 and로 연결하면 됩니다.

```
나이 >= 8 and 키 > 110
```

위의 조건문을 보고 고개를 갸우뚱할 겁니다. 생소한 기호가 보이나요? '>=' 아직 배우지 않은 기호가 맞습니다.

아직 우리가 배우지 않은 게 있네요. 크기를 비교하는 연산자를 배우지 않았습니다. <, <=, >, >= 이러한 연산자가 있습니다.

이제 크기를 비교하는 연산자는 다 배웠습니다. 나중에 딴말하기 없습니다.

if문의 바로 뒷부분처럼 파이썬의 모든 조건을 넣는 자리에 이렇게 and로 이어진 조건을 넣을 수 있습니다. 그러면 두 경우가 모두 참인 경우에만 아래에 써 놓은 문장이 실행됩니다. 물론 게으른 통C는 이 경우에 and 왼쪽부터 순서대로 참, 거짓을 확인하다가 거짓이 나오는 순간 뒤쪽은 보지도 않고 거짓으로 판단을 해버립니다. 당연한 말이지만 '모든 조건이 다 참일 때' 실행하라고 했으니 중간에 하나라도 거짓이 나와버리면 뒤는 '묻지도 따지지도 말고' 지금 상황을 거짓으로 판단해 버리는 거죠.

한 가지 언급하지 않은 게 있습니다. '=='라는 연산자가 있지요. 분명히 같은지 확인하는 연산자라고 우리는 알고 있습니다. 그렇다면 반대로 '같지 않다'를 나타내는 연산자는 무엇일까요? 바로 '!='입니다.

그리고(and)를 배웠으니 단짝 친구인 또는(or)을 알아봐야겠네요. 둘 중에 어느 하나만 참이면 참이 되는 조건을 만들 때 사용할 수 있습니다.

예를 들어 보겠습니다. 얼마 전에 유명 제과점에 케이크를 사러 갔는데, 할인되는 카드 설명을 해주더라구요. 카드① 또는 카드② 또는 카드③ 등 이런 경우에 어느 하나의 카드만 있으면 할인을 받을 수 있습니다. 할인을 못 받는 단 하나의 경우는 바로 알려준 카드가 단 하나도 없을 때죠. 할인 조건이 동일하다면 카드①을 가지고 있는 것이 확인되면 나머지 카드는 굳이 확인할 필요가 없습니다.

마찬가지로 게으른 통C도 조건을 하나하나 검토하다가 참인 조건을 발견하는 순간 나머지는 싹 건너뛰어 버립니다. and가 거짓을 발견하는 순간 건너뛰는 것과 비슷한 원리로 말입니다.

필요에 따라서 if 조건 안에 if 조건을 사용하는 경우도 많이 있습니다. 좀 으스스한 예가 될지 모르겠지만 천천히 시작해 보겠습니다.

어젯밤 잠자리에 든 이후로 아무런 기억도 없는데, 오한이 드는 듯한 느낌에 눈을 떠보니 어찌된 영문인지 사방이 어두컴컴한 차가운 돌바닥 위에 쓰러져 있는 당신을 발견했습니다. (BGM- 소리의 울림이 크게 들리는 고성에서 날카로운 바람 소리에 천둥소리가 간간이 섞여 들리는 상황) 코앞의 사물도 분간하기 어려운 문자 그대로의 칠흙같은 어둠 속에 천장을 향해 몸을 돌려 누워 숨을 고르는데 어디서인지 비릿한 냄새가 코끝을 스쳐 갑니다. 속이 메스껍고 구역질이 날 것 같습니다. 힘겹게 몸을 일으켜 냄새가 나는 쪽을 향해 더듬더듬 바닥을 짚으며 조심스럽게 몸을 옮겼습니다. 냄새가 좀 더 짙어졌다고 느끼는 순간 바닥을 짚은 한쪽 손에 정체 모를 질퍽한 액체가 만져집니다. 손을 들어 그렇게 차갑지 않은 액체의 정체를 확인하려는 순간 오른쪽 귀 바로 옆에서 날이 선 가위를 천천히 사각거리는 소리가 들립니다. 잠시 후 무엇에 베인 듯한 섬뜩한 느낌과 함께 목 오른쪽을 타고 정체 모를 액체가 천천히 흘러 내려오는 것이 느껴집니다. 온몸에 소름이 돋으며 일순간 몸을 움직일 수가 없습니다. 어두운 공간을 꽉 채우는 천둥소리와 동시에 빛이 번쩍이며, 번쩍이는 무언가를 손에 들고 있는 듯한 커다란 검은 그림자가 모습을 드러냈다가 사라집니다. 본능적으로 그림자가 있던 곳과 반대 방향을 향해 죽을 힘을 다해 보이지도 않는 어둠 속을 달려갑니다. 뒤이어 높은 괴성을 지르며 검은 물체가 등 뒤를 따르는 둔중한 소리가 쿵쿵 들려옵니다. 갑자기 눈앞이 번쩍이며 다시 정신을 잃고 쓰러집니다.

깨어나 보니 양손만 밖에서 수갑에 묶인 채 투명한 유리관 안에 갇혀있었습니다. 유리관 밖에는 유리관에 몸을 최대한 밀착시키면 닿을 것 같은 거리에 두 개의 커다란 버튼이 있고, 겨우 구분할 수 있을 정도로 희미한 글자가 버튼 위 모니터에 표시되고 있었습니다.

"오늘은 x월 13일 금요일이다. 지난달 13일은 폭우가 쏟아지는 금요일이었다. 문제를 다 읽은 순간부터 10초 안에 다음 달의 날짜수가 홀수면 왼쪽, 짝수면 오른쪽 버튼을 눌러라. 정답을 맞추면 현실로 돌아가게 될 것이고, 아니면······."

섬뜩한 문구가 사라지고, 그 자리에 숫자 10이 나타났습니다. 이윽고 차례대로 9, 8, 7··· 줄어들고 있습니다. 당신은 어떤 버튼을 선택할 것입니까?

"3초 남았습니다."

"2초."

"1초."

"0초."

어떤 답을 선택하셨던 당신은 현실로 돌아왔습니다. 파이썬 공부를 해야 하므로 제가 강제소환 했어요.

어땠습니까? 좀 공포감이 있었습니까?

위의 조건을 if문으로 표현해 보겠습니다.

```
01:if 오늘날짜 == 13 and 오늘요일 == '금요일':
02:    if 지난달날짜 == 13 and 지난달요일 == '금요일':
03:        if 다음달 == 홀수달:
04:            1번 버튼을 누름
05:        else:
06:            2번 버튼을 누름
```

조건만으로 문제를 표현하면 이렇게 표현할 수 있습니다. 하지만 아직 같은 동작을 여러 번 반복시키는 방법을 배우지 않아서 날짜를 바꾸면서 비교하도록 프로그래밍하지는 못했습니다. 이 프로그램이 아니더라도 뭔가 그럴싸하게 동작하는 프로그램을 만들려면 반복이 필요하니 다음 장에서는 통C에게 같은 일을 반복해서 시키는 방법에 대해서 알아보겠습니다.

앞장의 문제 해설

지난달의 오늘과 이번 달의 오늘이 같은 요일인 달은 윤년이 없는 3월입니다. 2월이 7의 배수인 28일이기 때문이죠(28%7 = 0). 그래서 이번 달은 3월이며, 다음 달은 4월로 달의 숫자는 짝수입니다.

1 다음 프로그램에서 잘못된 곳을 찾아보세요.

```
if weather == '비':
    print( '비가 옵니다.  우산을  챙기세요' )
else:
    print( '오늘은  양손을  가볍게~' )
weather = '눈'
```

2 주어진 조건에서 어떤 값이 출력될지 예상해 보세요.

> 조건
>
> • 국적: 영국   • 성별: 남성   • 직업: 수학자

```
if 국적 == '영국':
    if 성별 == '남성':
        if 직업 == '배우':
            print( '베네딕트 컴버배치' )
        else:
            print( '앨런 튜링' )
    else:
        print( '엘리자베스 여왕' )
elif 국적 == '헝가리':
    if 성별 == '남성':
        if 직업 == '수학자':
            print( '존 폰 노이만' )
        else:
            print( '유진 위그너' )
else:
    print( '마리 퀴리' )
```

⑦ 뻉뻉이 돌려요

학교에서나 군대에서나 몸을 움직이는 활동을 하다 보면 팔 벌려 뛰기 같은 동작을 큰 소리로 번호를 복창하면서 xx번 반복을 시킵니다. 마지막 숫자를 외치면 처음부터 다시 하거나 더 많은 횟수를 뛰게 해서 기운을 쏙 빼놓죠. 힘들게 마지막까지 왔는데 누군가가 우렁차게 외치는 마지막 번호에 탄식의 소리가 여기저기서 터져나오는 것도 흔히 겪는 일입니다. 이렇게 사람에게는 같은 동작을 반복하는 일이 쉽지 않지만, 컴퓨터는 그렇게 어려운 일이 아닙니다. 여기에서는 실제로 느낄 리는 없겠지만 그래도 통C에게 반복의 괴로움을 주는 방법을 공부해보겠습니다.

일상생활에서도 반복하려면 몇 가지 조건이 필요합니다. 어떤 조건이 있어야 할지 생각해 보십시오.

어느 정도 짐작은 했었지만, 막상 현실로 닥치니 조금 당황스럽습니다. "잘 모르겠다"가 아니라 "생각을 하지 않겠다"로 들리는 건 기분 탓인 걸까요?

초심으로 돌아가서 구구단 2단을 처음부터 끝까지 외우면서 이 질문에 대한 답을 생각해 보겠습니다.

$$2 \times 1 = 2$$
$$2 \times 2 = 4$$
$$2 \times 3 = 6$$
$$\cdots$$
$$2 \times 7 = 14$$
$$2 \times 8 = 16$$
$$2 \times 9 = 18$$

(조건①) 처음으로 필요한 것은 반복시킬 대상입니다.

당연한 말이라고요?

(저자의 변①) 네. 저는 당연한 것들만 물어보는 착한 사람입니다.

또, 당연한 조건을 찾아보겠습니다.

(조건②) 어디서부터 어디까지 즉, 얼마만큼 반복할 것인지를 정해야 합니다.

네? 또 당연한 말이라고요?

(저자의 변②) 저는 거짓말을 하지 않는 정직한 사람입니다.

당연한 다른 조건을 더 찾아보겠습니다.

(조건③) 구구단에서 반복할 때마다 무엇을 얼마만큼 바꿀 것인가 입니다.

네? 장난하냐고요?

(저자의 변③) 딩동댕! 저는 여러분과 장난을 하고 있습니다.

앞의 3가지 조건을 잘 이해하지 못하는 분들을 배려해서 구구단에 대응해서 직접적으로 알기 쉽게 하나하나 콕콕 찍어서 알려드리겠습니다.

```
조건①: 반복시킬 대상
       ████████2 × □ =
조건②: 어디서부터 어디까지 반복할 것인지
       ████████□ 부분을 1~9까지
조건③: 무엇을 얼마만큼 바꿀 것인지
       ████████□ 부분에 들어가는 수를 반복할 때마다 1씩 증가
```

필요한 조건을 모두 정리했으니 파이썬 문법을 잽싸게 쳐다보고 프로그래밍해 보겠습니다. 파이썬에서 어떤 일을 반복하라는 명령은 for를 사용합니다. 그리고 if문에서 했던 것처럼 명령의 끝에 쌍점(:)이 옵니다.

```
for_____:
    ████████반복시킬 대상
```

그리고 밑줄 친 곳에 조건 ①, ②에 해당하는 내용을 넣습니다. 통상적으로 반복하면서 값이 변해야 하는 □ 부분에는 알파벳 i, j 등을 사용합니다. i를 1부터 9까지

반복시키겠다는 의미를 아래 상자에 있는 내용처럼 표현합니다(i는 index, j는 비슷하게 생겨서…… 라고 추측됩니다).

```
i in range(9)
```

이 문장을 지금부터 해부해 봅시다.

i는 □ 대신이라고 설명했으니까 건너뛰겠습니다.

in은 초록색 영어 사전에 이렇게 나옵니다.

in 미국·영국[In]
1. 전치사 (지역공간 내의) …에[에서]
2. 전치사 (무엇의 안에 들어가거나 에워싸여) …에[에서/안에]
3. 부사 (어떤 물체지역물질) 안[속]에

옥스퍼드 영한사전

'전치사'라 참 어려운 말입니다. 사전에서 정의한 그대로 '~에'와 비슷한 느낌으로 사용됩니다. '뒤에 있는 것에' 정도로 해석해 보겠습니다.

range(9)는 독자 여러분께서 책에 좀 더 애정을 가지고 읽다 보면 이미 봤을 수 있겠지만 앞으로 더 자주 접할 함수의 하나입니다. 9를 넣어주면 0~9까지 숫자를 만들어주는 아주 착한 친구입니다. 파이참의 콘솔창에서 x라는 변수에 range(9)의 값을 담아 봤더니 이렇게 나옵니다.

```
>>> x = range(9)                                    ← 입력한 코드


∨ ≣ x = {range: 9} range(0, 9)
   01 start = {int} 0
   01 step = {int} 1                                ← 정보창의 x값
   01 stop = {int} 9
```

0에서 시작해서 9에서 멈추는데 1씩 값을 올려서 알려주겠다는 말입니다. 그런

데 range의 괄호() 안에는 숫자 9밖에 쓰지 않았는데, 정보창에는 (0, 9)로 보입니다. 이것을 '기본값' 영어로는 'default'라고 합니다. 시작값을 정해주지 않으면 0이 자동으로 입력되고, 변하는 값의 크기도 1로 입력됩니다. 이 값들을 변경하려면 아래와 같은 순서로 입력합니다.

```
range(시작값, 끝값, 변하는 크기)
```

이제 이 내용들을 다 합쳐보겠습니다.

```
01:for i in range(1, 9):
02:     print(f'2 × {i} = {2*i}')
```

함수라는 말을 쓰기 시작했으니 여기서부터 함수는 함수라고 말씀드리겠습니다. 사실 앞에서 명령어라고 말씀드렸던 print는 함수입니다. 왜 이제야 진실을 말하는 거냐고 묻지 마세요(이미 언급했어요). 처음부터 전문용어로 접근하면 어렵게만 느낄까봐 나름 배려한 것이라고요!

반복시킬 대상을 '2 × □ ='라고 했었습니다. print 함수의 괄호() 안에 이상한 암호 같은 것을 써 놓은 걸 볼 수 있습니다. 우선 예상대로 결과가 나올지 실행부터 시켜보고 계속해서 내용을 살펴봅시다.

```
>>> for i in range(1, 9):
...     print(f'2 × {i} = {2*i}')
...
2 × 1 = 2
2 × 2 = 4
2 × 3 = 6
2 × 4 = 8
2 × 5 = 10
2 × 6 = 12
2 × 7 = 14
2 × 8 = 16
```

1부터 출력되기는 했는데, 9가 출력되지 않았습니다. 바로~~∕∕ 이 부분이 처음 반복문을 접했을 때 실수하기 쉬운 부분입니다. range 함수는 끝값인 9보다 하나 작은 8까지만 목록을 만듭니다. 그래서 range(1, 9)는 1부터 8까지의 자연수가 되는 것이죠. 우리가 원하는 대로 2 × 9까지 출력을 하려면 range(1, 10)이라고 써야 합니다. 그리고 앞의 설명들에서 9까지라고 설명한 것은 8까지로 이해해야 합니다.

range(9)는 독자 여러분께서 책에 좀 더 애정을 가지고 읽다 보면 이미 봤을 수 있겠지만 앞으로 더 자주 접할 함수의 하나입니다. 9를 넣어주면 **0~8까지** 숫자를 만들어주는 아주 착한 친구입니다. 파이참의 콘솔창에서 x라는 변수에 range(9)의 값을 담아 봤더니 이렇게 나옵니다.

'갑자기 무슨 말이지?'라고 생각하는 독자들을 위해 복붙해서 수정해 드렸습니다.

for문을 구성하는 것에 대해 보충설명을 드리겠습니다. '2 × □ = '에서 바뀌는 부분은 □와 계산 결과입니다. print 함수에서 출력할 문자열 중에 값이 바뀌어야 할 부분(변수와 계산식)들은 중괄호{} 안에 표현했습니다(일단 똑같이 입력하세요. 자세한 것은 다음 장에서 설명하겠습니다). for 바로 뒤의 i는 함수 range(1, 10)로부터 1부터 9까지의 값을 순서대로 받아와서 아래의 전설처럼 동작합니다.

---

i는 print 대감의 명으로 이웃 고을 range(1, 10) 대감댁으로 갔다.
(i가 range 대감에게 쭈뼛거리며 다 기어들어가는 목소리로 말한다.)

ⓘ 저……. 심부름 왔는데요.

range(1, 10) 대감   뭐?

ⓘ 심…부…름.

range(1, 10) 대감   어허, 들리게 말을 해야 할 것 아니냐? 좀 크게 말해 보거라.

ⅰ 심…부…름.

range(1, 10) 대감   예까지 심부름을 온 놈이 그렇게 담이 작아서 쓰겠느냐? 잊어버리지

않게 써줄 터이니 손을 이리 내라.

(range 대감은 ⅰ의 손에 숫자 1을 써 주었다.)

ⅰ 가…감사합니다. 대감마님!

(마을 입구에서 병졸 통C가 지나가는 사람들을 검문하고 있다.)

통C   어이, ⅰ! 시방 여기는 아무 물건이나 가지고 지나갈 수 없더라고, 어쩐 일로 어디 다녀

오는가?

ⅰ 네, 소인 range(1, 10) 나으리께 숫자를 받아 print 대감 댁으로 가는 참이구먼요.

통C   어디 뭘 받았는지 내어 보게. 좋아! range(1, 10) 대감에게 10보다 하나 적은 9를 넘

지 않는 숫자를 받아왔으니 거짓은 아닌가 보이. 냉큼 지나가거나!

ⅰ 다녀왔습니다, 마님.

print 대감   그래, range(1, 10) 대감이 뭐라 하더냐?

ⅰ 소인에게 이것을 전하라 하시며 손바닥에 써 주셨습니다.

print 대감   1이라, 옳거니! 어디 틀에 한 번 넣어야겠구먼. '2 x' 다음에 1, 다음에 '=', 다

음은 둘 곱하기 하나는 둘이니 2를 넣으면……

(이리하여 2 x 1 = 2라는 글이 완성되었고…….)

아이는 다시 레인지 대감에게 심부름 갔고, 그렇게 레인지 대감이 손바닥에 9를 적어줄 때까

지 계속 뱅뱅이를 돌았다.

통C   거기! 아이! 심부름 다녀오냐? 확인받고 들어가야지?

ⅰ 여… 여기 있습니다. 헥……

통C   어허~ 이 짓도 마지막이구먼, 자네도 귀에 못 박힐 만큼 들었겠지만, 레인지(1, 10)

대감께 받아오는 숫자가 9가 되면 더 이상 갈 필요가 없단 말일세!

ⅰ 아이고, 그럼 소인은 이제 뱅뱅이 안 돌아도 되겠구먼요. 10까지 받아야 하는 줄로 알고

걱정했는데, 이제 한시름 놓았습니다.

지금도 파이썬 지방에서는 간간이 ⅰ와 동네 머슴 j, k 등이 프린트 대감의 심부름을 하러 뱅뱅

이를 돌고 있다는 슬픈 전설이 전해져 내려오고 있습니다. 〈전설 따라 파이썬! 뺑뺑이편〉은 여기서 마칩니다.

극본: 저자 ● 연출: 저자 ● 배역: 변수(i), 함수(range, print), 병졸(통C)

머슴하나 잘 부리면 정말 편한데 우리가 여태 머슴을 몰랐습니다. 머슴사용 면허를 받으려면 우선 연습이 최고입니다.

for를 이용한 반복문 구조를 사용해서 1부터 10까지 숫자 중에서 홀수는 홀수, 짝수는 짝수로 표시하도록 프로그래밍해 봅시다.

문법이 기억이 나지 않다면 앞부분을 다시 확인해 보십시오.

이제 range 함수의 첫 번째, 두 번째 값을 어떻게 넣어야 하는지 말해볼까요?

10까지 확인해야 하니 10보다 하나 더 큰 11을 range 함수의 두 번째 값으로 넣어서 이렇게 range(1, 11) 써야 합니다. 이후 설명은 생략하니 혼자 프로그래밍해서 결과를 확인한 다음에 아래 예제와 비교해 보시기 바랍니다.

```
>>> for i in range(1, 11):
...     if i%2 == 1:
...         print(f'Number {i} is an odd number')
...     else:
...         print(f'Number {i} is an even number'.)
...
Number 1 is an odd number.
Number 2 is an even number.
Number 3 is an odd number.
Number 4 is an even number.
Number 5 is an odd number.
Number 6 is an even number.
Number 7 is an odd number.
Number 8 is an even number.
Number 9 is an odd number.
Number 10 is an even number.
```

1 range 함수에서 사용하는 3가지 값들입니다. 필요한 곳에 맞게 줄을 그어 연결해 보세요.

끝값   변하는 크기   시작값
•   •   •

•   •   •
range(①   ,   ②   ,   ③   )

2 아래는 range 함수를 이용하여 숫자 1부터 100까지를 출력하는 프로그램입니다. 빈칸을 채워
보세요.

```
for number in range(  ①  ,  ②  ):
    print(number)
```

3 51~100까지의 숫자에 대해서 3의 배수만 출력하는 프로그램을 만들었습니다. 빈칸을 채워주
세요.

```
for i in range(  ①  ,  ②  ):
    if i  ③  3 ==  ④  :
        print(f'{i}는 3의 배수 입니다.')
```

4 1부터 시작해서 target이 될 때까지 2씩 증가하는 값을 출력하도록 빈칸을 채워주세요.

```
target = 50
for number in range(  ①  ,  ②  ,  ③  ):
    print(number)
```

5 다음 프로그램이 5의 배수를 출력하도록 빈칸을 채워주세요. (단, 0은 5의 배수가 아닙니다.)

```
for i in range(11):
    print(5*(  ①  )):
```

6 다음은 무엇을 하는 프로그램일까요?

```
for i in range(100, 0, -4):
    print(i)
```

8 뺑뺑이 더! 더!

'리바운드를 제압하는 자가 경기를 지배한다!' 유명한 농구 만화의 명언으로 꼽히는 말입니다. 우리는 파이썬을 공부하고 있습니다. '선택과 반복을 제압하는 자가 파이썬을 지배한다!'라고 할 줄 알았죠? 선택과 반복은 프로그래밍의 기본 중의 기본입니다. 나중에 조금 긴 프로그램을 짜다 보면 지배까지는 아니더라도 여기저기에 도배는 할 수 있을 것 같습니다.

이번에는 통C와 친구들을 더욱더 뺑뺑이 돌려보려고 합니다.

앞에서 구구단 2단을 만들어봤으니, 이번에는 2단부터 4단까지를 만들어보겠습니다. 가장 쉽게 2단~4단을 만드는 방법은 이렇죠.

```
01:for i in range(1, 10):
02:    print(f'2 × {i} = {2*i}')
03:for i in range(1, 10):
04:    print(f'3 × {i} = {3*i}')
05:for i in range(1, 10):
06:    print(f'4 × {i} = {4*i}')
```

각각의 for에 사용한 i는 매번 range() 함수로부터 1~9까지의 수를 받아 옵니다. print()할 때 곱해줄 숫자만 바꾸면 되니까 아주 쉽습니다.

```
>>> for i in range(1, 10):
...     print(f'2 × {i} = {2*i}')
... for i in range(1, 10):
...     print(f'3 × {i} = {3*i}')
... for i in range(1, 10):
...     print(f'4 × {i} = {4*i}')
...
2 × 1=2
2 × 2=4
2 × 3=6
  ⋮
3 × 4=12
3 × 5=15
3 × 6=18
  ⋮
4 × 7=28
4 × 8=32
4 × 9=36
```

예상대로 잘 나오네요. 다만, 결과가 너무 길어서 캡처한 이미지를 잘라서 중간에 생략 표시를 했습니다.

결과는 잘 나오는데 뭔가 지저분해 보이지 않습니까? 만약에 2단부터 9단까지를 출력하라고 하면 아홉 번이나 for문을 넣어야 하니까, 19단이라도 출력하는 날에는 온통 for로 도배가 될 것이 불 보듯 뻔합니다. 제가 지배는 못 해도 도배는 할 것이라고 예언했던 것이 딱 들어맞는군요.

하지만 우리는 파이썬을 배우고 있으니까, 열심히 배운 사람답게 수정해 보겠습니다. for문을 만들 때의 조건①, ②, ③을 상기해 보겠습니다.

(조건①) 반복시킬 대상

(조건②) 어디서부터 어디까지 반복할 것인지

(조건③) 무엇을 얼마만큼 바꿀 것인지

이 조건들은 앞에서 반복된 3개의 for문들에 대해서도 적용할 수 있습니다.

조건①: 반복시킬 대상

```
for i in range(1, 10):
    █████████print(f'□ x {i} = {□*i}')
```

조건②: 어디서부터 어디까지 반복할 것인지

　　　□ 부분을 2~4까지

조건③: 무엇을 얼마만큼 바꿀 것인지

　　　□ 부분에 들어가는 수를 반복할 때마다 1씩 증가

복잡해 보이나요? 결코 그렇지 않아요. 이제 이 조건들을 적용해서 새로운 반복문을 하나 더 만들어보겠습니다.

```
01:for j in range(2, 5):
02:█████████for i in range(1, 10):
03:█████████print(f'{j} x {i} = {j*i}')
```

자세히 들여다보면, 기존의 for로 반복하는 부분을 다른 for가 둘러싸고 있고, print() 함수 안의 값들이 조금 바뀐 것을 보실 수 있습니다.

기존에는 구구단의 첫 숫자를 숫자 그대로 써서 문자열로 만들었는데, 이번에는 매번 값이 변해야 하므로 중괄호를 이용해 변수로 바꾸어 표현했습니다(잘 이해가 되지 않더라도 조금만 참으세요. 곧 중괄호 이용에 대한 설명이 나옵니다).

j가 range(2, 5) 함수로부터 2~4까지 한 번씩 매번 값을 받아올 때마다 안쪽의 for 반복문에서 i는 range(1, 10) 함수로부터 1~9까지 9번씩 값을 받아오게 됩니다. 그래서 j 반복문 3번과 i 반복문 9번을 곱한 27번의 print() 함수를 실행하게 됩니다.

앞의 것과 비교해서 좀 더 있어 보이지 않습니까? 만약에 9단까지 출력하고 싶으면 j의 값을 정하는 range(2, 5) 함수를 range(2, 10)으로 바꾸면 9단까지 출력할 수 있고, range(2, 20)으로 바꾸고, i의 range()함수를 range(1, 20)으로 바꾸면 19단도 간단하게 출력할 수 있습니다. 우리가 간단하게 숫자를 몇 개 바꿨는데, 통C는 18*19 = 342번을 일해야 하니 제대로 뺑뺑이 돌렸습니다.

여러분! 여러분이 통C처럼 빵빵이 돌면 안됩니다. 정신 차리세요!

이제, print 함수에 형식을 지정하여 출력하는 방법을 알아보겠습니다. 문자열에 형식을 지정하는 방법에는 여러 가지가 있는데 가장 최근에 파이썬 3.6부터 지원하는 f-string이라는 방법이 가장 사용하기 쉬우므로 f-string을 공부하겠습니다.

```
print(f'{j} x {i} = {j*i}')
```

어떻게 동작하는지 자세히 들여다보도록 하죠.

① print( )
② f
③ '{j} x {i} = {j*i}'

우선 3조각으로 나누었습니다.

①번은 print() 함수 본체입니다. 괄호 안에 출력할 내용을 넣습니다.

②번은 f-string이 시작된다는 표현으로 따옴표로 표시한 문자열 앞에 띄어쓰기 없이 붙여서 쓰며 출력되지 않습니다.

③번은 f-string 형식에 맞게 문자열을 표현한 것입니다.

③번은 따옴표로 묶여있습니다. 파이썬에서 따옴표로 묶여있는 것은 문자열을 의미한다고 거듭 말씀드렸습니다. 그래서 print() 함수에서 출력하는 것은 바로 따옴표로 묶여있는 ③번 문자열임을 짐작해 볼 수 있습니다. 그런데 ②번 문자열 안에는 중괄호{}로 둘러싼 기호들이 보입니다. 이것은 문자열 내에서 출력하고 싶은 변수를 표시해 놓은 것을 의미합니다. ③번은 {j} 자리에 출력할 순간의 변수값 j를 {i}에는 i의 값, 그리고 {j*i}에는 생각하는 그 값이 들어가 문자열이 만들어진 후에 print() 함수에 의해서 화면에 출력이 됩니다.

어느 정도 분위기 전환이 된 듯하여 여기에서 다음 빵빵이 문법 소개로 넘어가려고 합니다.

range 함수와 for를 이용한 반복 구조는 한 가지 단점이 있습니다. 얼마나 반복해야 할지 모르는 상황에서는 사용이 어렵다는 점이죠. 앞에서 만들어봤던 구구단을 이용해서 다음과 같은 메뉴를 만들면 'Q'를 입력할 때까지 프로그램이 계속 실행되어야 합니다.

```
1. 구구단 2단
2. 구구단 3단
3. 구구단 4단
Q. 그만하기

>>> 원하는 메뉴를 선택하세요:
```

사용자가 언제 그만하기를 선택할지 알 수 없으므로 이 경우에는 다른 방법이 필요합니다. 바로 '무한 뺑뺑이 돌리기 신공!' 위의 메뉴를 그대로 만들어 놓은 프로그램을 우선 들여다보고 대화를 이어나가겠습니다.

```
01:while True:
02:    print() 함수로 메뉴 출력
03:    select = input('>>> 원하는 메뉴를 선택하세요: ')
04:    if select == '1':
05:        구구단 2단 출력
06:    elif select == '2':
07:        구구단 3단 출력
08:    elif select == '4':
09:        구구단 2단 출력
10:    elif select == 'Q':
11:        break
```

참고로 기울인 글씨체 부분은 실제 프로그램이 아닙니다.

처음 보는 부분이 세 곳이나 있네요. while True: 하고 input() 함수 그리고 break. 나머지는 다 보셨을 거라고 믿고 keep going 하겠습니다. (갑자기 웬 영어냐고요? 제 마음이죠.)

while True:의 맨 뒤에 쌍점(:)이 있는 것을 보니 if, for가 생각나지 않나요? 파이썬 문법에서 이 문장은 while 조건: 입니다. if의 조건과 동일한데 무한 뺑뺑이를 돌리기 위해서는 조건이 항상 참이 되어야 해서 참(True)이라고 입력했습니다. 물론 0이 아닌 아무 값이나 써도 괜찮습니다. ▨▨▨ 표시된 여백의 길이가 동일한 부분의 아래쪽이 모두 한 덩어리이므로 두 번째 문장부터 마지막 문장까지는 모두 while 조건에 따라서 실행이 되는 부분입니다.

input() 함수는 괄호 안에 출력하고 싶은 문장을 적고 등호 ' = ' 왼쪽에 입력값을 저장할 변수를 적으면 키보드를 통해서 입력하는 **문자열**이 저장됩니다. 입력되는 **문자열**은 엔터키를 칠 때까지입니다. 제가 **문자열**을 자꾸 강조하는 이유는 숫자를 입력해도 문자로 입력되므로 주의해야 할 부분이기 때문입니다.

앞의 프로그램을 주의 깊게 보셨다면 if와 elif에서 변수 select와 비교하는 값들에 모두 따옴표가 있었다는 것을 알 수 있었을 겁니다. 여러분이 키보드로 입력하는 모든 값은 화면에 보이기 위해서 문자열로 표현되기 때문에 숫자도 문자열로 입력되는 것 같습니다(어디까지나 추측입니다).

처음보는 세 가지의 마지막은 break입니다. 이것과 같이 따라다니는 것들이 두 개가 더 있는데 〈전설따라 파이썬! 삼형제편〉에서 이야기로 설명해 드릴까 합니다.

파이썬 나라에는 특별한 삼형제가 살고 있었습니다. 첫째는 pass로 아무 일도 하지 않고 멍 때리기를 가장 좋아하고, 둘째는 break로 다른 사람이 뭘 하고 있으면 난장판을 놓는 것으로 유명했습니다(여느 이야기와 마찬가지로 이 이야기에서도 막내가 제일 착합니다). 막내는 continue로 할 수 있는 것은 포기하지 않고 계속하는 성실한 청년이었습니다.

어느 날 삼형제의 아버지가 병으로 세상을 떠나게 되었는데, 아버지는 삼형제에게 유산을 남겨주겠다고 하고는 지도를 하나 주면서 말씀하셨습니다.

"너희를 놔두고 먼저 가려니 걱정도 많이 되고 마음이 아프구나. 내가 죽거든 셋이 함께 이지도에 표시된 장소에 숨겨놓은 보물을 찾아 사이좋게 나누어 가지도록 해라."

삼형제는 아버지의 유언대로 보물을 찾으러 여행을 떠났습니다.

첫 목적지는 for 마을로 온 세계에서 제조업이 가장 발달한 곳이었습니다. 이 마을 사람들은 어떤 일이라도 빼먹지 않고 정해진만큼 일하기 때문에 성실하기로도 유명하지만 실제로는 일만 할 줄 알고 쉴 줄은 모르기 때문에 하루하루를 고되게 살고 있었습니다.

지쳐 보이는 마을 사람들을 보고 삼형제는 어떻게 사람들을 도와줄까 고민했습니다. 이름처럼 성격이 급한 둘째 break가 일하다가 힘들면 그만하면 되지 뭔 걱정이냐고 하며 일하는 사람들을 멈춰 세웠습니다. 그러자 온 마을이 난리가 났습니다. 해야 할 일을 마무리하지 않고 중간에 멈춰버렸기 때문이었습니다. 막내는 마을 사람들에게 포기하지 말고 열심히 하라고 격려하고 싶었지만 그들에게 도움이 되는 말은 아니었습니다. 한참을 셋이서 머리를 맞대고 고민하던 끝에 첫째 pass가 좋은 생각을 냈습니다.

To be continued...

드라마가 재미있는 이유는 아슬아슬한 장면에서 끊어지기 때문이죠. 아슬아슬한 장면은 아니지만 일단 끊어봤습니다. pass를 써야 할 상황이 많이 있지는 않지만 프로그램을 짜다가 구체적인 코드를 완성하기 전에 (if문은 짜놓고 else에 쓸 프로그램을 결정하지 못했을 때 처럼) 프로그램을 실행시켜 보고 싶을 때 사용하면 요긴합니다. else: 이렇게만 표시하고 이어지는 문장이 아무것도 없으면 통C가 '너 지금 프로그램을 짜다 말았냐? 이러면 난 통역이고 안 하련다.'라고 해버리거든요. 통C가 이렇게 나올 때 아주 간단하게 '패스'라고 말하면 통C도 넘어가 준다는 것이죠. 계속해서 〈전설따라 파이썬! 삼형제 편〉을 읽겠습니다.

어쨌든 주어진 만큼의 일을 해야 하는 사람들이니까 멍때리는 일을 하면, 몸도 쉬게 되고 일도 하는 게 되니까 마을의 일들이 중간에 멈추는 일은 없게 되는 것이었죠. 마을 사람들의 어려움을 해결해 준 삼형제는 흐뭇한 마음으로 다음 마을을 향해 떠났습니다.

산을 넘고 강을 건너 어렵게 도착한 마을은 축제 기간이었습니다. 파이썬 나라답게 축제의 대표 행사는 문제 해결 속도를 측정하는 '빨리빨리'였습니다. 그리고 올해 우승자에게는 '보물의 동굴'로 한 번에 이동할 수 있는 순간이동 주문이 상품으로 주어진다고 합니다. 아버지께 받은 지도에 나오는 동굴까지 순간이동으로 갈 수 있으면 적어도 한 달은 시간을 절약할 수 있어서 삼형제는 행사에 참여하기로 했습니다. 행사가 시작되고 올해의 문제가 공개되었습니다.

```
for i in range(1, 10000001):
        if i번째 과일 == 사과:
                사과 숫자에 1을 더함
        if i번째 과일 == 포도:
                포도 숫자에 1을 더함
        if i번째 과일 == 복숭아:
                복숭아 숫자에 1을 더함
                …
        if i번째 과일 == 오렌지:
                오렌지 숫자에 1을 더함
```

10종류의 과일이 무작위로 섞여 있다. 한 줄의 명령만을 추가하여 가장 빠르게 사과의 숫자가 모두 몇 개인지 답을 알아내시오.

"사과를 찾아냈더라도 무조건 10종류의 과일을 다 비교해야 최종 결과를 알 수 있도록 문제를 냈어. 일부러 시간이 오래 걸리게 낸 것 같아." 첫째가 말했습니다. 행사에 참석한 모두가 문제가 너무 어렵다고 도전할 엄두도 못 내고 있는데, 이번에도 역시 성질 급한 둘째가 사과가 아닌 것들을 확인할 필요가 없으니 break 시켜버리겠다고 무모한 도전을 했습니다. 결과는 사과를 하나 찾은 후에 나머지 9999999개의 과일은 아예 비교도 못 하고 끝나는 정말로 무모한 도전이 되었습니다. 이때 막내가 눈빛을 번뜩이며 도전하겠다고 나섰습니다. 첫째는 막내가 둘째한테 이상한 병이 옮아서 정상이 아닌 것 같다고 말렸으나

To be continued...

컷! 연기 좋았습니다. 다들 10분간 쉬었다가 다시 가시죠!

캬! 역시 끊어야 제맛이라니까요.

그냥 의미 없이 재미로 한 번 끊어봤습니다.

자, 10분 쉬었으니 1번 카메라, 2번 카메라 준비하시고, 조명 좋고. 레디 액션!

막내는 정말 단 하나의 명령만을 추가하여 문제를 해결해 냈습니다. 장하다 우리 막내!

수고하셨습니다. 짝짝짝

작가 이 사람 왜 이럴까요? 완전히 자기 혼자 신난 것 같습니다. 원래 좀 이상한 사람이라고 생각하시면 끝까지 책을 읽는 데 도움이 되실 것 같습니다만…….

막내는 어떻게 문제를 해결했을까요? 바로 자기 주특기인 continue를 써서 문제를 해결했습니다. 사과의 숫자를 하나 더하는 바로 다음에 continue를 쓴 것이죠. 둘째가 break를 썼을 때는 그 명령을 읽는 순간 for 반복문을 아예 빠져 나와버렸지만, 막내의 continue 명령을 만났을 때는 뒤의 비교문들로 가는 것을 막고 계속해서 range() 함수의 다음 값을 가져오도록 만들어 필요 없는 비교를 하지 않는 방법으로 시간을 줄일 수 있게 된 것입니다.

파이썬으로 10개의 숫자를 무작위로 천만 개(설마 앞의 숫자가 천만인 줄 모르셨던 것은 아니죠?) 만들어 실제 첫 번째 숫자가 몇 개인지 세어보는 실험을 해 봤더니,

무려 5초 정도의 차이가 생겼습니다(독자분들의 정신건강을 위해서 아직 배우지 않은 명령어들이 잔뜩 보이는 원본 프로그램 코드는 삭제처리 하였습니다).

```
999541 53.7095159 secs
999541 48.61485569999999 secs
```

첫 번째가 10번을 모두 비교한 결과이고, 두 번째가 처음 if문장 뒤에 continue 를 넣었을 때입니다. 별것 아닌 것 같은 비교 명령이라도 천만 개 모이니까 시간을 많이 차지하죠? 아무래도 티끌 모아 티끌은 아닌 것 같습니다.

〈전설따라 파이썬〉의 영향으로 이번 파트가 상당히 길어지고 있습니다. 이상한 결말이 나올 수도 있겠지만, 다시 한 번 이야기 속으로 들어가 볼까요?

이야기는 순간 이동하여 '보물의 동굴'에서 시작합니다.

삼형제는 며칠째 동굴의 미로에서 탈출하지 못하고 있습니다. 보물은 찾았는데 어째서인지 계속 가도 출구 가까이 갈 수 없는 상황에, 가져온 식량도 다 떨어져서 탈진하기 일보 직전이었습니다. 두 번의 실패로 의기소침해 있던 둘째가 도저히 더 이상 참을 수가 없었던지 break를 걸어버렸습니다. 그 순간 마법처럼 무한히 뺑뺑이 돌던 미로 밖으로 탈출하게 되었고, 보물을 얻은 삼형제는 사이좋게 보물을 나눠 갖고 오래오래 행복하게 잘 살았다고 합니다.

Fin.

극본: 지난번 그 사람 ● 연출: 위에 그 사람

이렇게 〈전설따라 파이썬! 삼형제 편〉은 대단원의 막을 내리게 되었습니다. 여러 분! 작가가 또 어떤 이상한 이야기를 가지고 여러분을 만나게 될지 이 책의 뒷부분 이 두렵지 않으세요? 이번 주제 "뺑뺑이 더! 더!"는 조금이라도 욕을 덜 먹기 위해 여기서 이만 막을 내릴까 합니다. 지금까지 애독해 주셔서 감사합니다.

파이썬의 역사

프로그래밍 언어 파이썬은 인공지능에 관한 관심이 높아지기 시작한 2010년도 중반부터 국내에서 이름이 널리 알려지게 되었지만, 첫 탄생은 1980년대 후반이었습니다. 네덜란드의 프로그래머인 귀도 반 로섬(Guido van Rossum)이 창시한 것으로 알려져 있으며, 버전 1.0부터 현재의 버전 3.x까지 발전해 오면서 좀 더 쉽고 빠르게 프로그래밍을 할 수 있는 강력한 언어로 자리잡게 되었습니다.

오늘날의 파이썬이 다양한 사용자층으로부터 인기를 얻게 된 바탕에는 다음과 같은 핵심 철학이 깔려있습니다.

- 아름다운 것이 못생긴 것보다 낫다(Beautiful is better than ugly).
- 명시적으로 표현하는 것이 암시적인 것보다 낫다(Explicit is better than implicit).
- 단순함이 복잡함보다 낫다(Simple is better than complex).
- 복잡함이 난해한 것보다 낫다(Complex is better than complicated).
- 가독성이 중요하다(Readability counts).

(출처: PEP 20 — The Zen of Python)

핵심 요약은 '이해하기 쉽고 단순하며, 코드를 읽기 쉬운 언어'라고 말할 수 있겠네요.

파이썬의 가장 큰 강점은 인공지능 알고리즘을 구현할 수 있는 텐서플로우(Tensorflow), 케라스(Keras), 파이토치(Pytorch) 등의 다양한 패키지가 지원된다는 점이고, 이로 인해 그 어느 때보다 인공지능에 대한 관심이 높아진 현시대에 가장 배울만한 가치가 있는 언어로 언급될 수 있었던 것 같습니다.

1 아래는 for 반복문을 이중으로 사용한 구구단 프로그램입니다. 들여쓰기에 주의하면서 순서에
맞게 프로그램을 정렬하세요. (주의 불필요한 명령도 섞여 있습니다.)

```
① for j in range(1, 10):
② print(f'{i}*{j}={i*j}')
③ for i in range(2, 10):
④ print(f'{j}*{i}={j*i}')
```

2 100 이하의 자연수에서 3 또는 5의 배수가 아닌 수만 출력하도록 프로그래밍했습니다. ①번
에 들어가야 할 명령어를 채워주세요.

```
for number in range(1, 101):
    if number % 3 == 0 or number % 5 == 0:
        ①
    print(number)
```

3 if 조건문을 이용하여 프로그래밍 중입니다. 하지만 아직 else문을 어떻게 구현할지 결정을 하
지 못했습니다. else문이 필요한 부분이라 if~else 틀은 그대로 두고 프로그램을 실행해 보고
싶습니다. 어떤 명령어가 도움이 될까요?

```
① pass              ② continue
③ break             ④ 정답 없음
```

4 while을 이용한 프로그램을 만들었습니다. 프로그램을 실행시켰는데 종료가 되지 않습니다. 무엇이 잘못되었을까요?

```
while True:
    select = input('종료: Q 또는 q')
    if select == 'Q' or select == 'q':
        pass
```

5 다음은 명령어 이해를 위한 프로그램입니다. 실행되지 않는 부분을 찾으세요. 함정 주의

```
for count in range(1, 1001):
    if count < 100:
        continue
    ① print('100 이하의 수는 사용하지 않습니다.')
    elif count < 300:
        pass
    ② print('300보다 작은 수는 건너뜁니다.')
    elif count < 700:
        break
    ③ print('700 미만의 수는 실행하지 않습니다.')
    else:
    ④ print(count)
```

조금 더 알아볼까요?

몸으로 때우고 배우자

축하드립니다, 여러분! 길고 길었던 파이썬의 기본을 마쳤습니다. 이제부터 실제로 프로그램을 짜보면서 부족한 부분을 한 땀 한 땀 장인 정신을 가지고 채워나가 봅시다.

처음이니까 조금 쉬운 문제를 해결해 보면서 프로그래밍의 감을 잡아보려고 합니다. 다음의 사이트를 한 번 살펴볼까요?

이 사이트는 '오일러 프로젝트'라는 사이트(http://euler.synap.co.kr/)입니다. 여기에는 손으로 풀기 어렵고 컴퓨터로 풀어서 답을 찾아야 하는 수학 문제들이 잔뜩 나옵니다. 첫 번째 문제만 살짝 들여다보고 프로그래밍해 보겠습니다.

> **1000보다 작은 자연수 중에서 3 또는 5의 배수를 모두 더하면?**
> 10보다 작은 자연수 중에서 3 또는 5의 배수는 3, 5, 6, 9이고, 이것을 모두 더하면 23입니다.
> 1000보다 작은 자연수 중에서 3 또는 5의 배수를 모두 더하면 얼마일까요?

10보다 작은 자연수에서 값을 찾는 방법과 1000보다 작은 자연수에서 값을 찾는 방법이 다를까요? 저는 똑같다고 생각하는데 여러분은 어떻게 생각하나요? 프로그래밍을 할 때는 시작부터 1000까지를 다 어떻게 해보겠다는 마음으로 접근하면 안 됩니다. 원리가 동일하다면 가능한 작게 만들어서 생각한 대로 프로그램이 잘 동작하는지를 확인하고 판을 키워나가는 것이 시간적인 면이나 생각의 크기적인 면에서나 이익입니다. "작은 것부터 정복해서 점점 크게 나간다"라는 전략을 기억해 주시기 바랍니다.

그러면 10보다 작은 자연수에 대해서 문제를 해결하는 것부터 출발하겠습니다. 제가 질문을 하면 여러분은 생각하십시오.

질문 1) 10보다 작은 자연수가 어떤 수의 배수인지를 알아보려면 1~9까지의 숫자에 대해 하나하나 확인해 보는 방법 말고 다른 방법이 있을까요?
예상 답변) 아니요? or 그럴 리가……. or 노! or 글쎄?

질문 2) 1~9까지 하나하나 확인하는 게 편할까요? 공통된 부분과 달라지는 부분을 구분해서 for를 이용한 반복 구조를 이용하는 게 편할까요?
예상 답변) for or 반복 구조 or 글쎄?

질문 3) for를 이용한 반복 구조에서 특정 범위의 수를 하나하나 얻을 수 있는 함수는 무엇일까요?
예상 답변) range() or 레인지대감 or 글쎄?

세 가지의 질문을 드려봤습니다. 세 번 모두 글쎄?로 답을 했다면 책의 처음으로 돌아가서 이해될 때까지 100번을 읽어보십시오. 만약에 그래도 '글쎄?'를 세 번 모두 답변한다면, 타임머신을 타고 책을 집어 드는 순간으로 돌아가서 절대 이 책을 빌리거나 구매하면 안 된다고 말리십시오. 그리고 프로그래밍에 대한 관심을 끊고 편안한 마음으로 인생을 즐기길 바랍니다.

앞의 세 가지 질문에서 여러분이 만들어낼 수 있는 프로그래밍 코드는 다음 한 줄입니다.

```
for i in range(1, 10):
```

for 반복문으로 문제를 해결해야 하겠다는 큰 생각의 틀을 잡았습니다. 큰 틀 안에서 세부적으로 해야 할 것에 대해서 알아봅시다.

3 또는 5의 배수를 찾는 것과 이 배수들의 합을 만드는 두 가지 과제가 남았습니다. 먼저 배수를 찾아보겠습니다. 우리가 앞에서 알아본 내용을 활용하면 쉽게 배수를 찾아낼 수 있습니다. 단지 이런 상황에 어떤 방법을 써야 하는지 생각해내고 익숙해지는 연습만이 필요하죠. 혹시 '이것을 쓰면 어떨까?'하고 떠오르는 것이 있습니까?

바로 배수는 어떤 수에 자연수를 곱해서 만들어지는 수들이니 그 어떤 수로 나누면 나머지가 0이 됩니다. 이 특징을 이용해서 배수를 찾는 것이 좋겠습니다. 나머지를 구하는 연산자는 %라고 배웠습니다. 그러니까 3의 배수는 %3라고 했을 때 나머지가 0이고, 5의 배수는 %5라고 했을 때 나머지가 0이 됩니다. 그런데 3 또는 5의 배수를 구하라고 했으니 무언가를 이용해서 이 조건을 하나로 묶을 수 있습니다. '그리고'의 친구인 '또는'을 나타내는 or를 이용해서 두 조건을 하나로 묶어보겠습니다.

```
□ % 3 == 0 or □ % 5 == 0
```

if문의 조건에 이 조건을 넣어서 '참'이 되면 3 또는 5의 배수인 것입니다. 이제 참이 되는 결과들을 합하는 방법만 만들면 거의 완성입니다. 나머지는 파이썬 문법에 맞게 잘 표현하기만 하면 되는 일이죠.

결과를 합하려면 어떻게 하면 될까요? 조건문이 참이 되는 □ 값들을 하나씩 저장해 놓으면 좋겠는데 특별한 것을 배우지 않고도 이 문제를 해결하는 쉬운 방법이 있습니다. 아래에 그림을 하나 그려드릴테니 음미해보시기 바랍니다.

$$1 + 2 + 3 = 1 + \begin{matrix} 1 \\ 1 \end{matrix} + \begin{matrix} 1 \\ 1 \\ 1 \end{matrix} = \begin{matrix} 1 \\ 1 \\ 1 \\ 1 \\ 1 \\ 1 \end{matrix}$$

뭔가 발견하셨습니까?

정말?

감격했습니다.

정말?

위의 네 문장에서 '정말?'이라는 단어는 동일한데 물어보는 사람이 다릅니다. 이해하셨습니까?

(다시 우리의 과제로 돌아와서) 그림을 보면 더하기는 주어진 숫자들을 계속 **쌓아가는 것**처럼 보입니다. 현재까지의 합을 변수 total이라고 정의하고 여기에 어떤 수를 더한 결과로 total 값을 갱신합니다. 이것을 반복해 나가면 total의 값은 항상 현재까지의 합을 나타내겠죠. 프로그래밍에서 자주 쓰는 표현인데 아래처럼 표시합니다.

total = total + 더할 값

자, 주인공들이 다 모였으니 이제 한 번 합쳐보겠습니다.

```
01:total = 0
02:for i in range(1, 10):
03:    if i%3 == 0 or i%5 == 0:
04:        total = total+i
05:print(total)
```

total 변수를 사용하기 전에 첫 번째 줄에서 변수를 사용하겠다고 정의하면서 값을 0으로 초기화 했습니다.

앞에 캡쳐해 놓은 문제를 다시 읽어보니 10보다 작은 자연수들에서 합을 구했다면 23이 나와야겠네요.

```
C:\Anaconda\python.exe C:/Users/신유선/PycharmProjects/untitled/
test1.py
23
Process finished with exit code 0
```

정말 오랜만에 제 이름이 나오게 캡쳐 한 번 해봤습니다. '절대 제 이름을 잊어버리셨을까봐'라던가 '홍보를 위해서 라던가'라는 의도는 없습니다(믿거나 말거나).

10보다 작은 수에 대해서 구해봤으니까 처음의 문제였던 1000 보다 작은 수를 구하도록 프로그램을 조금 수정해 보겠습니다.

어디를 수정하면 될까요? 지금까지 설명드린 내용들을 잘 이해했다면 어디를 수정해야 할지 한 번에 답을 말했을 겁니다. 모든 분께서 정답을 말했을 거라고 믿고 답을 말씀드리면 'range(1, 10)의 두 번째 값인 10을 1000으로 수정해야 한다' 입니다.

수정한 프로그램을 실행해보니 순식간에 233,168이라는 답이 나왔습니다. 그런데 프로그래밍은 논리적으로는 잘 짜여 있는 반면에 시간이 지난 후에 프로그램을 수정하려고 할 때 지금처럼 10을 1000으로 바꾼다는 생각이 잘 나지 않을 듯합니다. 조금 더 경험 있는 프로그래머라면 10의 자리에 들어가는 숫자를 변수에 대입하여 이렇게 프로그래밍합니다.

```
01:up_to = 1000
02:total = 0
03:for i in range(1, up_to):
04:        if i%3 == 0 or i%5 == 0:
05:                total = total+i
06:print(total)
```

변수 이름은 어떤 역할인지만 명확히 구분할 수 있으면 어떤 이름이라도 무방합니다. 여기에서는 up_to라는 이름의 변수를 하나 만들어서 1000이라는 값을 넣어두고, range() 함수의 두 번째 값을 up_to로 변경하였습니다. 이제 시간이 지나서 수정할 때도 좀 더 수정이 용이하게 바뀌었습니다. 좀 전에 제가 변수 이름은 어떤 이름이라도 무방하다고 했죠? 건망증이 심해진 건지……. 사용하면 안 되는 이름도 있는데 말을 잘못했네요. 함수 이름과 동일하거나 파이썬 기본 문법에 있는 단어들 for, if 이런 것들을 변수 이름으로 사용하면 안 됩니다. 통C가 헷갈려서 일을 못 합니다. 같은 이름인데 어떤 게 변수고, 어떤 게 문법 언어인지 구분이 안 되니까 말입니다.

프로그래밍을 손본 김에 좀 더 깔끔하게 수정해 보겠습니다. 결과 값을 합치는 total = total + i라는 표현은 파이썬 뿐만 아니라 다른 프로그래밍 언어에서도 많이 사용하는 관용적인 표현입니다. 그래서 프로그래밍 언어를 만드는 사람들은 이 관용적인 표현을 좀 더 쉽게 사용할 수 있도록 특별한 문법을 만들었습니다. 짧게 단축시켜서 표현하는 방법이죠. '버스카드 충전' 대신 '버카충'을 쓰거나 '지켜주지 못해서 미안해'를 '지못미' 이런 식으로 사용하는 것처럼 축약할 수 있습니다.

$$total += i$$

당연히 $-=, *=, /=$도 가능합니다.

그리고 print() 함수에서 표현해 줄 문장을 조금 손보면 마무리가 되겠습니다.

```
01:up_to = 1000
02:total = 0
03:for i in range(1, up_to):
04:    if i%3 == 0 or i%5 == 0:
05:        total+=i
06:print(f'The total of multiples of 3 or 5 up to {up_to} is {total}')
```

C:\Anaconda\python.exe C:/Users/신유선/PycharmProjects/untitled/test1.py
The total of multiples of 3 or 5 up to 1000 is 233168

Process finished with exit code 0

각자 실행해 보셨나요? 다음 장으로 가 볼게요.

1 동일한 의미를 갖는 표현끼리 짝지어 보세요.

① total = total+i   •

② range(100)   •

③ total -= j   •

④ 10%2 == 0   •

• ⓐ range(0, 100)

• ⓑ 10%2 != 1

• ⓒ total += i

• ⓓ total = total-ij

2 앞에서 공부했던 1000 보다 작은 3 또는 5의 배수의 합을 구하는 프로그램의 일부입니다. ①
에 들어가야 할 내용을 쓰세요.

```
for i in range(1, up_to):
    if i%3 == 0 (  ①  ) i%5 == 0:
        total+=i
```

3 앞의 내용을 응용해서 100보다 작은 자연수 중 3 또는 11의 배수를 제외한 수의 합을 구하는
프로그램을 만들어보세요.

4 난이도가 높아진 문제입니다. 10000보다 작은 자연수 중 7 또는 11의 배수의 합과 3 또는 5의
배수의 합의 차이를 구하세요. (힌트   조건이 두 가지이므로 합을 저장할 공간의 개수도……)

② 반갑다 함수야

다들 스마트폰 쓰시죠? 예전 휴대폰이 단순히 전화와 문자만 되었다면, 요즘 스마트폰은 못하는 게 없습니다. 한마디로 만능이지요. 다들 예상했을테지만 저는 호출기 세대입니다. 삐삐세대! 어쩌면 호출기 자체가 생소한 독자들도 있겠네요.

다시 스마트폰 이야기를 하자면 스마트폰은 음성인식 비서, 카메라, 지문인식, ○○페이 등 다 사용하기도 버거울 정도로 기능이 많죠. 주로 사용하는 기능은 사람마다 다르겠지만 그렇다고 사용하기 어려워서 기능을 사용하지 못하는 건 아닙니다. (뭐, 가끔은 '이거 정말 사용하라고 만들어 놓은 거 맞아?'라는 생각이 들 정도로 복잡한 것도 있지만요.)

프로그래밍하다 보면 하나하나 일일이 프로그래밍하지 않고 사용할 수 있는 기능들이 많이 있습니다. 앞에서 많이 사용했던 print() 함수만 해도 그렇죠. 폰트 정보를 읽어오고, 위치를 지정하고, 화소별로 점을 찍는 등의 행위를 하지 않고도 print() 함수 사용 방법만 알면 화면에 글자를 쓸 수 있습니다.

함수는 사용 방법만 알고 있다면 사롬마다히여수비니겨날롭수메뼌한킈하고져훓쑤르미니라 할 수 있습니다.

```
01:def 함수 이름( 매개변수 ) :
02:▓▓▓▓함수 프로그램
03:▓▓▓▓return 반환값
```

함수는 일단 이렇게 생겼습니다. 함수는 프로그래밍하면서 '아주', '자주', '여러 번', '빈도 높게', '계속해서', '꾸준하게', '지겨울 정도로', '두말하면 잔소리', 'often', 'frequently', 'repeatedly', 'regularly', 'usually', 'continuously', 'many times', 'over and over', 'time and again', again and again'라고 할 만큼 자주 나오니 자세히 뜯어보고 잘 사용할 수 있어야 하겠습니다.

먼저 함수는 def라는 표현으로 통C에게 '여기부터 함수야'라는 것을 알립니다. 보통은 프로그램 본체 기준으로 앞부분(코드상으로 치면 위쪽)에 작성해 놓습니다. def는 아마도 define을 의미하지 않을까 추측해 봅니다. 함수 이름은 설명하지 않아도 될 듯한데 이어지는 괄호 안에 '매개변수'라는 좀 생소한 이름이 나왔습니다. 좀 헷갈리는 부분이 있으니 집중해 주시기 바랍니다.

매개변수는 함수에서 어떤 일을 할 때 입력값으로 사용하는 변수를 말합니다. print() 함수에서 괄호 안에 넣는 출력문장이 바로 매개변수인거죠. 어떤 값을 전달하면 그 값의 2배를 돌려주는 함수를 만들어보겠습니다.

```
01:def Gobbbegi(number):
02:    number = 2*number
03:    return number
```

함수 이름을 제 맘대로 곱빼기로 했습니다. 함수는 만들어 놓아도 통C가 바로 해석하지는 않고, 함수가 있는데 이름이 뭐고 매개변수(영어로 파라미터)가 몇 개인지 정도만 확인합니다. 그리고 실제 실행은 함수를 호출할 때 이루어집니다. 호출하는 방법은 쉽죠. 그냥 이름을 불러주세요. (아니, 음성으로 프로그래밍이 되는 게 아니에요. 컴퓨터에 대고 곱빼기! 곱빼기! 이렇게 이야기하지 마시고요.) 함수를 호출할 때는 이름을 적으면 됩니다. 앞에 def는 빼고요. 그거를 적으면 또 함수를 정의하는 줄 알고 아래 그림처럼 에러가 납니다.

다음 실제로 적용해서 다시 알아보겠습니다.

```
def Gobbbegi(number):
    number = 2*number
    return number

def Gobbbegi
```

C:\Anaconda\python.exe C:/Users/신유선/PycharmProjects/untitled/test1.py
    File "C:/Users/신유선/PycharmProjects/untitled/test1.py", line 5
def Gobbbegi

SyntaxError: invalid syntax

Process finished with exit code 1

매개변수를 빼고 그냥 이름만 적으면 어떤 일이 일어날지 실험해 보겠습니다.

```
def Gobbbegi(number):
    number = 2*number
    return number

Gobbbegi
```

C:\Anaconda\python.exe C:/Users/신유선/PycharmProjects/untitled/test1.py

Process finished with exit code 0

호출이 되었는지 모르겠네요. 이번엔 print() 함수를 사용했던 방법대로 호출을 해보겠습니다.

```
def Gobbbegi(number):
    number = 2*number
    return number

Gobbbegi(1)
```

C:\Anaconda\python.exe C:/Users/신유선/PycharmProjects/untitled/test1.py

Process finished with exit code 0

이번에도 아무 일도 일어나지 않았습니다. 이놈이 대체 왜 이러는 걸까요? 이러니 다들 프로그래밍이 어렵다고 하는 것 같습니다. 함수를 정의한 마지막을 보시면 return number라고 쓰여 있습니다. 대략 해석해 보면 함수에 전달해 준 숫자를 2배 해서 돌려줬으니 자기를 부른 사람한테 곱빼기를 배달해 준 것 같은데 아무것도 하지 않았으니 아무 일도 일어나지 않은 것 같습니다. 이 값을 변수 그릇에 담아서 출력해보겠습니다.

```
result = Gobbbegi(1)
print(result)
```

이렇게 프로그램을 수정하고 결과를 확인하면,

C:\Anaconda\python.exe C:/Users/신유선/PycharmProjects/untitled/
test1.py
2
Process finished with exit code 0

조그맣게 2라고 값을 출력해줬습니다. 그래도 함수는 만들어진 대로 잘 실행됐다고 할 수 있겠습니다. 함수는 이렇게 결과를 돌려주기도 하지만 필요하면 결과를 돌려주지 않도록 만들 수도 있습니다. 마찬가지로 매개변수도 꼭 필요한 것은 아니고 말입니다.

통C는 이 프로그램을 이렇게 해석했습니다.

'음, 주인이 서류를 던져줬으니 함 검토해 봐야겠군.'

```python
def Gobbbegi(number):
```

'어? 함수가 있네? 제법 프로그래밍 공부를 했는걸?'

(혹시나 하는 노파심에 설명드리는 데 실제 진짜로 이러지는 않습니다. 오해하지 마세요.)

'그래, 함수 이름은 곱빼기이고 매개변수가 하나군.'

```python
result = Gobbbegi(1)
```

'아, 곱빼기라는 함수가 있었지? 매개변수가 하나였는데 맞게 호출했으니 함수를 실행시켜 볼까나?'

```python
number = 2*number
```

'1을 2배 해서 결과값 2를 number에 저장하고'

```python
return number
```

'저장한 값을 돌려보내달라고 하는군.

그러니까 다음과 같이 되고.'

```python
result = 2
```

```python
print(result)
```

'출력만 하면 되겠네. 190,000'

통C가 세상에서 가장 쉬운 숫자(십구만)를 말하며 해석을 마쳤습니다.

프로그래밍을 어느 정도 많이 해본 사람이면 이렇게 프로그래밍하기도 합니다.

```
01:def Gobbbegi(number):
02:█████return 2*number
03:
04:print(Gobbbegi(1))
```

계산식이라던가 return 값을 가지는 함수는 이렇게 써 놓기만 해도 그 자리에 결과가 대치되기 때문에 이렇게 간략하게 만들 수도 있습니다.

지금까지 잘 따라오셨죠? 이쯤에서 여러분들이 다 틀릴만한(오타 아님) 퀴즈를 하나 내겠습니다.

```
01:def Gobbbegi(number):
02:█████print(f'1번: {number}') ①번
03:█████number = 2*number
04:█████print(f'2번: {number}') ②번
05:
06:number = 1
07:print(f'3번: {number}') ③번
08:Gobbbegi(number)
09:print(f'4번: {number}') ④번
```

여기에서 ①, ②, ③, ④ 각각의 출력값은 무엇일까요?

함수는 건너뛰고 ③번부터 시작해서 1, 다시 함수로 가서 ①번은 1, ②번은 2, 함수를 마치고 돌아왔으니 ④번은 2로 대부분이 이렇게 생각했을 겁니다.

오히려 알려드린 적이 없으니 맞추는 게 이상한 퀴즈입니다.

정답

③번부터 시작해서 1, ①번은 1, ②번은 2, ④번은 1입니다.

프로그램을 실제로 실행시킨 결과가 정말 ④번이 1인지 확인해 보고 왜 그런지 설명해 드리겠습니다.

```
C:\Anaconda\python.exe C:/Users/신유선/PycharmProjects/untitled/
test2.py
3번: 1
1번: 1
2번: 2
4번: 1

Process finished with exit code 0
```

어떻습니까? 어리둥절할 분들 위해 그림을 통해 좀 더 설명하겠습니다.

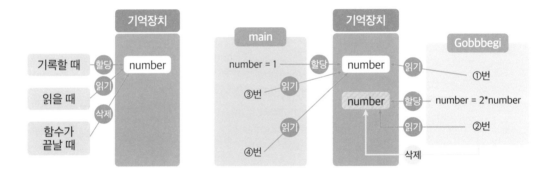

한눈에 보아도 쉽게 설명되지 않을 거 같은 그림이지요? 저자의 설명이 꼭 필요해 보입니다.

지금부터 자세히 알아보도록 하죠.

그림의 왼쪽 편을 보면 파이썬에서 기억장치에 무슨 일을 하는지 볼 수 있습니다. 무식하게도 파이썬은 어떤 변수에 값을 기록할 때마다 기억장치에 새로운 장소를 할당합니다(당연히 이름은 number로 동일합니다). 그리고 읽을 때는 메모리에 있는 값을 읽고, 함수가 끝나면 메모리에서 값을 삭제합니다. 이것을 기본 3개 동작이라고 생각하길 바랍니다. 파이썬 체조 3개 기본동작 실시! 1번, 할당한다! 2번, 읽는다! 3번, 삭제한다! 10회 반복합니다. 몇 회? 10회!

갑자기 군대 분위기가 되었습니다. 죄송합니다. 얼른 수습해 보겠습니다.

이번에는 그림의 오른쪽 편을 보길 바랍니다.

앞의 예제를 main이라고 했을 때 처음 number라는 변수에 1을 기록하는 순간 기억장치에 number라는 공간을 할당합니다. 그리고 ③번에서 number를 읽을 때는 당연히 현재의 number인 화이트 number 값을 읽어옵니다. 그러다가 곱빼기에서 ①번을 실행할 때도 현재 number라고 알고 있는 화이트 number를 읽습니다. 문제는 number를 2배 해서 number에 기록하는 부분이죠. 여기에서 그레이 number가 새롭게 할당되고 2배 한 값이 저장됩니다. 이후에 ②번을 실행할 때 곱빼기에서는 그레이 number를 읽습니다. 하지만 곱빼기 함수가 끝나면서 그레이 number는 기억장치에서 삭제되어 화이트 number만이 남습니다. 그리고 ④번을 실행할 때는 원래 main에서 할당했던 화이트 number를 읽게 되는 것이죠.

복잡한 말들을 잔뜩 주저리주저리 써 놨는데, 저자는 설명이 있으면 볼 수 있는 그림이라 말하고는 설명마저도 어렵게 하는 것이었습니다.

간략하게 줄이면 이름은 동일하지만 하나는 main에서 가지고 있는 변수가 되고 하나는 곱빼기에서 가지고 있는 변수가 되어 통C는 이 둘을 전혀 다른 변수로 취급한다는 것입니다.

좀 더 이해를 돕기 위해서 앞의 코드에 변수의 실제 기억장소의 주소를 나타내는 id( ) 함수를 추가하여 메모리값을 출력해서 확인해 보겠습니다.

```
01:def Gobbbegi(number):
02:      print(f'1번: {number}, id: {id(number)}')
03:      number = 2*number
04:      print(f'2번: {number}, id: {id(number)}')
05:
06:number = 1
07:print(f'3번: {number}, id: {id(number)}')
08:Gobbbegi(number)
09:print(f'4번: {number}, id: {id(number)}')
```

```
C:\Anaconda\python.exe C:/Users/신유선/PycharmProjects/untitled/
test2.py
3번: 1, id: 140730020831632
1번: 1, id: 140730020831632
2번: 2, id: 140730020831664
4번: 1, id: 140730020831632

Process finished with exit code 0
```

3번부터 실행이 되어 제 컴퓨터에서의 number 변수의 id(즉, 메모리 위치값)는 140730020831632에 할당되었습니다. 이어서 곱빼기 함수가 호출되었고 매개변수로 화이트 number 가 전달이 되었습니다. 전달된 값에 2배를 하기 전까지는 계속 화이트 number 값이 사용되었습니다.

그런데 number = 2*number를 하면서 number = 2*number 가 되어 그레이 number 가 만들어지면서 이제부터는 곱빼기 함수의 number는 그레이 number 를 가리키게 되었습니다. 그래서 2번을 출력할 때는 새로운 변수인 number 의 id인 140730020831664가 출력된 것입니다.

4번을 출력할 때는 다시 본래의 영역인 main으로 돌아왔기 때문에 곱빼기 함수가 종료되어 그레이 number 가 기억장치에서 삭제되었고, 여기서부터의 number는 화이트 number 가 되어 4번에서는 값 1이 출력되고 변수의 할당된 장소는 처음과 동일하게 xxx32가 되었습니다.

위의 설명이 어렵다면, 파이썬 체조 3개 기본동작은 잊고 '함수마다 자기 변수는 자기가 챙긴다'라고 기억하길 바랍니다. 실제로 미국 소를 수입해서 6개월 이상 먹이고 키우면 국내산으로 판다고 하는데, 변수도 함수 밖에서 와서 값을 변경하면 함수산이 되는 이치죠. 여러분들도 자기 것은 알아서 스스로 챙겨야 합니다.

다음 장에서는 새로운 형태의 자료와 함께 이놈을 함수의 매개변수로 전달했을 때 무슨 일이 벌어지는지 살펴볼 예정입니다.

1 다음은 파이썬에서 함수를 정의하는 문장입니다. 각각의 번호에 대해 물음에 맞는 답을
쓰세요.

(①) 함수 이름(②):
██████함수 프로그램
██████③ 반환값

①에 들어갈 표현은?

②에 들어가는 값의 이름은?

③에 들어갈 표현은?

2 다음 중 옳지 <u>않은</u> 문장을 고르세요.

① 함수는 정의 부분과 실행 부분이 모두 필요하다.

② 돌려주는 값이 없는 함수는 만들 수 없다.

③ 함수에 값을 전달하지 않고 실행만 시키는 경우도 있다.

④ 함수의 전달하는 값(1번 문제의 ②번)은 한 개만 가능하다.

3 다음 중 출력되는 값이 다른 문장을 고르세요.

```
def Gobbbegi(number):
    print(f'id: {id(number)}') ①
    number = 2*number
    print(f'id: {id(number)}') ②

number = 1
print(f'id: {id(number)}') ③
Gobbbegi(number)
print(f'id: {id(number)}') ④
```

③ 이만하면 함수 연습이 좀 되려나?

10,000시간의 법칙이라는 말을 들어본 적이 있습니까? 하나의 일에 10,000시간을 투자하면 그 분야에 전문가가 된다는 말이던데, 독자분들께서는 그렇게까지는 하지 못하겠지만 프로그래밍도 시간을 들여 연습하는 것이 필요합니다.

그리하여 jadi(무슨 뜻인지 인터넷을 찾아보세요) 앞에서 배운 함수를 연습할 겸 이번 장은 실습 위주로 진행하겠습니다.

함수를 이용해서 처음 만들 프로그램은 단위 환산 프로그램입니다. 상식도 늘리고 함수도 공부하고 일석이조(一石二鳥)가 되겠습니다.

센티미터로 길이를 입력하면 인치로 바꾸는 함수를 예제로 만들어드리겠습니다. 설명 없이 뚝딱!

```
01:def centimeterToinch(value):
02:    converted = value/2.54
03:    return converted
```

복잡하지 않죠? 지금은 이 정도가 함수의 동작을 이해하는 데 더 도움이 될 것 같습니다. 이제부터 입력값을 센티미터로 통일해서 아래에 나열한 단위로 변환하는 함수를 직접 만들어보길 바랍니다(대신 이번 장에는 따로 연습문제는 없습니다). 함수 이름 짓는 연습도 해보십시오. 변환 공식에 대해서는 인터넷을 찾든지 알아서 해결해 보세요.

(1-1) 밀리미터로

(1-2) 미터로

(1-3) 킬로미터로

(1-4) 피트로

(1-5) 야드로

（1-5） 야드로

（1-6） 마일로

이거 '무슨 값을 밀리미터로 바꿔야 하는 거야?'라고 생각한 사람이 있을 수 있습니다. 모든 입력값은 센티미터로 통일한다고 써 놓았는데, 여전히 대충 읽는 분들이 있네요. 나중에 다시 책을 읽어보겠다 생각하지 말고 지금 마음먹고 또박또박 생각하며 읽으세요.

바로 여기에 답을 써 놓으면 실제로 해보지 않을 것 같아서 책에 답을 다는 것은 생략합니다. 제대로 동작하는지는 연습 삼아 스스로 확인해 보십시오.

이번에는 함수에 조건문을 넣어서 경우에 따라 다른 결과를 출력하게 만들어봅시다.

```
01:def greeting(command):
02:    if command == '인사':
03:        print('안녕하세요, 여러분.')
04:    else:
05:        print('Hello, everyone.')
```

```
>>> greeting('인사')
안녕하세요, 여러분.
>>> greeting('hi')
Hello, everyone.
```

한글로 '인사'를 매개변수로 주면 한글로 인사하고, 이 외에는 영어로 인사하도록 만들었습니다. 실제 동작은 오른쪽에 조그맣게 표시한 것처럼 나옵니다.

이번에 여러분이 만들어보아야 할 함수는 아래에 있는 것들입니다.

（2-1） 입력한 숫자를 홀/짝수를 구분하여 결과를 출력

（2-2） 두 개의 숫자를 전달하면 둘 중 큰 숫자를 출력

🎉힌트 매개변수를 두 개로 **함수이름(변수1, 변수2)**

（2-3） 원/정사각형, 반지름/길이를 전달하면 도형의 면적을 출력

처음보다 다소 어렵게 느낄지도 모르겠습니다. 이 장의 뒷부분에 답안 예시를 붙여놓겠습니다. 정말 어렵다고 생각되면 확인해보길 바랍니다.

이번에는 함수 안쪽에 반복문을 넣고 결과를 돌려주도록 통C에게 일을 시켜보겠습니다.

```
01:def totalToNumber(number):
02:    total = 0
03:    for i in range(1, number+1):
04:        total += i
05:    return total
06:
07:result = totalToNumber(100)
08:print(f'총합은 {result} 입니다.')
```

1부터 입력된 숫자까지 자연수의 합을 되돌려주는 함수를 예로 들어보았습니다. 아시다시피 함수는 필요에 따라 매개변수가 없게 만들 수도 있고, 결과를 돌려주기도 하고 그렇지 않게도 만들 수 있습니다.

지금부터 여러분은 어떤 일을 반복해서 결과를 돌려주는 함수를 만들어보길 바랍니다.

3-1   1부터 입력된 숫자까지 홀수의 합을 돌려주는 함수

3-2   1부터 입력된 숫자까지 홀수는 제곱해서 더하고 짝수는 뺀 결과를 돌려주는 함수

3-3   1부터 입력된 숫자까지 3의 배수와 5의 배수의 합을 돌려주되 두 수의 공배수인 15의 배수는 제외하는 함수

⭐ 주의 공배수를 처리하는 순서가 중요합니다.

2-1 입력한 숫자를 홀/짝수를 구분하여 결과를 출력

```
01:def oddEven(number):
02:    if number%2 == 1:
03:        print(f'{number} 은/는 홀수입니다.')
04:    else:
05:        print(f'{number} 은/는 짝수입니다.')
```

2-2 두 개의 숫자를 전달하면 둘 중 큰 숫자를 출력

```
01:def greater(number1, number2):
02:    if number1 > number2:
03:        print(f'더 큰 수는 {number1} 입니다.')
04:    elif number1 < number2:
05:        print(f'더 큰 수는 {number2} 입니다.')
06:    else:
07:        print('두 수의 크기는 같습니다.')
```

🖐 문제에 주어지지 않았더라도 같은 수를 입력했을 경우처럼 예외를 생각하는 습관이 필요합니다.

2-3 원/정사각형, 반지름/길이를 전달하면 도형의 면적을 출력

```
01:def circleSquare(type, value):
02:    if type == '원':
03:        print(f'원의 넓이는 {3.14*value**2}m²입니다.')
04:    elif type == '정사각형':
05:        print(f'정사각형의 넓이는 {value**2}m²입니다.')
06:    else:
07:        print('알지 못하는 도형입니다.')
```

🖐 단위는 미터로 넣어봤습니다. 이 예제에서는 중요하지 않습니다.

3-1 1부터 입력된 숫자까지 홀수의 합을 돌려주는 함수

```
01:def sumOfOdd(number):
02:    total = 0
03:    for i in range(1, number+1):
04:        if i%2 == 1:
05:            total += i
06:    return total
```

3-2 1부터 입력된 숫자까지 홀수는 제곱해서 더하고 짝수는 뺀 결과를 돌려주는 함수

```
01:def sumOddEven(number):
02:    total = 0
03:    for i in range(1, number+1):
04:        if i%2 == 1:
05:            total += i**2
06:        else:
07:            total -= i
08:    return total
```

👤 제곱을 ** 로 표현하는 것을 잊지마세요.

3-3 1부터 입력된 숫자까지 3의 배수와 5의 배수의 합을 돌려주되 두 수의 공배수인 15의 배수는 제외하는 함수

```
01:def sumOf3and5(number):
02:    total = 0
03:    for i in range(1, number+1):
04:        if i%3 == 0 and i%5 == 0:
05:            pass
06:        elif i%3 == 0 or i%5 == 0:
07:            total += i
08:    return total
```

👤 and와 or의 개념을 잘 이용하고, 값을 판단하는 순서를 고려해야 합니다.
👤 아무것도 하지 않을 때는 〈전설따라 파이썬! 삼형제 편〉의 첫째를 기억하세요!
여기에서 pass가 없으면 통C가 문법을 통역하지 못합니다.

④ 함수와 그놈

여기에서는 바로 앞장에서 이놈이라고 했던 그놈에 대해서 왜 필요한지! 왜 그렇게 동작할 수밖에 없는지 지껄여보도록 하겠습니다.

파이썬에서 함수는 def로 시작해서 함수의 이름을 쓰고 괄호 안에 매개변수를 넣는 식으로 정의한다고 배웠습니다. 왜요? 재미없죠? 이제 슬슬 그럴 때가 되었다고 생각했습니다. 함수부터 많이들 어려워합니다. 거기에 무슨 기억공간 등 이상한 소리만 늘어놓았으니 아무래도 제가 잘못한 것 같군요. 우리가 앞에서 많이 했던 내용으로 함수를 만들면 어떤 쓸모가 있는지 좀 더 쉽게 이해할 수 있을 것 같습니다. 그래서 다시 돌아온 구구단 시간!

```
01:for j in range(2, 5):
02:    for i in range(1, 10):
03:        print(f'{j} x {i} = {j*i}')
```

구구단 프로그램을 다시 소환했습니다. 이번에는 이놈을 함수로 만들어보겠습니다.

```
01:def GuGuDan(number):
02:    for i in range(1, 10):
03:        print(f'{number} x {i} = {number*i}')
04:
05:for i in range(2, 5):
06:    GuGuDan(i)
```

순식간에 구구단을 출력해 주는 함수가 등장했습니다. 놀랍죠? 여러분이 지금까지 알고 있는 함수의 정의에 맞게 함수가 만들어져 있는지 확인해 봅시다.

함수는 어디서부터 어디인가요? 편의상 각 줄의 앞에 번호를 붙였으니 이 번호를 이용해서 대답해 보길 바랍니다.

4. 함수와 그놈 • 115

함수는 1~3번 줄까지가 함수입니다. 함수의 정의에 필요한 모든 것은 1번 줄에 다 있으니 1번 줄을 보면서 대답해 볼게요.

갑자기 등장한 쪽지 시험

위의 구구단 프로그램의 1번 줄을 보고 답하세요.

① 함수를 정의하는 문법 구문은 무엇인가요? (　　　　　　　)

② 함수의 이름은 무엇인가요? (　　　　　　)

③ 매개변수는 무엇인가요? (　　　　　)

주관식 문제라 답하기 어려우셨나요? 정답은 이번 장의 마지막에 있습니다. 나중에 확인해 보세요.

설명을 시작하겠습니다. 혀형무 ← GuGuDan이라고 타이핑하고 스페이스를 눌렀던 한글이 이렇게 바꿔버리네요. 귀찮게 자꾸 바뀌어서 설명할 때 그냥 혀형무라고 쓰겠습니다.

우선 복습부터 하면 함수 혀형무의 for 반복문에 사용한 변수 이름은 i입니다. 그리고 함수 바깥에서 2단~4단을 반복하기 위한 for 반복문의 변수도 역시 i입니다. 하지만 이 둘은 완전히 다른 변수(함수산)라고 말씀드렸던 것을 기억하고 있죠? 함수 혀형무는 number라는 매개변수를 받아서 해당하는 단의 구구단을 출력해 줍니다.

함수 혀형무의 장점은 무엇일까요? 한 번 만들어 놓으면 필요에 따라서 이름만 부르는 것으로 사용할 수 있어서 간편합니다. 앞 프로그램의 5번 6번 줄을 읽을 때도 프로그램을 이해하기 쉽습니다. '반복문을 보니 2부터 4까지 숫자를 바꾸면서 혀형무 함수를 호출하는구나!'라고 바로 이해할 수 있는 장점이 있습니다. 상대적으로 다시 소환해온 구구단은 무엇을 하는지 확 와닿지 않습니다.

전시학습에 대한 복습은 이 정도로 하고, 오늘 설명할 가장 핵심이 되는 그놈에 대해서 알아보겠습니다.

함수 혀형무처럼 함수 단위로 프로그래밍하는 것이 장점이 많다는 것을 공부했습니다. 그리고 함수가 항상 매개변수를 하나만 가지는 것은 아니기 때문에 필요에 따라 매개변수를 쉼표(,)로 구분해서 여러 개를 만들 수도 있게 되어있습니다. 예를 들면 def GuGuDan(number1, number2): 이런 식으로 만들면 됩니다. 그런데 매개변수로 나열하기에도 너무 많은 수십, 수백 개의 규칙성 없는 값들을 함수에 전달하려고 하면 무언가 새로운 방법이 필요합니다. 실제로 그런 값들을 전달해야 하는 경우도 생각보다 많이 발생합니다. 이 경우에 여러분들은 프로그래밍 언어를 만드는 사람이었다면 어떻게 해결하겠습니까? 한 덩어리로 묶어서 보내면 간단하지 않겠습니까? 파이썬에서 정보를 하나의 덩어리로 묶는 방법은 여러 가지가 있는데, 여기에서는 리스트라고 부르는 구조를 공부하고 다음 장에서 나머지들을 알아보겠습니다.

리스트를 만드는 문법은 다음과 같습니다.

```
리스트 이름 = [값1, 값2, 값3,....]
```

리스트도 변수로 취급하니까 대표 이름이 있어야 합니다(프로그래밍을 많이 하다 보면 작명소를 차려야 할 정도로 변수 이름을 많이 만들게 됩니다. 덕분에 영어단어 공부도 좀 하게 되고 말이죠).

리스트로 변수를 만들면 리스트가 가지고 있는 값들을 개별적으로 다룰 수도 있고, 일부만을 잘라서 다룰 수도 있습니다. 시험 삼아 리스트로 자료를 하나 만들어서 그 시커먼 속을 들여다보겠습니다.

파이썬 콘솔에서 시커먼 리스트를 만들어보겠습니다(파이썬 콘솔을 잊어버렸다면 두 얼굴의 여자가 나왔던 '2-2. 숫자와 문자' 편을 참고하세요).

```
>>> black = [1, 2, 3, 4, 5]
```

이렇게 입력을 하고 엔터를 치면 끝입니다.

예전에 했던 것처럼 콘솔창의 오른편을 보면 지금 만든 시커먼 그놈이 보일 겁니다.

```
> ▤black = {list: 5} [1, 2, 3, 4, 5]
> ▥Special Variables
```

2-2장에서 봤던 변수는 이렇게 생겼었습니다.

```
01 a = {int} 72
01 b = {str} 'H'
01 c = {str} '72'
```

다른 점이 있습니다. 얼른 찾아보세요. 10초 드립니다.

10, 9, 8, 7, 6, 5, 4, 3, 2, 1, 0

찾았나요?

가장 큰 차이점으로 변수 이름 옆에 '>' 가 있습니다.

파이참에서(파이썬이 아님) 정보창에 이 기호가 나타나면 추가 목록을 볼 수 있다는 의미입니다. 이 기호 '>' 부분을 눌러보겠습니다.

```
∨▤black = {list: 5} [1, 2, 3, 4, 5]
   01 0 = {int} 1
   01 1 = {int} 2
   01 2 = {int} 3
   01 3 = {int} 4
   01 4 = {int} 5
   01_len_ = {int} 5
```

변수 이름 black 옆에 회색으로 {list: 5}라고 표시된 부분은 이 변수의 자료형이 리스트이고, 5개의 자료를 가지고 있다는 의미입니다.

자료가 들어있는 방의 번호는 0번부터 시작합니다. 레인지 대감이 0을 좋아하는 이유는 리스트와 밀접한 관계가 있습니다.

0번 방에는 정수{int} 1이 들어가 있고, 4번 방에는 5가 들어가 있습니다. 그리고 이렇게 여러 개의 자료가 들어있는 구조는 언제라도 길이를 알아볼 수 있도록 값을 기억해 놓고 있습니다. 이 값을 가져오려면 혀형무 (벌써 잊어버리셨나요?) 같은 함수를 사용합니다. 함수 이름은 영어로 길이 length의 줄임말 len()입니다. 리스트 자료형 black에 몇 개의 자료가 있는지 알고 싶으면 len(black) 이렇게 함수를 호출하면 개수를 알려줍니다. 그리고 black 뒤에 점을 찍어서 black._len_() 이렇게 할 수도 있는데, 이 방법은 잘 사용하지 않습니다(사실은 왼쪽 엉덩이와 좌측 볼기짝이 동일한 관계인 것과 같은 거죠).

```
>>> len(black)
5
>>> black._len_()
5
```

리스트, len() 함수, 레인지 대감의 찰떡궁합으로 이렇게 주로 사용합니다.

```
>>> for i in range(len(black)):
...     print(f'{i}번째 원소는 {black[i]}')
...
0번째 원소는 1
1번째 원소는 2
2번째 원소는 3
3번째 원소는 4
4번째 원소는 5
```

리스트 안에 있는 모든 원소를 대상으로 반복적인 작업을 할 때 귀찮게 몇 개가 들어있는지 프로그래머가 일일이 확인해 줄 필요 없이 range() 함수에 len(리스트 변수 이름) 이렇게 넣어주면 레인지 대감님이 0~(전체개수-1) 한 연속된 목록을 만들어주는 원리로 동작합니다.

앞의 목록을 출력하는 프로그램의 print 함수에서 출력 문자열을 구성하는 black[i]라는 처음 보는 표현이 등장합니다. 리스트 안의 특정 값을 가져오라는 명령인데 몇 가지 유용한 사용법을 알아보도록 하겠습니다.

리스트를 호텔이라고 생각해 보겠습니다. 통C는 요즘 일거리를 별로 주지 않았더니 프런트 직원 알바를 하고 있습니다. 통C에게 리스트 변수의 이름을 쓰고 [　] 안에 방 번호를 적어주면 숙박부를 보고 누가 묵고 있는지 확인해서 알려줍니다. black[2]은 2번 방에 사는 사람이 누구인지를 물어보는 방법인거죠. 그런데 방이 5개짜리 호텔에 5번 방에 누가 있는지 물어보면 그런 방이 없다고 합니다.

```
>>> black[5]
Traceback (most recent call last):
    File "<input>", line 1, in <module>
IndexError: list index out of range
```

위에 캡처한 에러는 중요하기 때문에 큼직한 크기로 보여드렸습니다. 점선으로 테두리를 친 이 부분은 통C 어록에 있는 표현으로, "그런 방 없수다!"의 의미입니다(방이 5개면 0번~4번까지의 방이 존재한다고 수차례 말씀드렸습니다).

그런데 통C는 5번 방이 없다는 것을 당연하게 생각하면서도 음수 방이 존재한다는 것은 이상하게 생각하지 않습니다. black[-1] 이렇게 물어보면 그 방에 누가 있는지 알려줍니다.

```
>>> black[-1]
5
```

-1번 방에는 5가 있다고 합니다. -2번 방에는 누가 묵고 있을까요?

```
>>> black[-2]
4
```

이제 조금 전에 드린 두 개의 힌트로 음수(−) 방번호의 규칙을 찾아내십시오.
black 호텔에는 방별로 이런 투숙객들이 존재합니다.

```
v ⊟ black = {list: 5} [1, 2, 3, 4, 5]
  01 0 = {int} 1
  01 1 = {int} 2
  01 2 = {int} 3
  01 3 = {int} 4
  01 4 = {int} 5
  01_len_ = {int} 5
```

어렵지 않게 짐작했으리라 믿습니다. 음수 방번호는 −1부터 시작해서 뒤에서부
터의 값을 알려줍니다. black[-1]은 방의 마지막에 누가 있는지를 물어보는 의미였
던 거죠. 공포 소설인 듯한 알쏭달쏭 미스터리의 진실은 밝혀졌습니다!

이제 파이썬 리스트의 핵심인 ':'에 대해서 설명하겠습니다. 리스트에 값이 여
러 개 있으니 당연히 한 번에 여러 개를 가져올 수도 있을 겁니다. 쌍점(:)은 이
럴 때 사용합니다. 이해를 돕기 위해 black을 10까지로 수정하였습니다. 여기부터
black에는 1~10까지 10개의 값이 존재합니다.

쌍점을 사용할 때는 [숫자1 : 숫자2] 이렇게 사용합니다. 각각 '시작'과 '끝+1'을
나타냅니다. 2번 방의 값부터 7번 방의 값을 모두 가져오라고 하려면 black[2:8] 이
렇게 통C에게 주문을 합니다.

```
>>> black[2:8]
[3, 4, 5, 6, 7, 8]
```

꽤나 신박하죠? 한쪽의 숫자는 생략도 가능합니다. 만약 생략하면 한쪽 끝까지 가져오라는 의미가 됩니다. black[:8]은 처음부터 7번 방까지, black[2:]는 2번 방부터 마지막 방까지를 의미하게 됩니다.

```
>>> black[:8]
[1, 2, 3, 4, 5, 6, 7, 8]
>>> black[2:]
[3, 4, 5, 6, 7, 8, 9, 10]
```

이렇게 빵조각을 썰어서 필요한 부분을 가져가는 것과 같은 느낌이라 리스트 슬라이싱이라고 말합니다.

슬라이싱에서는 [숫자1: 숫자2: 숫자3] 이렇게 자르는 방법도 있습니다. 숫자3에 들어가는 값은 얼마나 건너뛸 것인지의 의미입니다. 레인지 대감님의 세 번째 함수 파라미터와 동일한데요. 뭐라고요? 그런 설명한 적이 없다고 말입니까? 2-7장에서 다시 확인해 보세요.

```
range(시작값, 끝값, 변하는 크기)
```

이렇게 버젓이 설명했음을 알리는 증거가 있습니다.

슬라이싱의 세 번째 숫자를 써서 시꺼먼 놈(black)한테 홀수만 가져오거나 짝수만 가져오는 일을 시켜보겠습니다.

```
>>> black[::2]
[1, 3, 5, 7, 9]
>>> black[1::2]
[2, 4, 6, 8, 10]
```

역시 통C가 시키는 대로 일은 잘합니다.

이제 리스트의 기초를 공부했으니 바로 그놈! 리스트를 이용해서 혀형무에게 2단부터 9단까지의 구구단을 출력하라고 프로그램을 수정하겠습니다.

```
01:def GuGuDan(number):
02:        for i in range(len(number)):
03:            for j in range(1, 10):
04:                print(f'{number[i]}x {j}= {number[i]*j}')
05:
06:gugudan_list = [2, 3, 4, 5, 6, 7, 8, 9]
07:GuGuDan(gugudan_list)
```

혀형무는 복잡해졌지만 프로그램 본체는 더욱 단순해졌습니다. gugudan_list라는 리스트에 2단부터 9단까지 있고, 이것을 '출력하라고 시켰네'라고 바로 읽을 수가 있게 되었습니다.

리스트와 앞으로 배울 다른 자료형들을 사용할 때 참고사항 하나를 알려드리고 이번 장을 끝마치겠습니다. 숫자나 문자를 지정하는 변수와 달리 리스트 변수를 매개변수로 함수로 보내면 리스트는 참조하는 주소만 전달합니다. 호텔 투숙객을 통째로 복사해서 보내는 것보다 호텔 이름만 알려주고 찾으라고 하는 것이 효율적이기 때문입니다.

갑자기 등장한 쪽지 시험 정답

① def
② GuGudan ('혀형무'도 정답으로 인정)
③ number (숫자, 단수 이런 것들은 오답 ×××, [이유] 한글에서 자동으로 바뀌지 않으므로)

1 다음은 옥수수 식빵입니다. 옥수수가 들어있는 식빵만 고르도록 슬라이싱하세요.

옥수수 식빵 = [빵, 빵, 옥수수, 빵, 빵, 옥수수, 빵, 빵, 옥수수]

옥수수만 = [   ]

2 이 명령은 정상일까요? 정상이 아니라면 무엇이 잘못되었을까요?

나정상 = [정상, 정상, 정상, 정상, 정상]

나정상[5] = ?

3 통C가 되어서 숙박부를 점검해 주세요.

블랙호텔 = ['김아무개', '나무명', '리정혁', '누구게', '나다']

블랙호텔[2] =

블랙호텔[4:] =

블랙호텔[:-3] =

4 리스트 안에 몇 개의 값이 들어있는지 알 수 있는 함수는?

① list()   ② print()

③ len()   ④ input()

⑤ 반갑다 그놈! 넌 왜 이렇게 할 줄 아는 게 많니?

앞장에서 함수와 리스트를 공부했습니다. 여기서 제가 그놈이라고 부르는 놈은 리스트입니다. 리스트는 프로그래밍에서 자주 쓰이기 때문에 좀 더 자세히 알고 있는 것이 좋습니다. 지금부터 살펴보도록 하죠.

리스트는 연속된 여러 개의 값을 가지고 있는 자료의 한 형태입니다. 이런 의미에서 문자열(문장) 또한 리스트와 전혀 다를 바 없는 문자들의 연속된 모임입니다. 단지 그 안에 들어있는 각각의 값들이 글자라는 특징이 있는 것이죠. 그러면 문자열도 리스트 다루듯 조작할 수 있을까요? 또 이런 질문을 하면 "당연히 할 수 있으니까 물어보는 것 아니냐?"고 넘겨짚는 독자분들이 있을 건데, 그냥 무턱대고 넘겨짚다가 큰코다칠 수 있습니다. 저는 혹시나 잘못 이해할까봐 걱정되어서 혼동을 줄여드리고자 순수한 마음에서 알려드리는 거지 절대로 여러분들을 놀리거나 장난치고 있는 겁니다. 리스트처럼 조작할 수 있습니다. 잘 넘겨짚었네요.

문자열도 리스트 다루듯 이렇게 조작할 수 있습니다.

```
>>> pun = 'What do you call a knight who is afraid to fight?
    Sir Render'
>>> pun[0]
'W'
>>> pun[:10]
'What do yo'
>>> pun[-5:]
'ender'
```

문자열을 이렇게 다루는 방법은 책의 뒤에서 텍스트 파일을 가지고 장난칠 때도 요긴하게 사용됩니다.

제가 앞에서 1~5까지 값을 가지는 black이라는 속이 시꺼먼 리스트를 만들었다가 다시 1~10까지 값을 가지도록 바꾼 적이 있었습니다. 리스트를 사용하다 보면 이렇게 만들어진 값을 수정해야 하는 경우가 많은데, 처음부터 다시 값을 써서 10까지 만들어야 한다면 프로그래밍이 지겹고 싫어질 것을 두려워해서 추가와 삭제가 가능하도록 만들었습니다. 지금부터 알려드릴 방법을 사용하기 위해서 여러분의 파이썬 인생에 정점을 하나 찍어 드리겠습니다. 바로 '쩜'의 사용입니다.

여러 책에 보면 객체다 뭐다 어려운 개념을 잔뜩 설명하고 있는데, 지금은 그 내용을 설명할 단계는 아닌지라 가볍게 예를 들어 알려드리려 합니다.

난데없이 웬 도시락? 어떤 예가 좋을지 인터넷을 찾아다니다 보니 군침 도는 고급 도시락을 하나 발견해서 올려드렸습니다.

이제부터 도시락의 속성과 기능을 분류해 보려 합니다.

도시락

(속성)
- 도시락의 밥은? 흰밥, 흑미, 콩밥, 잡곡밥
- 도시락의 반찬은? 김치, 콩나물, 부침, 소시지, 돈가스, 멸치볶음
- 도시락 반찬 가짓수? 4종류, 5종류
- 도시락의 국은? 된장국, 시금치국, 콩나물국, 미역국

(기능)
- 도시락의 포장을 연다.
- 도시락을 포장한다.
- 도시락의 밥과 반찬을 추가한다.
- 도시락에 수저를 추가한다.

도시락의 세계도 무궁무진하죠? 앞에 나열한 것들이 도시락이라는 단어 하나에 연관되어 있습니다.

도시락이라는 단어 대신 다른 단어를 넣어도 말이 되죠. 선물을 포장한다. 오늘 급식의 국은⋯ 등으로 다양하게 사용이 되는 것들입니다. 도시락에 국한해서 이것들을 다루고 싶을 때 파이썬 문법으로는 쩜!(.)을 사용해서 연결하도록 합니다.

도시락.밥
도시락.반찬
도시락.추가(반찬)
도시락.열기()

잘 보면 속성이라고 쓴 것은 점을 찍고 이름, 기능으로 쓴 것은 함수처럼 괄호를 붙였습니다. 내친김에 객체를 정의하는 방법을 써서 파이썬으로 간단하게 도시락을 하나 만들어보겠습니다.

```
...  todaysLunchbox = LunchBox()
>>>  todaysLunchbox.displayLunchBox()
밥: 없음
반찬: []
국: 없음
>>>  todaysLunchbox.setBob('흰밥')
밥: 흰밥을 넣었습니다.
>>>  todaysLunchbox.addBanChan('김치')
반찬: 김치이(가) 추가되었습니다.
현재 도시락의 반찬은 ['김치'] 입니다.
>>>  todaysLunchbox.addBanChan('돈까스')
반찬: 돈까스이(가) 추가되었습니다.
현재 도시락의 반찬은 ['김치', '돈까스'] 입니다.
>>>  todaysLunchbox.pack()
도시락 뚜껑을 닫았습니다.
>>>  todaysLunchbox.displayLunchBox()
도시락이 닫혀있어서 내용들을 볼 수 없습니다.
>>>  todaysLunchbox.addBanChan('콩나물')
도시락이 닫혀있어서 반찬을 추가할 수 없습니다.
>>>  todaysLunchbox.unpack()
도시락 뚜껑을 열었습니다.
>>>  todaysLunchbox.howManyBanchan()
현재 도시락에는 2종류의 반찬이 있습니다.
```

자! 간단하게 파이썬으로 도시락 객체를 만들어서 이것저것 시켜봤습니다(아마 파이썬 예제로 도시락을 만들어보겠다는 황당한 생각을 하는 사람은 지구를 통틀어도 저밖에 없을 겁니다).

```
>>> todaysLunchbox.displayLunchBox()
밥: 흰밥
반찬: ['김치', '돈까스']
국: 없음
```

현재 도시락에는 우리가 넣어준 메뉴가 잘 들어가 있습니다.

이렇게 객체라는 것으로 정의된 기능을 객체와 점(.)을 이용해서 동작시킬 수도 있고, 아래처럼 속성을 바로 접근하게 만들 수도 있습니다.

```
>>> todaysLunchbox.BanChan
['김치', '돈까스']
>>> todaysLunchbox.Bob
'흰밥'
```

파이썬의 객체들은 이렇게 속성과 부려 먹을 수 있는 함수(언어에 따라서 멤버 함수, 메쏘드 등 다양하게 부르는데 그놈이 다 그놈입니다)들을 가지고 있으며 파이참 같은 프로그램은 이것들을 좀 더 쉽게 사용할 수 있도록 객체 뒤에 점을 찍는 순간 어떤 기능들이 있는지 목록을 보여줍니다. 리스트로 정의된 변수에 점을 찍으면 다음과 같습니다.

```
gugudan_list.
 ⓜ append(self, object)                    list
 ⓜ clear(self)                             list
 ⓜ copy(self)                              list
 ⓜ count(self, object)                     list
 ⓜ extend(self, iterable)                  list
 ⓜ index(self, object, start, stop)        list
 ⓜ insert(self, index, object)             list
 ⓜ pop(self, index)                        list
 ⓜ remove(self, object)                    list
 ⓜ reverse(self)                           list
 ⓜ sort(self, key, reverse)                list
 ⓜ __len__(self)                           list
Press Enter to insert  Tab to replace  Next Tip
```

이렇게 변수의 이름과 관계없이 리스트 객체의 속성, 기능이 나타납니다. 제가 만든 도시락 객체도 그 속을 들여다보면 이런 속성과 기능이 나타납니다.

혀형무, 곱빼기 등으로 변수 이름을 만들다가 영어로도 한 번 만들어봤습니다. (저도 영어할 줄 아는 사람이란 말입니다!)

점을 찍었을 때 사용할 수 있는 유용한 리스트의 기능을 몇 가지 살펴보면 다음과 같습니다.

값을 넣거나 삭제

❶ 리스트 이름.append(값) - 값을 리스트의 맨 뒤에 추가
❷ 리스트 이름.remove(값) - 리스트 내의 특정 값을 삭제
❸ 리스트 이름.clear() - 리스트의 내용을 모두 삭제

리스트 원소들의 순서 변경

❹ 리스트 이름.sort() - 리스트를 값의 크기 순, 알파벳 순 등으로 정렬
❺ 리스트 이름.reverse() - 리스트의 순서를 반대로

리스트에서 값을 얻음

❻ 리스트 이름.index(값) - 리스트 안의 어떤 값의 위치(방 번호)
❼ 리스트.count(값) - 리스트 안에 들어있는 '값'의 개수
❽ 리스트.pop() - 리스트의 맨 마지막 값을 꺼냄

대략 이 정도면 리스트에서 쓸만한 기본 기능은 다 나열한 것 같습니다. 각각 어떻게 사용하는지 보여드리는 것만으로도 이 장은 엄청나게 길어질 것 같네요. '이런 기능이 있었다' 정도만 기억하여도 나중에 다시 이 부분을 참고해서 사용할 수 있으니까 내용이 많고 버거운 부분은 훑어보기만 하시기 바랍니다.

❶ 리스트 이름.append(값) – 값을 리스트의 맨 뒤에 추가

사실 제가 리스트에서 제일 많이 사용하는 기능입니다.

빈 리스트를 만들어놓고 필요한 값들을 차곡차곡 쌓았다가 필요한 곳에 사용할 때 아주 유용합니다.

도시락에 반찬을 추가하는 것으로 예를 들어보겠습니다.

append()로 추가되는 내용은 항상 현재 리스트의 마지막에 붙습니다. 참고로 두 개의 리스트를 + 연산자로 연결할 수도 있습니다.

```
>>> banchan = []
```
비어있는 반찬리스트가
만들어졌습니다.
```
v ⊞ babchan = {list 0} []
  01_len_ = {int} 0
```

```
>>> banchan = []
>>> banchan.append('김치')
```
리스트에 김치가 추가되어
0번 방에 '김치'가 생겼고
전체 길이가 1이 되었습니다.
```
v ⊞ banchan = {list 1} ['김치']
  01 0 = {str} '김치'
  01_len_ = {int} 1
```

```
>>> banchan = [ ]
>>> banchan.append('김치')
>>> banchan.append('깍뚜기')
```
리스트의 마지막이었던 0번
다음인 1번 방에 깍두기가 추가되어
전체 길이가 2가 되었습니다.
```
v ⊞ banchan = {list: 2} ['김치',
  01 0 = {str} '김치'
  01 1 = {str} '깍뚜기'
  01_len_ = {int} 2
```

❷ 리스트 이름.remove(값) – 리스트 내의 특정 값을 삭제

어느 위치에 있던지 값을 찾아내어 삭제할 수 있습니다. 단, 동일한 값이 여러 개일
경우에는 가장 앞쪽의 값만 삭제가 됩니다.

```
∨≣ banchan = {list: 5} ['김치'
  01 0 = {str} '김치'
  01 1 = {str} '깍뚜기'
  01 2 = {str} '나박김치'
  01 3 = {str} '열무김치'
  01 4 = {str} '묵은지'
  01 len_ = {int} 5
```

리스트의 2번 방에 있던
'나박김치'가 삭제되었습니다.

```
∨≣ banchan = {list: 4} ['김치'
  01 0 = {str} '김치'
  01 1 = {str} '깍뚜기'
  01 2 = {str} '열무김치'
  01 3 = {str} '묵은지'
  01 len_ = {int} 4
```

```
>>> banchan.remove('나박김치')
```

```
>>> banchan.remove('나박김치')
>>> banchan.remove('깍뚜기')
```

1번 방의 깍두기가 삭제되고,
총 3개의 김치만 남았습니다.

```
∨≣ banchan = {list: 3} ['김;
  01 0 = {str} '김치'
  01 1 = {str} '열무김치'
  01 2 = {str} '묵은지'
  01 len_ = {int} 3
```

❸ 리스트 이름.clear() – 리스트의 내용을 모두 삭제

흡입력 하나는 최고입니다. 남아있는 모든 반찬을 모두 먹었습니다.

```
∨≣ banchan = {list: 3} ['김;
  01 0 = {str} '김치'
  01 1 = {str} '열무김치'
  01 2 = {str} '묵은지'
  01 len_ = {int} 3
```

먹성 좋은 clear()가 남아있던
모든 반찬을 클리어했습니다.

```
∨≣ banchan = {list: 0} []
  01 len_ = {int} 0
```

```
>>> banchan.clear()
```

❹ 리스트 이름.sort() – 리스트를 값의 크기순, 알파벳순 등으로 정렬

통C가 언제 한글도 배웠는지, 가나다순으로 정렬도 할 줄 아네요.

```
∨≣ banchan = {list: 5} ['열
  01 0 = {str} '열무김치'
  01 1 = {str} '묵은지'
  01 2 = {str} '나박김치'
  01 3 = {str} '김치'
  01 4 = {str} '깍뚜기'
  01 len_ = {int} 5
```

반찬통을 다시 채우고
정렬했더니, 가나다순으로
정렬이 되었습니다.

```
∨≣ banchan = {list: 5} ['김
  01 0 = {str} '김치'
  01 1 = {str} '깍뚜기'
  01 2 = {str} '나박김치'
  01 3 = {str} '묵은지'
  01 4 = {str} '열무김치'
  01 len_ = {int} 5
```

```
>>> bancahn.sort()
```

⑤ 리스트 이름.reverse() – 리스트의 순서를 반대로

순서 바꾸는 건 식은 죽 아니 식은 김치 믹기군요.

```
∨ ▤ banchan = {list: 5} ['김
  01 0 = {str} '김치'
  01 1 = {str} '깍뚜기'
  01 2 = {str} '나박김치'
  01 3 = {str} '묵은지'
  01 4 = {str} '열무김치'
  01 _len_ = {int} 5
```

열무김치부터 김치까지
순서를 반대로 다시
정렬했습니다.

```
∨ ▤ banchan = {list: 5} ['열
  01 0 = {str} '열무김치'
  01 1 = {str} '묵은지'
  01 2 = {str} '나박김치'
  01 3 = {str} '깍뚜기'
  01 4 = {str} '김치'
  01 _len_ = {int} 5
```

```
>>> banchan.reverse()
```

⑥ 리스트 이름.index(값) – 리스트 안의 어떤 값의 위치(방 번호)

이것도 역시 동일한 값이 여러 개가 있으면 처음 나타나는 값의 위치만을 알려줍니다.

```
∨ ▤ banchan = {list: 5} ['열
  01 0 = {str} '열무김치'
  01 1 = {str} '묵은지'  ←──────────────  >>> banchan.index('묵은지')
  01 2 = {str} '나박김치'                   1
  01 3 = {str} '깍뚜기'  ←──────────────  >>> banchan.index('깍뚜기')
  01 4 = {str} '김치'                      3
  01 _len_ = {int} 5
```

⑦ 리스트.count(값) – 리스트 안에 들어있는 '값'의 개수

꼭꼭 숨어있어도 귀신같이 찾아내고 마는 군요.

```
∨ ▤ banchan = {list: 8} ['열무
  01 0 = {str} '열무김치'
  01 1 = {str} '묵은지'
  01 2 = {str} '나박김치'                   >>> banchan.count('김치')
  01 3 = {str} '깍뚜기'                     2
  01 4 = {str} '김치'
  01 5 = {str} '나박김치'                   >>> banchan.count('묵은지')
  01 6 = {str} '묵은지'                     2
  01 7 = {str} '김치'
  01 _len_ = {int} 8
```

8 리스트.pop() - 리스트의 맨 마지막 값을 꺼냄

항상 꼴찌만 잡아가는 무서운 놈입니다.

```
∨ ▤ banchan = {list: 8} ['열무        ∨ ▤ banchan = {list: 7} ['열        ∨ ▤ banchan = {list: 6} ['열
  01 0 = {str} '열무김치'                01 0 = {str} '열무김치'                01 0 = {str} '열무김치'
  01 1 = {str} '묵은지'                  01 1 = {str} '묵은지'                  01 1 = {str} '묵은지'
  01 2 = {str} '나박김치'                01 2 = {str} '나박김치'                01 2 = {str} '나박김치'
  01 3 = {str} '깍뚜기'                  01 3 = {str} '깍뚜기'                  01 3 = {str} '깍뚜기'
  01 4 = {str} '김치'                    01 4 = {str} '김치'                    01 4 = {str} '김치'
  01 5 = {str} '나박김치'                01 5 = {str} '나박김치'                01 5 = {str} '나박김치'
  01 6 = {str} '묵은지'                  01 6 = {str} '묵은지' ←                01 _len_ = {int} 6
  01 7 = {str} '김치' ←                 01 _len_ = {int} 7
  01 _len_ = {int} 8


            >>> banchan.pop( )                      >>> banchan.pop( )
            '김치'                                   '묵은지'
```

리스트에 대해서는 어느 정도 알려드린 듯합니다. 정말 중요한 사실 하나를 더 알려드리고 이번 장을 마치겠습니다.

1919년 6월 〈에밀 싱클레어〉라는 무명의 젊은 작가가 『데미안』이라는 작품을 발표하였고, 『데미안』의 폭발적인 인기 덕분에 그는 폰타네 신인 문학상을 수상하게 됩니다.

'편집 오류다! 뭔가 이 책과 맞지 않는 내용이 들어있어'라고 마치 저자와 출판사가 알아채지 못한 것을 발견한 듯 들떠 있는 분이 있으리라 상상해 봅니다. 하지만 아쉽게도 이건 의도된 문장입니다. 책의 품위가 너무 낮아지는 것이 아닌지 걱정한 저자가 인문학 내용을 살짝 곁들여 봤습니다.

책을 많이 읽었거나 나름 시사 상식에 조예가 있다고 생각한다면 앞의 내용에서 이상함을 느꼈을 겁니다. 『데미안』은 헤르만 헤세의 작품인데? 〈에밀 싱클레어〉는 누구지? 이런 의심을 했겠죠? 어떤 독자분께서는 "흥! 난 두 사람이 동일 인물인지 알고 있었어"라고 생각하는 분도 있을 거라고 생각합니다.

〈에밀 싱클레어〉는 헤르만 헤세가 특별한 이유가 있어서 사용했던 가명입니다. (가명의 실사례 외 의미는 없습니다.)

파이썬의 자료형들도 이와 비슷하게 만들어져 있습니다. 기본적으로 실체는 기억공간의 어디인가에 존재하고 이름만으로 연결되게 되어있으므로 그냥 새로운 이름에 할당하면 동일한 실체의 가명이 만들어집니다.

```
>>> banchan = []
>>> sidedish = banchan
```
두 개의 리스트가 만들어진 것처럼 보입니다.
```
>≣ banchan = {list: 0}[]
>≣ sidedish = {list: 0} []
```

```
>>> banchan = []
>>> sidedish = banchan
>>> banchan.append('김치')
```
반찬에만 김치를 추가했는데, sidedish에도 김치가 추가됐습니다.
```
>≣ banchan = {list: 1} ['김치']
>≣ sidedish = {list: 1} ['김치']
```

```
>>> id(banchan)
2535087512008
```
=
```
>>> id(sidedish)
2535087512008
```
확인해 보니 두 변수는 동일한 장소를 가리키고 있습니다.

프로그래밍했는데 리스트의 값이 본인이 의도한 것과 다르게 바뀌었다면 리스트들이 이러한 가명을 사용한 관계일 수 있으므로 이런 관계를 알고 있는 것이 나중에 큰 도움을 줄 수 있을 것입니다.

이 문제를 해결하는 방법은 복제본을 만드는 것입니다. 다행히 리스트에는 .copy()라는 내용을 복사하는 기능을 제공합니다. 이 방법을 이용했을 때 어떻게 달라지는지 동일한 예제로 비교해 보겠습니다.

```
>>> banchan = []                          두 개의 리스트가 만들어진      >▤ banchan = {list: 0} []
>>> sidedish = banchan.copy()             것처럼 보입니다.             >▤ sidedish = {list: 0} []
```

```
>>> banchan = []                          반찬에만 김치를 추가했고, sidedish는    >▤ banchan = {list: 1} ['김치']
>>> sidedish = banchan.copy()             여전히 비어있는 상태입니다.           >▤ sidedish = {list: 0} []
>>> banchan.append('김치')
```

```
>>> id(banchan)                    >>> id(sidedish)
2535087511432                                          2535087523912
```

이번에는 두 변수가 서로 다른 장소를 가리키고 있습니다.

이 정도만 알면 어딜가도 파이썬 리스트 좀 안다고 말할 수 있을 거라고 생각합니다. 다음 장에서는 리스트와 비슷한데 리스트는 아닌 존재들, 그놈이 아닌 저놈들에 대해서 알아보겠습니다.

새는 알에서 나오려고 투쟁한다.

알은 세계이다.

태어나려고 하는 자는,

한 세계를 깨뜨리지 않으면 안 된다.

새는 신에게 날아간다.

신의 이름은 아브락사스다.   『데미안』 중에서

헤르만 헤세

정렬에
대해서

리스트에 자료를 넣어서 관리한다는 말은 동일한 개념을 가진 정보들을 하나로 묶어 보겠다는 말과 일맥상통할 것입니다. 그리고 같은 개념의 정보들은 아무 순서도 없이 나열하기보다 숫자가 커지는 순서라던가 알파벳 순서, 한글이면 가나다 순서로 정렬하는 것이 필요한 정보를 더 잘 찾을 수 있습니다. 예를 들어보겠습니다.

```
list_a = [19, 9, 11, 14, 2, 1, 5, 8, 6, 10, 16, 20,
18, 12, 15, 7, 4, 3, 13, 17]
list_b = [1, 2, 3, 4, 5, 6, 7, 8, 9, 10, 11, 12, 13,
14, 15, 16, 17, 18, 19, 20]
```

눈으로 봤을 때 list_a에서 13을 찾는 것과 list_b에서 13을 찾는 것 중 어느 것이 더 쉬운가요? 물어보나 마나 정렬이 되어있는 list_b가 더 쉬울 겁니다. 컴퓨터도 이 부분은 사람과 다르지 않습니다.

1. list_a를 주고 13을 찾으라고 하면 통C가 컴퓨터를 시켜서 맨 앞의 값부터 하나씩 비교해 가면서 13을 찾으려고 시도할 것이고 19번째에 있는 13을 찾아낼 것입니다.

2. 만약 list_b가 꼼꼼하게 1부터 20까지 정렬되어있다는 정보가 없더라도 숫자가 작은 것부터 큰 순서로 정렬되어있다는 것만 알고 있다면 반씩 덜어내는 방법으로 몇 번 만에 찾아낼 수 있을 것입니다. 리스트의 원소 개수가 짝수라면 개수가 적은 반쪽을 중간이라고 정해보겠습니다. 처음에는 20개의 중간인 10을 13과 비교합니다. 13보다 작으면 중간의 왼쪽은 모두 13보다 작은 것이므로 오른쪽 반을 선택해서 중간을 찾습니다. 이번에는 중간값이 15로 13보다 크므로 오른쪽을 버리고 왼쪽을 선택합니다. 이제 왼쪽 11~15의 중간값은 13이므로 3번 만에 찾을 수 있었습니다.

19번 비교와 3번 비교는 아주 차이가 큽니다. 〈전설따라 파이썬! 삼형제편〉에서 막내 continue가 활약할 때를 기억해 보면 자료가 아주 많은 경우에는 비교 시간을 줄이는 것만으로도 실행 시간이 크게 차이가 났습니다.

조금 전의 설명에서 정렬된 리스트에 사용했던 찾기 방법을 이진 탐색이라고 부르며 수백만 개의 리스트에서도 원하는 값을 $\log_2(x)$번으로 찾을 수 있습니다. 계산기로 계산해보니 백만 개의 리스트에서는 최대 20번만 비교하면 찾을 수 있겠습니다. 수학이니 그냥 넘겨도 전혀 해롭지 않습니다. 하지만 알고 있다고 해도 전혀 이롭지 않습니다. 전공자나 프로그래밍으로 밥벌이하는 사람이 아니면 그냥 알쓸신잡입니다.

리스트로 자료를 묶었다면 점찍기 신공으로 리스트 변수명.sort()를 호출하여 정렬할 수 있고, 여러분의 예상보다 정렬 속도가 빠릅니다. 전에 2천만 개짜리 데이터에서 값들을 하나씩 찾아내는 프로그램을 파이썬의 in 명령어를 사용해서 찾도록 프로그래밍했는데 5조 5억 년이 걸리는 줄 알았습니다. 아무래도 파이썬의 in은 앞에서부터 검색하는 방식인 것 같아서, 데이터를 한 번 정렬해 놓고 이진 탐색으로 찾도록 수정했더니 조금 과장해서 5분 만에 실행이 완료되었습니다. 정렬과 탐색을 잘 사용하면 여러 면에서 유용합니다.

그리고 파이썬의 .sort()는 자기 자신을 정렬하기 때문에 돌려주는 값이 없습니다. 만약에 원래 리스트는 그대로 두고 정렬된 리스트를 사용하고 싶다면 sorted() 함수 안에 리스트를 매개변수로 넣어서 결과를 변수로 받아 사용하면 됩니다. 좀 더 복잡한 데이터의 정렬은 두 함수의 매개변수로 key라는 값을 이용하여 해결 가능한데, 나중에 필요할 때 인터넷 검색으로 사용법을 찾아보길 바랍니다. 파이썬을 어느 정도 다루게 되면 검색을 통해서 해결할 수 있는 문제가 무궁무진합니다.

1 다음 중 box라는 이름의 빈 리스트 변수를 생성하는 방법은?

① box = ['냉무']   ② [] = box   ③ box = []   ④ box = [0]

2 리스트 변수 words가 다음과 같은 값을 가지고 있습니다.

```
words = ['강아지', '지렁이', '이발소']
```

'소금'이라는 새로운 단어를 추가하는 명령어는 어느 것인가요?

① words.delete('소금')   ② words.index('소금')

③ worlds.append('소금')   ④ words.count('소금')

3 **2**에서 '소금'을 추가 후 len(words)이라는 명령을 실행할 시 결과값은 얼마인가요?

① 3   ② 4   ③ 5   ④ 6

4 실수로 '소금'을 한 번 더 추가하여 현재 words 변수의 상태가 다음과 같이 되었습니다.

```
words = ['강아지', '지렁이', '이발소', '소금', '소금']
```

worlds에서 '소금' 한 개를 지우는 명령을 찾으세요.

① words.delete('소금')   ② words.index('소금')

③ worlds.append('소금')   ④ words.count('소금')

5 4번의 결과에서 print(words[2])의 실행 결과는 무엇일까요?

① 강아지   ② 지렁이   ③ 이발소   ④ 소금

6 4번의 결과에서 len(words[:2])의 값은 무엇일까요?

① 0   ② 1   ③ 2   ④ 3

7 다음 조건에 맞게 ★표시를 채워 끝말잇기 게임을 완성해보세요.

> **조건**
>
> 1. 게임을 시작할 때 리스트의 기본값은 '강아지'입니다.
>
> 2. 마지막 단어를 보여주고 입력된 단어가 목록에 있으면 단어의 순서를 출력하고 다시 입력을 받도록 하세요.
>
> 3. 새로 입력한 글자가 앞 단어의 끝 글자로 시작되지 않으면 메시지를 출력하고 다시 입력을 받도록 하세요.
>
> 4. 문자 'q'/'Q' 입력 또는 단어가 50개가 되면 종료하세요.

```
01:word_limit = ★
02:word_list = [★]
03:while True:
04:     new_word = input(f'마지막 단어는 \'1){word_list[★]}\'
                입니다. \'{word_list[★][★]}\'로 시작하는 단어를
                입력하세요.\n')
05:     new_word = new_word.strip()2)
06:     if new_word.lower()3) == ★:
07:          print('게임을 종료합니다.')
08:          ★
09:     if new_word in word_list:
10:          print(f'\'{new_word}\'은/는 목록의 {word_
                list.★(new_word)} 번째에 이미 있는 단어입니다.')
11:     elif new_word[★] != word_list[-1][-1]:
12:          print(f'\'{new_word[★]}\'(으)로 시작하는 단어를
                입력하셨습니다. \'{word_list[★][★]}\'(으)로
                시작하는 단어를 입력해야 합니다.')
13:     else:
14:          word_list.★(new_word)
15:          if ★(word_list) == ★:
16:               print(f'목록의 개수가 {★}개가 되어 게임을 종료합니다.')
17:               ★
```

1) 따옴표는 문법 기호이기 때문에 따옴표 자체를 출력할 때는 \'로 표시합니다.

2) 문자열.strip()은 문자열 양쪽에 있는 공백, 엔터 기호(\n) 등을 제거해 줍니다.
   input 함수로 입력된 값은 문장의 끝에 엔터 기호(\n)가 포함되어 있습니다.

3) 문자열.lower()는 모든 문자를 소문자로 바꿔줍니다(q/Q 모두 q로 바뀜).

6 ▶ 닮은 듯 서로 다른 그놈과 저놈들

프로그래밍을 실제로 해보면서 학습해 보기를 바라고 글을 썼는데, 쓰다보면 제가 설명쟁이로 변해 있는 것을 느낍니다. 아무래도 차, 포 다 떼고 프로그래밍을 해보는 것을 머릿속에서 거부하는 듯합니다.

파이썬에서 리스트와 비슷하게 값의 덩어리를 다루는 개념을 가지고 있는 자료형은 크게 3 + 1가지가 있습니다. 그놈이 [] 이렇게 생겼다면 저놈들은 (), {}, set() 이렇게 생긴 것이죠. 크게 3 + 1가지라고 했을 때 [], (), {}을 3이라고 치면 set()은 + 1입니다(3 + 1의 결과를 써놓고 읽으면 좀 어감이 안 좋기는 하네요. 나누어 놓길 잘했습니다).

앞에서 많은 양의 자료를 덩어리로 취급하는 방법으로 리스트를 소개했습니다. 그런데 그놈의 리스트는 다 좋은데 한 가지 단점이 있죠. 리스트 안의 내용을 온전하게 보관하고 있다고 확신을 할 수가 없습니다. append(), remove() 등의 기능으로 계속 리스트가 변하니 말입니다. 그럴 때는 뭔가 중요한 값들에 대해서는 변하지 않으면서 값을 덩어리로 가지고 있을 수 있는 자료형에 넣어두면 좀 안심이 될 듯합니다. 파이썬에서는 그런 자료형을 투플(tuple)이라 부르고 () 안에 넣어서 표현합니다. (☆ 주의 숫자 two 아님)

"잠시만요. () 안에 있는 건 함수의 매개……. 뭐 그거 아닌가요?"

"네, 똑같이 생겼죠. 하지만 리스트를 만드는 것과 같이 변수명을 주고 자료형을 만들게 되어있어서 함수와는 확실히 다른 것이 구분됩니다."

```
banchan = ( '김치' , '깍뚜기' )
```

이제 아무도 제 반찬에 손대지 못하게 만들었습니다. 아참, 함수와 구분되도록 설명하다 말았죠. 함수와 결정적으로 다른 점은 괄호 앞 이름 유무입니다.

투플과 리스트를 만들어서 반찬을 추가해 보겠습니다.

```
>>> banchan_T = ('김치', '깍뚜기')
>>> banchan_L = ['김치', '깍뚜기']
>>> banchan_T[0] = '다 먹었지롱~'
Traceback (most recent call last):
File "<input>", line 1, in <module>
TypeError: 'tuple' object does not support item assignment
>>> banchan_L[0] = '다 먹었지롱~'
>>> banchan_T
('김치', '깍뚜기')
>>> banchan_L
['다 먹었지롱~', '깍뚜기']
```

투플로 만든 반찬통은 banchan_T, 리스트로 만든 것은 banchan_L로 이름을 주었습니다. 각각 첫 번째 원소인 banchan_X[0]을 변경하려고 했더니 투플의 경우에만 에러가 납니다. 통C가 "주인장, 너 뭔가 착각한 거 아니야? 변수를 투플로 만들었으면 나를 거꾸로 매달아도 절대 고칠 수 없다니깐……" 이렇게 말을 합니다.

수정이 되지 않으면 어떻게 하죠? 확! 통째로 갈아치워 버리는 수밖에……. 변수명에 다른 자료를 지정하면 지조 없는 변수명은 냉큼 그쪽에 가서 달라붙는다는 말입니다. 그러면 반찬통을 아예 바꿔치기해 봅시다.

```
>>> banchan_T = ('이건 몰랐지 메롱~~')
>>> banchan_T
'이건 몰랐지 메롱~~'
```

요즘은 급식 세대니까 잘 모르겠지만, 예전에는 친구 몰래 맛있는 반찬을 훔쳐먹는 일도 있었답니다.

투플은 생긴 것만 () 이렇게 생겼고 리스트와 동일하게 자료에 접근할 수 있음은 위의 예제를 보면 알 수 있을 겁니다. 한 번 만들어지면 변경이 안 되는 속성을 가지고 있으니 저자가 힘들게 설명하고 독자들은 더 힘들게 배우는 점을 찍는 신공에도 append(), remove() 등의 기능이 나타나지 않습니다.

이제 남은 두 놈들 중 한 놈인 딕셔너리(dictionary)를 살펴보도록 합시다.

딕셔너리는 리스트나 투플과 사용법이 많이 다릅니다. 일단 리스트 변수를 만들 때 {} 이렇게 생긴 중괄호를 사용함이 외관상 가장 다른 부분으로 눈에 띄죠. 이놈의 이름이 딕셔너리인 이유는 사용법이 사전을 찾는 것과 비슷해서입니다. 사전을 찾을 때 단어를 입력하면 뜻이 나오는 것처럼 동작하는데, 처음에 변수를 만들 때 어떤 값들을 찾기 위한 '키(key)'와 실제 값을 같이 입력해 두었다가 '키'를 넣어서 값을 얻어오는 방식입니다.

어떤 값들로 만들어볼까요? 이번에는 음악사에서 인용해보겠습니다. 자꾸 반찬만 들이대니까 제가 너무 레벨이 낮아 보이더군요.

클래식 시대와 대표 작곡가를 간단히 표로 정리해 봤습니다.

시대	연도	작곡가
바로크	17세기~18세기	바흐, 헨델
고전	18세기~19세기	하이든, 모차르트, 베토벤
낭만	19세기	쇼팽, 리스트, 슈베르트

'시대'를 키(key)로 하고 '연도'를 값으로 music이라는 딕셔너리 형태의 변수를 만들어보겠습니다.

```
music = {'바로크': '17세기~18세기', '고전': '18세기~19세기',
        '낭만': '19세기'}
```

'키:값' 이런 구조로 자료를 입력합니다.

```
v ≡ music = {dict: 3} {'바로크': '17세기~18세기', '고전':
    '18세기~19세기', '낭만': '19세기'}
    01 '바로크' = {str} '17세기~18세기'
    01 '고전' = {str} '18세기~19세기'
    01 '낭만' = {str} '19세기'
    01_len_= {int} 3
```

리스트와 투플에서 숫자가 들어있던 자리에 이제는 '키'가 들어있습니다. 값을 얻어오는 방법은 아래와 같이 두 가지가 있습니다.

```
>>> music['바로크']
'17세기~18세기'
>>> music.get('바로크')
'17세기~18세기'
```

리스트, 투플과 동일하게 [] 안에 '키'를 써주는 방법이 표현에 일관성이 있어 보입니다. 두 방법의 차이는 없는 '키'를 입력했을 때의 차이입니다. 변수에 넣지 않은 '현대'를 키로 입력해 보겠습니다.

```
>>> music['현대']
Traceback (most recent call last):
File "<input>", line 1, in <module>
KeyError: '현대'
>>> music.get('현대')
>>>
```

대괄호 []를 썼을 때는 KeyError가 발생한 반면, 점찍고 신공을 썼을 때는 에러가 나지 않았습니다. .get()은 '키값'이 없으면 None이라는 없다는 의미를 가진 값을 돌려줍니다. 만약 '키값'이 없다는 조건을 사용할 때는 .get()을 사용하는 것이 프로그램이 더 간편합니다.

지금까지 보셨던 리스트, 투플, 딕셔너리 모두 자기 자신이나 다른 놈들도 담을 수 있습니다. 리스트 안에 리스트, 딕셔너리 안에 투플 등이 가능하다는 말이죠. 그러면 이번에는 시대별 작곡가 리스트를 딕셔너리에 담아보겠습니다.

```
∨ ▤ music - {dict: 3} {'바로크': ['바흐', '헨델'], '고전': ['하이든',
  '모차르트', '베토벤'], '낭만': ['쇼팽', '리스트', '슈베르트']}
   ∨ ▤ '바로크' = {list 2} ['바흐', '헨델']
      01 0 = {str} '바흐'
      01 1 = {str} '헨델'
      01 _len_= {int} 2
   ∨ ▤ '고전' = {list: 3} ['하이든', '모차르트', '베토벤']
      01 0 = {str} '하이든'
      01 1 = {str} '모차르트'
      01 2 = {str} '베토벤'
      01 _len_= {int} 3
   ∨ ▤ '낭만' = {list 3} ['쇼팽', '리스트', '슈베르트']
      01 0 = {str} '쇼팽'
      01 1 = {str} '리스트'
      01 2 = {str} '슈베르트'
      01 _len_= {int} 3
      01 _len_= {int} 3
```

딕셔너리의 값들이 리스트라서 파이참에서 보시는 것처럼 전체 자료의 구조를 전개해 볼 수 있습니다.

변수 music은 길이가 3인 딕셔너리 {dict: 3}이고, '바로크'를 key로 하는 값은 길이가 2인 리스트 {list: 2}입니다.

```
>>> music['바로크']
['바흐', '헨델']
>>> music['바로크'][0]
'바흐'
```

music['바로크']한 값이 리스트라서 바로 [0]을 붙여서 첫 번째 값을 바로 꺼낼 수도 있습니다. 아! '바흐'는 문자열이니까 [0]을 한 번 더 붙이면 첫 번째 글자를 꺼낼 수도 있겠습니다.

```
>>> music['바로크'][0][0]
'바'
```

정말 웃기죠. 잘 만들기만 하면 이렇게도 할 수 있겠습니다.

```
>>> music['바로크'][0][0][0][0][0][0][0][0][0][0][0][0][0][0][0]
[0][0][0][0][0][0][0][0][0][0][0][0][0][0][0][0]
'바'
```

저도 처음 이렇게 해봤는데, 문자열의 첫 번째 문자는 자기 자신이라서 계속 [0]을 붙여도 에러가 나지는 않는 것 같습니다. 이 실험에서는 동일하게 '바'라고 알려줍니다.

이런 식으로 리스트 안에 리스트, 그 안에 투플, 두 번째 원소는 딕셔너리, 그 다음 값은 정수 이런 식으로도 충분히 만들 수 있으니 머리가 감당하는 선까지는 마음껏 다루어 주시기 바랍니다.

이제 마지막 저놈입니다. set()이라고 +1에 해당하는 놈이라고 초반에 말씀드렸습니다. 다른 놈들은 이렇게 [], () 아니면 {} 생겼었는데 Set만 사용법이 좀 다르네요. Set은 처음 자료형을 만들 때 함수를 이용합니다.

```
variable = set()
```

이렇게 하면 set 형태의 비어있는 변수가 하나 만들어집니다. set 형태에 대해 미리 소개하지 않았네요. set 형태는 집합입니다. 바로 여러분이 알고 있는 그 집합 맞습니다. 벤다이어그램을 그려보면 이해가 그래도 쉽죠. 파이썬의 set은 합집합, 교집합, 차집합을 모두 구할 수 있습니다. 그런데 일반 리스트나 투플 등으로는 집합 연산을 할 수 없는 것인지 리스트를 set으로 변경하거나 set에 직접 하나씩 입력하는 방법을 사용합니다.

우선 리스트를 set으로 만들어보겠습니다. 1~10까지의 숫자를 number라는 리스트에 넣고 set으로 바꿔보겠습니다.

```
>>> number = [x for x in range(1, 11)]
    number = {list: 10} [1, 2, 3, 4, 5, 6, 7, 8, 9, 10]
>>> number_set = set(number)
    number_set = {set: 10} {1, 2, 3, 4, 5, 6, 7, 8, 9, 10}
```

첫 줄의 1~10까지의 수를 가지고 있는 number라는 변수를 만드는 방법이 좀 생소해 보일 겁니다. 하나씩 타이핑하기 귀찮아서 '리스트 컴프리헨션'이라는 파이썬에서만 사용 가능한 방법을 써봤는데, 10까지 타이핑하는 것이나 글자 수는 별반 다를 바 없어 보이긴 하네요. 뒤에 기회가 있으면 이 방법에 대해서 설명하기로 하고 지금은 set에 대해서 말하는 중이니까 주제에 집중하겠습니다.

겉으로 보기에는 별반 다를 게 없어 보입니다. 파이참에서 오른쪽에 {list: 10}이 {set: 10}으로 바뀌었다는 것 말고는 말이죠. 이제는 set을 만들었으니 연습용으로 set을 하나 더 만들어서 어떻게 동작하는지 알아보겠습니다. 숫자가 나왔으니 뭘 하려는지 눈치챘나요? 바로 1~20까지로 짝수를 만들 것입니다.

```
>>> even_number = [x for x in range(2, 21, 2)]
    even_number = {list: 10} [2, 4, 6, 8, 10, 12, 14, 16,
    18, 20]
```

이렇게 쉽게 만들었습니다(파이썬에서 연산은 왼쪽과 오른쪽이 다 같은 형태여야 하는데 사실 set은 중심이 되는 왼쪽만 set이면 오른쪽은 리스트를 바로 써도 됩니다).

다음의 벤다이어그램 그림을 보고 따라와 주세요.

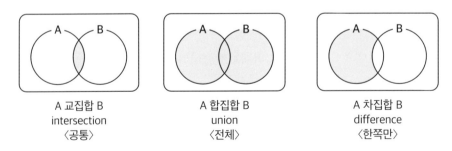

A 교집합 B	A 합집합 B	A 차집합 B
intersection	union	difference
〈공통〉	〈전체〉	〈한쪽만〉

각각 영어단어를 붙여서 표현했습니다.

여러분의 두뇌를 말랑말랑하게 해드릴 퀴즈와 정답 확인의 시간을 가져보겠습니다. number는 1~10까지의 자연수, even_number는 1~20까지의 짝수입니다.

```
>≣ number_set = {set: 10} [1, 2, 3, 4, 5, 6, 7, 8, 9, 10]
>≣ even_number = {list: 10} [2, 4, 6, 8, 10, 12, 14, 16, 18, 20]
```

양쪽 집합에 공통인 값들은 무엇일까요?

그렇죠. 공통! 교집합 == intersection을 구하라는 문제입니다.

정답을 알아보겠습니다.

정답

```
>>> number_set.intersection(even_number)
{2, 4, 6, 8, 10}
```

집합 A와 집합 B의 모든 값을 구하세요.

모든 값은 전체 == union입니다.

정답

```
>>> number_set.union(even_number)
{1, 2, 3, 4, 5, 6, 7, 8, 9, 10, 12, 14, 16, 18, 20}
```

집합 A에만 있는 값들을 구하세요.

한쪽만 == difference입니다. 1~10 안에 있는 짝수를 모두 뺐으니 홀수만 남게 되었습니다.

정답

```
>>> number_set.difference(even_number)
{1, 3, 5, 7, 9}
```

개념이 어렵지 않으니 알고 있는 독자분들은 복습으로 생각하면 좋겠습니다. 실제 프로그래밍에서는 숫자뿐만 아니라 문자와 다른 자료형에도 set연산을 이용합니다. 예를 들면 애국가 가사 1절과 2절을 동기별로(마디 두 개) 끊어서 공통인 부분을 찾으면 후렴이 나오는 식입니다.

결과를 확인하면서 이번 장을 마칩니다.

```
v lyric1 = {list: 8} ['동해물과 백두산
  01 0 = {str} '동해물과 백두산이'
  01 1 = {str} '마르고 닳도록'
  01 2 = {str} '하느님이 보우하사'
  01 3 = {str} '우리나라 만세'
  01 4 = {str} '무궁화 삼천리'
  01 5 = {str} '화려강산'
  01 6 = {str} '대한사람 대한으로'
  01 7 = {str} '길이 보전하세'
  01 len_ = {int} 8
v lyric2 = {list: 8} ['남산 위에 저 소나무
  01 0 = {str} '남산 위에 저 소나무'
  01 1 = {str} '철갑을 두른 듯'
  01 2 = {str} '바람서리 불변함은'
  01 3 = {str} '우리 기상일세'
  01 4 = {str} '무궁화 삼천리'
  01 5 = {str} '화려강산'
  01 6 = {str} '대한사람 대한으로'
  01 7 = {str} '길이 보전하세'
  01 len_ = {int} 8
```

대한민국 애국가
National Anthem of Republic of Korea

```
>>> set(lyric1).intersection(lyric2)
{'대한사람 대한으로', '길이 보전하세', '무궁화 삼천리', '화려강산'}
```

🔍 숨은지식찾기: set은 순서 개념이 없습니다.

1 리스트, 투플, 딕셔너리의 기호를 짝지어 보세요.

① 리스트   ㉮ { }

② 투플   ㉯ [ ]

③ 딕셔너리   ㉰ ( )

2 투플과 리스트의 차이점이 아닌 것을 고르세요.

① 투플은 한 번 만들어지면 값을 변경할 수 없다.

② 투플에는 없지만 리스트에는 append(), remove()가 있다.

③ 투플과 리스트 모두 []와 숫자로 내부의 값을 읽을 수 있다.

④ 투플과 리스트는 변수를 만들 때 사용하는 기호가 다르다.

3 다음과 관계 깊은 자료형은 무엇일까요?

intersection   union   difference

① 리스트   ② 투플

③ 셋   ④ 딕셔너리

4 변수 a가 다음과 같을 때 출력값은? (출력값이 '오류'일 경우는 '오류'라고 쓰세요.)

a=(['동해물과' , '백두산이'] , ['마르고' , '닳도록'])

① a[1]   ② a[0][1]

③ a[2]   ④ a[1][0]

5 다음은 파이썬 문법을 요약한 것입니다. 필요한 문법을 바로 찾아서 사용할 때 가장 편리한 자료형은 무엇일까요?

> • 조건문: if, elif, else   • 반복문: for, while   • 묶음 자료형: list, tuple, dictionary, set

① 정수형   ② 문자열

③ 딕셔너리   ④ 목록형

6 주머니 안에 빨간색 구슬과 파란색 구슬이 섞여 있습니다. 각 색상의 구슬만 꺼내려고 할 때 사용할 수 있는 것들을 고르세요.

> 주머니 = ['빨강', '빨강', '파랑', '파랑', '빨강', '파랑', '빨강']

① set()   ② 리스트 ['빨강']

③ dictionary   ④ + 연산자

⑤ .intersection()   ⑥ 리스트 ['파랑']

⑦ .difference()   ⑧ .union()

에구 힘들어. 우리 좀 쉬었다 갑시다.

정말 쉬었다 가라는 의미의 빈 쪽입니다.
재미있는 이야기나 퍼즐 이따위 것 없습니다. 그냥 쉬었다 가세요! 저도 좀 쉬고⋯⋯.

⑦ 놈놈놈들을 뺑뺑이 돌리려면?

잘 쉬셨습니까? 이번에 설명드릴 내용은 앞에서 배운 이놈, 그놈, 저놈을 뺑뺑이 돌리는 방법입니다. 아마도 가장 유용하게 쓸듯한데 저도 어떤 내용까지 다루게 될지 기대가 됩니다.

파이썬 세상에는 통C를 뺑뺑이 돌리기 위해 for와 while 같은 주문들이 존재한다고 알려드렸습니다. 컴퓨터처럼 단순하고 반복을 잘하는 도구를 좀 더 편리하게 가지고 놀려면 3놈(이놈, 그놈, 저놈)들이 for, while을 만났을 때 어떤 반응을 보이는지를 잘 알고 있어야 합니다.

프로그래밍하면서 덩어리 진 3놈들의 값들을 반복적으로 다룰 때는 크게 나눠서 아래 다섯 가지 방법을 주로 사용합니다.

❶ 인덱스(책갈피)를 이용하는 방법
❷ 전치사 in만 이용하는 방법
❸ enumerate()라는 함수를 사용하는 방법
❹ zip() 함수와 연계하여 사용하는 방법
❺ 슬라이싱으로 끊어서 사용하는 방법

간단한 예제와 함께 개별적으로 살펴보도록 하겠습니다.

❶ 인덱스(책갈피)를 이용하는 방법

앞에서 리스트의 개별 값들은 인덱스를 이용해서 접근 가능하다고 했습니다. 레인지 대감이 인덱스를 이용할 때 큰 도움을 주었던 것도 기억할 듯합니다. 그분과 좋은 유대관계를 유지해야 합니다.

```
01:alphabet = [chr(ord('a')+i) for i in range(26)]
02:for i in range(len(alphabet)):
03:    print(f'{i+1}번째 알파벳은 {alphabet[i]}입니다.')
```

간단히 첫 번째 줄을 설명하자면 컴퓨터에서 알파벳을 표현하는 표가 a~z까지 연속해서 저장되어 있으므로(그렇게 저장하지 않으면 오히려 이상한거죠) ord()라는 함수를 이용해서 먼저 테이블에서 문자 'a'가 위치한 숫자 값을 알아냅니다. 여기에 0~25까지의 숫자를 더하면 연속된 문자의 위치 값이 나오겠죠? 각각의 값에 해당하는 문자를 chr() 함수를 이용해 저장하는 개념입니다(설명이 어렵다면 저자가 a~z까지 문자를 하나하나 입력하기 귀찮아서 이상한 수법으로 입력했다고 생각하세요).

그리고는 두 번째 줄에서 len() 함수를 이용해서 alphabet 변수에 들어있는 값들의 개수를 얻어냅니다. 그 값을 레인지에 보내면 len() 함수에서 얻어낸 개수만큼 0부터 1씩 증가한 값을 얻어낼 수 있습니다. 이렇게 얻은 값을 인덱스로 이용해서 alphabet의 방 번호를 찾아서 문자를 출력한 것이죠. 설명이 길었지만 그림으로 보면 아주 간단합니다.

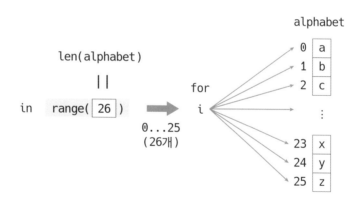

이렇게 인덱스만 이용하는 방법은 이용하려는 값이 시간이나 위치처럼 앞뒤 관계가 있을 때 인덱스+1, 인덱스-1 등의 방법으로 주변값을 불러올 때 편리합니다.

❷ 전치사 in만 이용하는 방법

일단 예제부터 보고 시작해봅시다.

```
01:alphabet = [chr(ord('a')+i) for i in range(26)]
02:for letter in alphabet:
03:    print(f'알파벳 {letter}')
```

조금 전에 본 예제와 비슷합니다. 하지만 여기에서는 in 뒤에 바로 리스트를 넣었습니다. 이렇게 하면 for문을 실행할 때마다 alphabet 변수의 처음부터 끝까지 하나씩 값을 가져와서 letter에 넣어줍니다. 특별히 앞뒤 관계를 고려하지 않아도 되고 순서대로 리스트 안에 있는 모든 값에 무언가를 하려고 할 때 편리한 방법이 죠. 이 방법으로는 리스트'[]'와 튜플'()'의 값들을 꺼내올 수 있습니다.

그러면 딕셔너리는 어떤가요? 딕셔너리는 조금 방법이 달라서 별도로 설명하려고 합니다.

딕셔너리는 키와 값으로 구분되어 있습니다. 영어로 하면 key, value죠. 딕셔너리 변수를 우선 하나 만들어보겠습니다.

```
01:seasons = {'봄': 'spring', '여름': 'summer',
              '가을': 'fall/autumn', '겨울': 'winter'}
```

for문에서 in을 이용하여 seasons의 값을 출력해보면 키와 값 중 어떤 것이 나올까요? 아니면 둘 다 중요하니까 모두 나올까요?

```
02:for item in seasons:
03:    print(item)
```

이렇게 했더니, '봄', '여름', '가을', '겨울'이 출력되었습니다. 즉, in을 이용해서 딕셔너리를 반복시키면 '키값'을 전달해주는 것이 딕셔너리의 특징입니다. 받은 키 값을 이용해서 값을 출력하려면 이렇게 수정하면 되겠죠?

```
02:for item in seasons:
03:    print(seasons[item])
```

하지만 매번 값을 사용할 때마다 키를 넣어서 꺼내는 방법으로 프로그래밍한다는 것은 여러모로 문제가 있습니다. 가장 큰 문제는 귀찮습니다. 매번 딕셔너리 변수명을 써야 하거든요. 그래서 뭔가 필요할 때는 점찍기 신공! 딕셔너리에는 키값만 모아서 알려주는 keys()라는 함수와 값들만 모아서 알려주는 values()라는 함수가 있습니다. 이 중에서 values()라는 함수를 이용하면 for문에서 값들을 바로 사용할 수 있게 됩니다.

```
02:for item in seasons.values():
03:        print(item)
```

이제 여러분은 필요에 따라 키와 값을 자유롭게 받아서 사용할 수 있게 되었습니다. 짜잔~ Level UP!

❸ enumerate()라는 함수를 사용하는 방법

두 번째로 알아봤던 전치사 in만 사용하는 방법을 사용하면 range(len(… 등의 상투적인 표현을 쓰지 않고 프로그램이 간결하게 됩니다. 다만, 덩어리로 된 자료에서 현재 몇 번째의 값을 사용하고 있는지, 다른 말로 몇 개의 값을 사용했는지를 알고 싶을 경우 in만 사용해서는 도저히 답이 나오지 않죠. 그렇다고 변수를 추가로 만들어서 매번 개수를 세어보자니 프로그램이 또 지저분해 보입니다.

이럴 때 enumerate()라는 함수를 사용하면 두 마리 토끼를 모두 잡을 수 있습니다. 일석이조(一石二鳥)라고나 할까요? 이 함수는 특이하게도 값을 두 개를 돌려줍니다. 처음에 오는 값이 몇 번째인지 인덱스 값, 두 번째 오는 값이 실제 덩어리 안의 내용……. 말이 길어지는데 프로그램을 보고 설명을 이어가겠습니다.

```
01:alphabet = [chr(ord('a')+i) for i in range(26)]
02:for i, letter in enumerate(alphabet):
03:        print(f'{i+1}번째 알파벳은 {letter} 입니다.')
```

in의 뒤에 enumerate() 함수를 반복시키고 싶은 변수명을 괄호 안에 매개변수로 넣어줬습니다. 그리고 for와 in 사이에 나름 친숙해진 i를 하나 추가했죠. 새로운 기술을 배웠습니다.

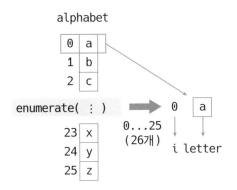

④ zip() 함수와 연계하여 사용하는 방법

혹시 zip이라는 이름을 보고 뭔가 떠오르는 게 있나요?

컴퓨터에서 압축프로그램 중 가장 많이 사용하는 것이 바로 zip이지요. 파이썬의 이 함수도 이름이 비슷하니 뭔가 비슷한 일을 하지 않을까요? 같은 집안 형제인 듯하니 말입니다.

얼추 예상한 게 맞긴 합니다. 좀 더 자세히 알아보겠습니다.

여기에서는 두 덩어리를 가지고 놀아보겠습니다. 앞에 딕셔너리를 이용한 방법의 설명에서 딕셔너리에는 키값을 모아주는 keys()와 값을 알려주는 values()라는 함수가 있다고 알려드렸습니다.

```
01:seasons = {'봄': 'spring', '여름': 'summer',
             '가을': 'fall/autumn', '겨울': 'winter'}
02:keys = seasons.keys()
03:values = seasons.values()
```

처음부터 저렇게 만들지 왜 나눴다 붙였다 하냐고요? 제 마음이죠. 설명하다 보니 복사해서 붙여넣기를 많이 해서 그렇습니다. 이게 바로 '코드의 재사용'이라는 멋

진 개념입니다.

어쨌든 다음과 같은 키와 값으로 자료가 나누어졌습니다.

```
>≡keys = {dict_keys: 4} dict+keys(['봄', '여름', '가을', '겨울'])
>≡seasons = {dict: 4} Show Value
>≡values = {dict_values: 4} dict_values(['spring', 'summer',
    'fall/autumn', 'winter'])
```

자료형이 리스트도 아니고 dict_keys, dict_values라는 뭔가 이상한 자료형이 되었습니다. 우리가 사용하려고 하는 함수나 in 같은 명령어들을 사용하면 굳이 리스트나 투플로 만들지 않아도 알아서 한 개씩 나눠줍니다. 딕셔너리 자료를 사용하다 보면 키와 값을 동시에 사용하고 싶을 때도 있을 겁니다. 여기에서는 무조건 있어야 해요! 이럴 때 zip 함수 안에 두 개의 덩어리를 넣어주면 잘 묶어서 한 줄씩 만들어줍니다. 다음 그림처럼 말이지요. 참고로 딕셔너리의 item()이라는 함수도 key와 value의 쌍을 돌려줍니다.

```
zip(  key ,      values   )
```

봄	spring
여름	summer
가을	fall/autumn
겨울	winter

➡ (봄, spring)

잘 묶어 놓은 게 어떻게 될까봐 투플로 꽁꽁 묶어서 꺼내줍니다. 코드를 조금 추가해서 출력해 보겠습니다.

```
04:for chunk in zip(keys, values):
05:    print(chunk)
```

```
('봄', 'spring')
('여름', 'summer')
('가을', 'fall/autumn')
('겨울', 'winter')
```

오른쪽 옆에 조그맣게 출력을 붙여놨습니다.

zip 함수에서 넣을 수 있는 덩어리의 개수는 너무 많지 않으면 몇 개라도 가능합니다. (분명 한계가 있을 듯합니다. 우리들의 머릿속이나 파이썬 둘 중 하나 이상에는 말이죠.)

그런데 혹시 zip 함수에 덩어리들의 길이가 다른 것을 넣으면 어떻게 될지 궁금하지는 않나요?

만약 덩어리의 길이가 다른 것들을 묶어 달라면 zip님은 가차 없이 잘라버립니다. 가장 길이가 짧은 덩어리를 다 묶고 나면 다른 덩어리에 뭐가 남았는지 전혀 신경쓰지 않죠. 세심함이 없는 놈입니다.

⑤ 슬라이싱으로 끊어서 사용하는 방법

휴, 드디어 마지막이네요. 뭐 사용 방법이 더 있겠지만 이쯤에서 마무리하는 게 좋을 듯 합니다.

100개의 값이 들어있는 배열이 있다고 합시다. 그중에서 딱 일부분만을 반복하고 싶어요. 예를 들면 10번째 놈부터 20번째 놈까지……. 어떻게 하는 게 편할까요. 일단 배운 게 있으니 레인지 대감을 사용할 수 있을 겁니다. range(10, 21) 이렇게 넣어서 말이죠. 그런데 이렇게 하면 인덱스값을 [] 안에 넣어줘야 값을 알아낼 수 있었단 말입니다. in을 이용하는 방법처럼 하는 것이 좀 더 간단해 보이죠. 이럴 때 in 뒤에 리스트나 투플을 슬라이싱해서 넣어주면 간단합니다. 아래 예제를 보면서 마무리하겠습니다.

```
02:for letter in alphabet[10:21]:
03:    print(f'알파벳 {letter}')
```

내용을 쓰다 보면 별도로 설명해 드리기에는 내용이 많지는 않은데 알면 정말 꿀팁인 것들이 많습니다. 이번 장을 설명하다가 불현듯 떠오른 내용을 알려드리려고 합니다.

두 얼굴의 여자 기억나죠? 컴퓨터에서는 해석하기에 따라서 같은 값을 숫자로도, 문자로도 해석할 수 있었습니다. input()함수를 이용해서 얻은 값은 화면에 표시된 글자라서 문자로 입력된다고 말씀드렸습니다. 그래서 숫자를 입력해도 '1' 이렇게 따옴표를 쳐서 비교했었죠(앞으로 가서 확인해도 좋습니다).

그러면 숫자로 비교할 방법은 없는 걸까요? 아니죠, 당연히 그럴 리가 없죠. '1'은 정수값을 가지고 있으므로 int('1') 이렇게 하면 숫자값으로 바뀝니다. 그런데 int('1.11') 이렇게 하면 문자열이 정수값이 아니기 때문에 에러가 나는데, float('1.11') 이런 식으로 자료형의 이름을 가진 함수를 이용해서 원하는 형태로 자료의 값을 바꿀 수 있습니다.

조금 전에 보셨던 덩어리들을 다루는 내용 중에서 딕셔너리의 키, 값을 keys(), values() 함수로 얻어냈을 때 자료의 형태가 리스트나 투플 등 기본형태가 아니었던 것을 기억할 겁니다. 이것들도 리스트로 바꾸고 싶거나 투플로 바꾸고 싶으면 list(), tuple() 이런 함수를 이용해서 얼마든지 바꿀 수 있습니다. 덩어리의 자료형을 통째로 바꾸고 싶을 때는 map 함수를 이용하여 map(바꿀 자료형, 덩어리 변수) 이렇게 사용할 수도 있습니다.

간혹 통C가 ValueError, TypeError 등의 말을 내뱉게 되면 자료의 형태가 맞지 않아서일 가능성이 큽니다. 이런 문제는 위에서 알려드린 함수들을 이용해서 자료의 형태를 맞추어 주면 간단하게 해결할 수 있으니 잘 기억하길 바랍니다.

1   다음 중 for ~ in 형태를 사용하여 값을 바로 사용할 수 없는 자료형은 무엇인가요?

① 리스트   ② 딕셔너리   ③ 튜플

2   함수에서 돌려받는 값이 두 개인 함수를 찾으세요.

① int()   ② map()

③ range()   ④ enumerate()

3   아래의 두 리스트를 쌍으로 묶어서 처리하고 싶습니다. 어떤 함수를 이용하는 것이 좋을까요?

```
x_coordinate = [10, 20, 30, 40, 50]
y_coordinate = [20, 40, 60, 80, 100]
```

① print()   ② input()

③ zip()   ④ list()

4   어느 학교 1학년 9반 학생의 명단입니다. 여학생의 수를 구하도록 ★부분을 채워 프로그램을
완성하세요.

```
01:students = {'김나영': '여자', '성지루': '남자', '유재석': '남자',
02:█████████ '신봉선': '여자', '박나래': '여자'}
03:num_student = 0
04:for student in ★:
05:█████if student == '여자':
06:███████████★
07:print(f'총 {num_student}명의 여학생이 있습니다.')
```

⑧ 이젠 진짜로 몸으로 때워 보려 합니다

지금까지 파이썬에 대해서 정말 큼직한 덩어리들은 다 훑어봤습니다(물론 초급 수준에서요). 그래서 이제 몸으로 부딪히며 프로그램을 만들어보는 시간을 가지려고 합니다.

우리가 지금부터 만들려는 프로그램은 '콘웨이의 생명 게임'이라고 부르는 프로그램입니다. 인터넷을 검색해서 이제부터 우리가 무엇을 하려는 것인지 내용을 찾아보세요. 영어가 친근한 독자는 Conway's Game of Life를 검색해서 영문 사이트를 보아도 괜찮습니다. 각자 검색 능력을 발휘해 보기를 바랍니다.

확인했나요? 이 책에서는 가로 10칸, 세로 10칸을 무대로 만들어보겠습니다. 우선 생각거리를 몇 개 던져드릴 테니 부담 갖지 말고 자유롭게 고민해 보십시오.

❶ 무대를 어떻게 만들어야 할까요?
❷ 살아있는 세포와 죽은 세포를 무엇으로, 어떻게 표현할까요?
❸ 프로그램은 어떤 순서로 진행 시킬까요?
❹ 함수를 만든다면 어떤 함수가 필요할까요?
❺ 과연 여러분이 이 프로그램을 만들 수 있을까요?

5번은 정답이 나와 있죠? 당연히 만들 수 있다. 물론 약간의 도움을 받아서 말이지요.

순서가 정해져 있지는 않지만 저는 프로그래밍을 할 때 작은 단위의 기본적인 기능들을 구상해 보고, 그것들을 어떻게 연결할지를 먼저 생각합니다. 그 다음에 프로그램을 만들어서 작은 기능을 하나하나 테스트하다보면 '이런 함수가 있으면 좋겠다'라거나 '이렇게 코딩하는 게 더 좋을 것 같은데?'라는 부분들을 반영해 가면서 조금씩 프로그램을 수정해 나갑니다. 경험상 처음부터 큰 덩어리를 생각하려고 하면 의외로 윤곽이 잘 잡히지 않을 때가 많아서 작은 것부터 짜는 것이 저에게는 더 효율적이었던 것 같습니다. 여러분들도 프로그래밍을 몇 번 해보다 보면 자신만의 생각의 틀이 만들어질 것입니다 자신감을 가지고 도전해 봅시다!

우리가 만들려는 라이프 게임에서 가장 중요한 것은 세포들이 살아갈 무대입니다. 바둑판처럼 가로세로를 가지는 2차원 평면을 다루는 데 가장 편한 자료형이 무엇인지 생각해 보셨습니까?

> **셀 하나하나를 변수로 만든다.**
> 시 방 로 딩 중 …
> 10 × 10의 무대니까 변수명 100개!

독자님, 이 방법으로는 아예 만들지 못하지는 않겠지만 변수가 너무 많아서 힘들겁니다.

> **그렇다면 다른 걸 사용해 보자.**
> …

독자님, 다른 것 말고 머리를 쓰시길 바랍니다. 머리를 너무 안 써서 곧 정신줄을 놓게 될 것으로 사료되옵니다.

> **'리스트' … 여기에 걸어본다.**
> …
> 독자님, 노예 단계에서 평민으로 Lv. UP 하셨습니다.

리스트는 탁월한 선택입니다. 그런데 투플()은 못쓸까요? 맞아요. 아주 큰 장애가 있어요. 값을 변경할 수 없어서 판을 만든 후로 사용 불가입니다. 좋습니다. 이제 우리가 고민할 문제는 2차원 리스트를 만드는 것이죠.

자, 준비되셨나요?

2차원 리스트를 어떻게 만들지 고민해도 되고, 인터넷 검색을 통해서 어떻게 만드는지 알아봐도 괜찮습니다. 검색어에 '파이썬'을 넣어서 검색하면 찾기 쉬울 겁니다. 영어로는 'python'을 검색어에 넣으세요. 영어로 된 설명이 훨씬 많습니다. 나중에 프로그래밍이 익숙해지면 영어로 된 설명을 검색해서 코드만 잘 쳐다봐도 문제를 해결할 수 있는 단서를 쉽게 얻게 될 겁니다(경험치 좀 더 쌓는 동안 실력이 부쩍 늘었다는 걸 느끼게 될 겁니다). 그러니 맘껏 경험치를 쌓아 보시기 바랍니다.

두 번째 생각거리였던 살아있는 세포와 죽은 세포를 어떻게 표현할지를 고민해 봅시다. 이건 인터넷을 찾는 의미가 없으니 독자분들 마음대로 결정해 보십시오. 프로그래밍에서는 '꼭 이렇게 짜야만 한다'는 절대적인 정답은 없습니다. 우리가 생각한 대로 잘 동작만 하면 모두 정답입니다.

프로그램을 어떤 순서로 진행시킬지만 결정하고 프로그램을 만들어보기로 하겠습니다. 어떤 순서로 할까요? 장기, 바둑, 보드게임 등을 하는 순서에서 힌트를 얻어봅시다. 이 게임들의 공통점은 우선 판을 깔아야 한다는 것, 아니 구매하는 것이 먼저인가요? 대략 판을 깔고 말을 배치합니다. 바둑도 접바둑이라고 실력차가 나는 경우에는 판을 깔고 둡니다. 그래서 우리도 판을 먼저 깔고 말을 올리는 순서로 프로그래밍해보려고 합니다. 나머지는 그 뒤에 생각하기로 합시다.

2차원 리스트로 판을 깔아야 하는데 처음에는 아무 세포도 없는 빈공간으로 만들어야 하겠죠. 100개쯤이야 복사하고 붙여넣기로 아주 쉽게 만들 수 있습니다(저는 죽은 세포를 0으로 표현했습니다).

```
 1   │ board = [0, 0, 0, 0, 0, 0, 0, 0, 0, 0],
 2   │          [0, 0, 0, 0, 0, 0, 0, 0, 0, 0],
 3   │          [0, 0, 0, 0, 0, 0, 0, 0, 0, 0],
 4   │          [0, 0, 0, 0, 0, 0, 0, 0, 0, 0],
 5   │          [0, 0, 0, 0, 0, 0, 0, 0, 0, 0],
 6   │          [0, 0, 0, 0, 0, 0, 0, 0, 0, 0],
 7   │          [0, 0, 0, 0, 0, 0, 0, 0, 0, 0],
 8   │          [0, 0, 0, 0, 0, 0, 0, 0, 0, 0],
 9   │          [0, 0, 0, 0, 0, 0, 0, 0, 0, 0],
10   │          [0, 0, 0, 0, 0, 0, 0, 0, 0, 0]
```

프로그래밍의 명령어는 기본적으로 한 줄 단위인데, 파이썬에서는 '\' 기호를 표시한 다음에 다음 줄로 넘기면 한 줄로 인식합니다. 요즘에는 많이 진화했는지 파이참을 쓰다 보면, 이 그림처럼 한 줄이 끝나는 곳에서 엔터만 잘 쳐줘도 아무 문제가 없습니다. 혹시나 통C가 'indent…'라고 말하는 에러가 나면 그냥 delete 키나 backspace(←) 키를 이용해서 아랫줄을 위로 올린 다음에 다시 엔터키를 치십시오. 파이참이 자동으로 줄을 맞춰줍니다.

나중에 큰 판을 만들 때 좀 더 쉽게 하려면 앞에서 보여드렸던 방법으로 판을 만드는 것도 좋겠네요.

```
board = [[0 for i in range(10)] for j in range(10)]
```

이렇게 하면 반복문 for가 중첩하여 실행되면서 10 × 10의 판이 쉽게 만들어집니다.

이제 여기에 창조주의 힘을 빌어 살아있는 세포 몇 덩어리를 만들어보겠습니다. 2차원 리스트에 값을 넣거나 읽어올 때는 []를 두 번 쓰면 됩니다. 10개의 원소를 가진 리스트가 10개 있는 것이니 처음 []의 숫자는 10개의 리스트 덩어리 중 하나를 가리키는 것이고 2차원 구조에서는 세로를 가리키는 것입니다. 두 번째 []가 가로를 가리키는 것이 되는 셈이죠. 그림으로 표현하면 이렇습니다.

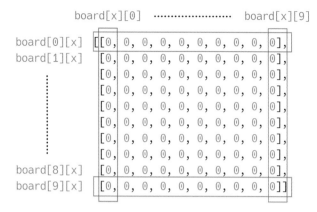

```
                 board[x][0]  ··················  board[x][9]
board[0][x]  [[0, 0, 0, 0, 0, 0, 0, 0, 0, 0],
board[1][x]   [0, 0, 0, 0, 0, 0, 0, 0, 0, 0],
              [0, 0, 0, 0, 0, 0, 0, 0, 0, 0],
              [0, 0, 0, 0, 0, 0, 0, 0, 0, 0],
              [0, 0, 0, 0, 0, 0, 0, 0, 0, 0],
              [0, 0, 0, 0, 0, 0, 0, 0, 0, 0],
              [0, 0, 0, 0, 0, 0, 0, 0, 0, 0],
              [0, 0, 0, 0, 0, 0, 0, 0, 0, 0],
board[8][x]   [0, 0, 0, 0, 0, 0, 0, 0, 0, 0],
board[9][x]   [0, 0, 0, 0, 0, 0, 0, 0, 0, 0]]
```

이 그림을 머리에 잘 새겨 넣고, 아래 그림의 위치에 살아있는 세포를 하나씩 만들어 넣어봅시다.

```
      0 1 2 3 4 5 6 7 8 9
0   [[0, 0, 0, 0, 0, 0, 0, 0, 0, 0],
1    [0, 0, 0, 0, 0, 0, 0, 0, 0, 0],
2    [0, 0, 0, 0, 0, 0, 0, 0, 0, 0],
3    [0, 0, 0, 0, 1, 0, 0, 0, 0, 0],
4    [0, 0, 0, 1, 1, 1, 0, 0, 0, 0],
5    [0, 0, 0, 0, 1, 0, 0, 0, 0, 0],
6    [0, 0, 0, 0, 0, 0, 0, 0, 0, 0],
7    [0, 0, 0, 0, 0, 0, 0, 0, 0, 0],
8    [0, 0, 0, 0, 0, 0, 0, 0, 0, 0],
9    [0, 0, 0, 0, 0, 0, 0, 0, 0, 0]]
```

친절하게 몇 번째 원소까지도 표시했습니다. 그럼 위에서부터 좌표를 만들어봅시다. [3][4], [4][3], [4][4], [4][5], [5][4] 이렇게 다섯 군데에 값을 1로 살아있는 세포를 표시하겠습니다.

```
board[3][4] = 1
board[4][3] = 1
board[4][4] = 1
board[4][5] = 1
board[5][4] = 1
```

파이참 콘솔창에서 실행해봤더니 이렇게 잘 입력이 되었습니다.

```
>  00 = {list: 10} [0, 0, 0, 0, 0, 0, 0, 0, 0, 0]
>  01 = {list: 10} [0, 0, 0, 0, 0, 0, 0, 0, 0, 0]
>  02 = {list: 10} [0, 0, 0, 0, 0, 0, 0, 0, 0, 0]
>  03 = {list: 10} [0, 0, 0, 0, 1, 0, 0, 0, 0, 0]
>  04 = {list: 10} [0, 0, 0, 1, 1, 1, 0, 0, 0, 0]
>  05 = {list: 10} [0, 0, 0, 0, 1, 0, 0, 0, 0, 0]
>  06 = {list: 10} [0, 0, 0, 0, 0, 0, 0, 0, 0, 0]
>  07 = {list: 10} [0, 0, 0, 0, 0, 0, 0, 0, 0, 0]
>  08 = {list: 10} [0, 0, 0, 0, 0, 0, 0, 0, 0, 0]
>  09 = {list: 10} [0, 0, 0, 0, 0, 0, 0, 0, 0, 0]
```

이제 뭘 할까요? 나름 판도 만들고 말도 깔았는데 말이죠. 이것들을 죽이고 살리고 해야 하니까 규칙을 실행할 수 있게 만들어야겠습니다. 그런데 규칙은 매번 사용해야 하니까 상태를 주면 규칙을 확인하여 실행할 수 있는 형태로 프로그래밍하면 좋을 것 같습니다. 어떤 방법을 사용하면 좋을지 생각해 봅시다.

시 방 로 딩 중 …

시 방 로 딩 중 …

시 방 로 딩 중 …

머릿속에 방법이 로딩되었습니까? 저는 규칙을 확인하는 함수를 만들어서 셀마다 호출하는 방법을 사용해 보겠습니다. 그러면 우선 규칙부터 정리해 보죠.

생명게임 규칙

1. 죽은 칸을 둘러싼 8칸에 3개의 세포가 살아있다면 죽은 칸의 세포는 다음 세대에 살아난다.
2. 살아있는 세포를 둘러싼 8칸에 2 또는 3개의 세포가 살아있다면 다음 세대에도 죽지 않는다.
3. 이외의 경우에 해당 칸의 세포는 죽는다.

규칙을 보니 주변 8칸에 몇 개의 세포가 살아있는지를 아는 것이 핵심인 것 같습니다. 우선 살아있는 세포의 수를 세어주는 함수를 만들어야겠습니다. 작명을 해볼까요? CountCells. 나쁘지 않은 것 같습니다. 100개의 세포를 모두 확인해야 하니까 매개변수로 가로, 세로 좌표를 받아야겠습니다. CountCells(Sero, Garo) 앞에 있는 값이 2차원 리스트 형식상 세로를 의미하니까 순서를 바꿔서 이렇게 정의했습니다. 함수 안에서는 세포를 둘러싼 주변 8개의 칸을 선택하는 것과 살아있는 세포의 수를 세는 것만 하면 대략 틀이 나올 것 같습니다.

좌표를 기준으로 생각해 보면 현재 위치 기준으로 주변 8칸을 어떻게 표현할까요? 아래에 채워 넣기를 해봅시다.

목표
[세로][가로]

혹시나 책에 글씨 쓰는 것을 좋아하면 풀어보라고 나름 배려해서 큼지막하게 칸을 그렸습니다.

아직 잘 모르겠다고 생각할 수도 있어서 힌트를 하나 드리겠습니다.

목표
[세로][가로]

힌트
[세로+1][가로+1]

큰 힌트였을 거예요. 그 힌트를 중심으로 나머지 빈칸을 채워보십시오.

좌표가 몇 개 되지 않으므로 현재 섬 기준으로 그 좌표들을 하나씩 코딩해 넣는 것도 나쁜 방법은 아닙니다. 몇 개의 살아있는 세포가 있는지를 저장하기 위한 방법도 고려해서 프로그래밍해봅시다. 예시 답안은 다음 쪽에 표시해 드리겠습니다.

이제 몇 개의 살아있는 세포가 있는지를 다 세었으면 함수를 호출한 곳에 되돌려주도록 함수의 적절한 위치에 알맞은 문장을 프로그래밍하십시오.

답안 예시

[세로-1][가로-1]	[세로-1][가로]	[세로-1][가로+1]
[세로][가로-1]	**목표** [세로][가로]	[세로][가로+1]
[세로+1][가로-1]	[세로+1][가로]	**힌트** [세로+1][가로+1]

```
01:def CountCells(Sero, Garo):
02:    count = 0
03:    if board[Sero-1][Garo-1] == 1:
04:        count += 1
05:    if board[Sero-1][Garo] == 1:
06:        count += 1
07:    if board[Sero-1][Garo+1] == 1:
08:        count += 1
09:    if board[Sero][Garo-1] == 1:
10:        count += 1
11:    if board[Sero][Garo+1] == 1:
12:        count += 1
13:    if board[Sero+1][Garo-1] == 1:
14:        count += 1
15:    if board[Sero+1][Garo] == 1:
16:        count += 1
17:    if board[Sero+1][Garo+1] == 1:
18:        count += 1
19:    return count
```

좀 지저분하게 됐지만 어쨌든 무려 19줄짜리 함수가 하나 만들어졌습니다. 그런데 이렇게 만들면 주변에 세포가 8개가 아닌 가장자리에서는 문제가 생길 것 같습니다. 예를 들어 2차원 리스트의 오른쪽 맨 위의 세포는 이웃이 3개밖에 되지 않습니다. 그런데 무슨 문제가 생길까요? 자, 모두 같이 생각해 봅시다. 이웃이 3개밖에 없으면 없는 거지 그게 문제인가? 이런 생각이 들 수도 있을 겁니다. 어떤 문제가 생길지 고민했으면 아래 그림을 보고 다시 이야기를 이어가겠습니다.

```
        0 1 2 3 4 5 6 7 8 9
0    [[0, 0, 0, 0, 0, 0, 0, 0, 0, 0],
1     [0, 0, 0, 0, 0, 0, 0, 0, 0, 0],
2     [0, 0, 0, 0, 0, 0, 0, 0, 0, 0],
3     [0, 0, 0, 1, 0, 0, 0, 0, 0, 0],
4     [0, 0, 0, 1, 1, 1, 0, 0, 0, 0],
5     [0, 0, 0, 0, 1, 0, 0, 0, 0, 0],
6     [0, 0, 0, 0, 0, 0, 0, 0, 0, 0],
7     [0, 0, 0, 0, 0, 0, 0, 0, 0, 0],
8     [0, 0, 0, 0, 0, 0, 0, 0, 0, 0],
9     [0, 0, 0, 0, 0, 0, 0, 0, 0, 0]]
```

저 별표해 놓은 세포의 가는 화살표에는 어떤 친구들이 있을까요? 실제로 존재하지 않는 세포가 살아있는지를 세어야 하는 문제가 생기죠. 이럴 때 통C는 (오랜만에 등장합니다) 당연하게도 '있지도 않은 방에 있는 세포를 세라고 하니 IndexError: list index out of range.'라는 알아먹기 힘든 영어를 내뱉습니다.

여기서 갑자기 퀴즈 나갑니다.

미스터리 퀴즈쇼, 파이썬 세상의 진실을 찾아라!

아주 미스터리하게도 여러분이 위의 리스트에서 존재하지 않는다고 생각하는 방 중에는 실제로 존재하는 방이 있습니다. 파이썬 세상이기에 가능한 일이죠. 그렇다면 위의 그림에서 별표 친 세포 주변에 실제로는 존재하는 방은 몇 개나 있을까요?

힌트

사람은 망각의 동물입니다. 새롭거나 오래된 기억은 자주 사용하지 않으면 금세 잊혀집니다. 이 책의 앞에서 언급했던 내용 중에 힌트가 있습니다.

미스터리한 정답을 맞춰보세요.

…

..

.

두 번째 힌트를 드리겠습니다.

$$0-1 = -1$$

아직 잘 모르겠나요? 다시 생각해 보세요.

…

..

.

세 번째 힌트 나갑니다.

부호의 의미는 방향이지요.

…

..

.

이쯤에서 다들 짐작했을 거라 믿어볼 수 있을까요?

정답은 5개입니다.

가로의 값이 +1이 되는 오른쪽 세 개의 세포들만 문제입니다. 파이썬의 리스트에서 '-' 부호는 뒤에서부터라는 의미라고 공부했습니다(믿기 어려운 분들은 '3-4 함수와 그놈' 부분을 확인하길 바랍니다).

왜 통C가 주인장에게 문제라고 하는지 이해했습니까? 리스트에서 방들에 붙여진 번호를 인덱스(Index)라고 하는데, 문제없이 동작하는 프로그램을 만들려면 저렇게 리스트의 인덱스가 경계를 넘나들지 않도록 통제를 해줘야 합니다. 함수 하나 만들기가 참 어렵죠.

우리가 배운 내용들을 되짚어보면 조건문을 이용하는 방법밖에 없으니 다소 조잡하고 복잡해 보이겠지만 배운 것들을 활용해서 조건문을 어떻게 써야 그나마 덜 복잡하게 만들 수 있을지 생각해 봅시다.

경계면에 있는 상태의 가로세로 인덱스 값은 0과 9입니다. 모두 100개의 세포에 대해서 함수를 100번 실행하게 될테니 가로세로 값 중 어느 하나가 0이나 9이면 경계에 있다고 생각하고 프로그래밍하면 될 것도 같습니다. 조건을 나눠서 그림을 그려보면 이렇게 됩니다.

```
가로 == 0              세로 == 0              가로 == 9
세로 == 0  [[0, 0, 0, 0, 0, 0, 0, 0, 0, 0],   세로 == 0
           [0, 0, 0, 0, 0, 0, 0, 0, 0, 0],
           [0, 0, 0, 0, 0, 0, 0, 0, 0, 0],
           [0, 0, 0, 0, 0, 0, 0, 0, 0, 0],
가로 == 0  [0, 0, 0, 0, 0, 0, 0, 0, 0, 0],   가로 == 9
           [0, 0, 0, 0, 0, 0, 0, 0, 0, 0],
           [0, 0, 0, 0, 0, 0, 0, 0, 0, 0],
           [0, 0, 0, 0, 0, 0, 0, 0, 0, 0],
           [0, 0, 0, 0, 0, 0, 0, 0, 0, 0],
가로 == 0  [0, 0, 0, 0, 0, 0, 0, 0, 0, 0]]   가로 == 9
세로 == 9         세로 == 9              세로 == 9
```

회색으로 표시한 부분만 화살표 표시한 3곳의 세포를 세고, 나머지 경계는 경계 바깥의 3곳을 제외하고 세포를 세면 됩니다. 조건문을 잘 사용하면 만들 수도 있을 것 같은데 경우의 수가 많고 복잡합니다. 더 쉬운 방법이 있는지 다시 찾아봐야겠습니다.

예전에 대학 다닐 때 반도체 공학을 가르쳐주셨던 교수님께서 '공대생은 잔머리를 굴리면 안 된다. 잔머리를 굴리다가 더 큰 문제를 만들 수 있다.'고 당부를 하셨건만……. 프로그래밍을 하다보면 잔머리인지 좋은 아이디어인지 구분하기 어려운 일들을 종종 벌이고는 합니다.

어쨌든 저는 잔머리를 굴려야겠습니다. 다음 절차를 참고하여 이 문제를 해결할 아이디어를 내보겠습니다.

❶ 문제를 정의해 보자.
❷ 문제가 발생한 원인을 생각해 보자.
❸ 문제의 원인을 제거하거나 피할 수 있는 방법을 찾아보자.
❹ 실현 가능한 방법인가?
❺ 종이에 직접 그려보거나 모의실험으로 확인해 보자.

이 다섯 단계는 문제 해결을 위해 접근해 나가는 과정입니다.

일단은 이 접근법을 참고하여 해결책을 찾아봅시다.

❶ 문제를 정의해 보자.

- 2차원 리스트에 존재하지 않는 방을 참조하는 경우가 발생한다.

❷ 문제가 발생한 원인을 생각해 보자.

- 경계면의 세포와 안쪽 세포의 이웃 수가 달라서 동일하게 프로그래밍할 수 없다.
- 다른 의미로 생각하면 경계면이 존재하기 때문에 문제가 발생했다.

❸ 문제의 원인을 제거하거나 피할 수 있는 방법을 찾아보자.

- 경계면의 세포와 안쪽 세포를 세는 함수를 분리한다.
- 2차원 리스트 말고 다른 자료구조를 사용한다.
- 경계면을 없앤다.

❹ 실현 가능한 방법인가?

- 함수를 분리하는 것은 충분히 가능하다. 해볼 만한 아이디어다.
- 아직까지는 딱히 생각나는 더 좋은 자료구조는 없다.
- 불가능하다! 작가가 미쳤다.

5번을 알아보기 전에 경계를 없애자고 제안한 파격적인 작가의 변론을 들어보겠습니다.

작가의 변을 듣고 나니 불가능할 것 같지는 않습니다. 12 × 12로 판을 키우고 안쪽 10 × 10만 사용하면 경계가 없어지는 것과 같은 효과가 나지 않을까요? 그럴듯하죠? 그러면 그림을 그려보겠습니다.

```
          0  1  2  3  4  5  6  7  8  9 10 11

 0    [[0, 0, 0, 0, 0, 0, 0, 0, 0, 0, 0, 0],
 1     [0, 0, 0, 0, 0, 0, 0, 0, 0, 0, 0, 0],
 2     [0, 0, 0, 0, 0, 0, 0, 0, 0, 0, 0, 0],
 3     [0, 0, 0, 0, 0, 0, 0, 0, 0, 0, 0, 0],
 4     [0, 0, 0, 0, 0, 0, 0, 0, 0, 0, 0, 0],
 5     [0, 0, 0, 0, 0, 0, 0, 0, 0, 0, 0, 0],
 6     [0, 0, 0, 0, 0, 0, 0, 0, 0, 0, 0, 0],
 7     [0, 0, 0, 0, 0, 0, 0, 0, 0, 0, 0, 0],
 8     [0, 0, 0, 0, 0, 0, 0, 0, 0, 0, 0, 0],
 9     [0, 0, 0, 0, 0, 0, 0, 0, 0, 0, 0, 0],
10     [0, 0, 0, 0, 0, 0, 0, 0, 0, 0, 0, 0],
11     [0, 0, 0, 0, 0, 0, 0, 0, 0, 0, 0, 0]]
```

별표를 쳐놨던 세포의 주변 8개의 위치에 모두 이웃이 생겼습니다. 대신 함수 내부에서는 파라미터인 Garo, Sero에 1을 더해서 생각해야 합니다. 그래야 회색으로 표시한 경계면의 안쪽을 이용하는 것이 될테니 말이죠.

여기까지 설명하니까 욕심이 좀 생기는데요. 주변 세포의 수를 세는 프로그램의 현재 버전과 좀 더 간단하게 구성한 버전을 만들어서 어떻게 다르게 프로그래밍할 수 있는지 보여드리겠습니다.

[현재 버전]
```
01:def CountCells(Sero, Garo):
02:        count = 0
03:        if board[Sero-1][Garo-1] == 1:
04:            count += 1
05:        if board[Sero-1][Garo] == 1:
06:            count += 1
07:        if board[Sero-1][Garo+1] == 1:
08:            count += 1
09:        if board[Sero][Garo-1] == 1:
10:            count += 1
11:        if board[Sero][Garo+1] == 1:
12:            count += 1
13:        if board[Sero+1][Garo-1] == 1:
14:            count += 1
15:        if board[Sero+1][Garo] == 1:
16:            count += 1
17:        if board[Sero+1][Garo+1] == 1:
18:            count += 1
19:    return count
```

[고급 버전]
```
01:def CountCells(Sero, Garo):
02:    return sum([sum(row[Garo-1:Garo+2]) for row in
              board[Sero-1:Sero+2]])-board[Sero][Garo]
```

책의 뒷부분에 소개해 드릴 numpy라는 것을 사용하면 더 간단하게 표현할 수도 있는데, 파이썬에서 기본으로 제공하는 리스트와 sum() 함수를 조합해서 간단하게 표현해 봤습니다.

아래 두 줄짜리 함수를 보면 '이게 뭐지?' 이렇게 생각될 정도로 많이 달라 보입니다. 조건문도 없고 count 결과를 저장하는 과정도 없습니다. 또 다른 미스터리한 사건입니다. 여기에서 이런 이상한 코드를 보여드리는 목적은 앞에서 배운 것들을 어떻게 활용하는지의 사례를 소개해 드리기 위해서입니다. 프로그래밍의 기초를 쌓아가는 독자분들께는 위의 19줄짜리가 더 중요합니다.

두 줄짜리 버전을 한 번 해석에 도전해 보겠습니까? 참고로 말씀드리자면, sum()은 정수 또는 1차원 리스트의 합을 알려주는 함수입니다.

범인은 바로!

코난 도일의 소설에 나오는 명탐정 셜록홈즈나 아가사 크리스티의 소설 속의 에르퀼 푸아르, 신세대에게는 더 유명한 명탐정 코난의 주인공 코난의 공통점은 복잡한 사건을 몇 개의 단서를 이용해서 명쾌하게 해석해서 진범을 찾아낸다는 점이죠. 이번 장에는 유난히 미스터리하다는 말을 많이 쓴 것 같아서 언급해 봤습니다.

그들만큼은 아니지만 이번에는 설명보다는 그림을 통해서 미스터리를 해석해 드릴 테니 잘 음미해보시기 바랍니다.

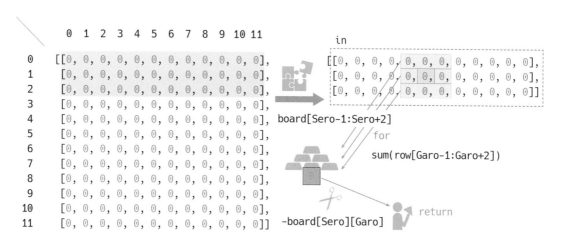

큰 작업이 하나 끝났습니다. 다음으로 무엇을 할지 규칙을 다시 한 번 확인해 보겠습니다.

몇 개의 세포가 살아있는지 계산하는 함수를 만들었으니, 살아있을지 죽어있을지를 알려주는 함수를 만들어야겠습니다. 조건을 간단하게 표현하면 이렇게 3가지입니다.

1. 죽은 세포가 살아나는 경우

2. 다음 세대까지 살아있을 수 있는 경우

3. 아쉽게도 이번 세대에 생을 마감(▶◀)하는 경우

이 경우를 판단하는 기준은 몇 개의 세포가 살아있는지입니다. 바로 앞에서 만든 함수에서 돌려주는 값이죠. 셰익스피어의 햄릿에 나오는 명대사로 함수 이름을 작명하겠습니다. ToBeOrNotToBe 다닥다닥 붙여 쓰니까 좀 이상해 보입니다만, 재미를 위해서 이걸로 합시다. 매개변수는 현재 세포의 상태 cell_status와 살아있는 세포 수 num_live_cells. 둘을 합쳐서 ToBeOrNotToBe(current_cell, num_livecells)입니다. 이름이 복잡해도 파이참에서 입력할 때 앞 글자들로 제안하는 함수명을 알아서 보여주니까 큰 걱정하지 않아도 되겠습니다.

자, 다음으로 넘어가기 전에 각자 함수를 만들어 보기로 합시다. 저는 함수를 이렇게 만들었습니다.

```
01:def ToBeOrNotToBe(current_cell, num_livecells):
02:    if current_cell == 0 and num_livecells == 3:
03:        return '부활'
04:    elif current_cell == 1 and num_livecells in [2, 3]:
05:        return '생존'
06:    else:
07:        return '사멸'
```

요즘 파이썬은 한글도 잘 지원해서 이렇게 한글을 섞어서 사용해도 됩니다. 4번 줄의 오른쪽을 보면 파이썬으로 간결함을 보여주는 표현이 있습니다. 살아있는 세포의 숫자가 2 또는 3일 경우를 in을 써서 '리스트 안에 값이 존재한다면'의 개념으로 표현했습니다. C나 자바같은 언어였다면,

```
num_livecells == 2 or num_livecells == 3
```

이렇게 표현했어야 합니다.

좋습니다. 100개의 방에 있는 세포들에 대해 규칙을 적용하면서 결과를 저장하는 부분과 결과를 출력하는 두 개의 함수를 만들면 프로그램을 배치하는 일만 남을 것 같습니다. 힘내서 두 개의 함수를 더 만들어봅시다.

함수 각각의 이름을 지어보겠습니다. 결과가 저장되는 부분은 새로운 세대의 구성이므로 nextGeneration으로 이름 짓고(각자 본인이 함수의 역할을 알아보기 쉽게 지으면 됩니다) 매개변수는 현재 세포들의 상태인 board로 해서 nextGeneration(board)입니다. 세포들의 상태를 출력하는 함수는 printCells, 이 함수에서도 매개변수는 board로 해서 printCells(board) 이렇게 짓겠습니다.

다음으로 넘어가기 전에 각자 프로그래밍해보길 바랍니다.

```
01:def nextGenratrion(board):
02:    new_board = [[0 for i in range(12)] for j in range(12)]
03:    for sero in range(1, len(board)-1):
04:        for garo in range(1, len(board[sero])-1):
05:            result = ToBeOrNotToBe(board[sero][garo],
                       CountCells(sero, garo))
06:            if result == ('부활' or '생존'):
07:                new_board[sero][garo] = 1
08:    return new_board
```

뭔가 갑자기 훅하고 들어오니까 당황했을지도 모르겠습니다. 이번에는 코딩된 프로그램을 읽어 보는 연습을 해보겠습니다. 위의 함수를 줄별로 한글로 표현해 보겠습니다.

```
01:매개변수: board, 이름: nextGeneration으로 함수를 만들겠습니다.
02:    가로 12번, 세로 12번을 중첩 반복시켜서 각각의 값이 0인 2차원 리스트
변수 new_board를 만듭니다.
03:    리스트의 세로 길이를 기준으로 두 번째 값(1)부터 마지막 줄을 제외하고
(-1) 연속된 숫자를 하나씩 사용하겠습니다. [1 ... (길이-1)]
04:        리스트 세로 한 덩어리의 길이를 기준으로 다시 두 번째 값(1)부터
마지막 줄을 제외하고(-1) 연속된 숫자를 하나씩 사용하겠습니다. [1 ... (길이-1)]
05:            ToBeOrNotToBe 함수에 첫 번째 매개변수로 현재 sero,
garo가 가리키는 세포의 값, 두 번째 매개변수로 함수 CountCells로부터 얻은
주변의 세포 개수를 전달하고 돌려받은 값을 result 변수에 저장합니다.
06:            result에 저장된 돌려받은 값이 '부활'이나 '생존'이라면
07:                다음 세대의 세포 값들을 저장한 변수 new_board의 동일
위치의 세포 값을 1(살아있음)로 표시합니다. (new_board의 기본값을 0으로 설정했기
때문에 '사멸'은 코딩하지 않습니다.)
08:    모든 방의 세포들에 대해 규칙 적용이 끝났으면 다음 세대의 세포들의 배치인
new_board를 반환값으로 전달합니다.
```

위의 프로그램은 아래에 한글로 설명한 의미로 만들어져 있습니다. 계속해서 세포들의 값 전체를 출력하는 함수를 읽어봅시다.

```
01:def printCells(board):
02:        print('Current state is')
03:        for sero in board[1:-1]:
04:            print_row = ''
05:            for garo in sero[1:-1]:
06:                if garo == 0:
07:                    print_row += '□'
08:                else:
09:                    print_row += '■'
10:            print(print_row)
```

조금 더 간략하게 표현하겠습니다.

```
01:매개변수 board, 이름이 printCells인 함수를 만들겠습니다.
02:        'Current state is' 문장을 한 줄 출력합니다.
03:        board의 세로 두 번째 줄부터 마지막 줄을 제외하고 리스트를 잘라 와서 한
줄씩 꺼냅니다.
04:            출력할 한 줄을 저장할 문자열 변수 print_row를 만듭니다.
05:            꺼내 온 한 줄을 가로 두 번째 칸부터 마지막 칸의 바로 전까지 하나씩
꺼내옵니다.
06:                현재 세포의 값이 0(죽어 있음)이면
07:                    print_row 문자열의 뒤에 '□'을 추가
08:                아니면(살아있다면)
09:                    print_row 뒤에 '■'을 추가
10:            한 줄의 처리가 끝났으면(세로 한 줄에 대한 for 반복이 종료되었으면)
print_row에 저장된 한 줄을 화면에 출력합니다.
```

출력물을 좀 그럴듯하게 보이도록 □, ■로 세포를 표현해봤습니다. 이제 필요한 선수들이 다 만들어졌으니 이것들을 잘 조립해 봅시다.

initialize()라는 매개변수 없는 함수를 호출해서 처음 세포들의 집합을 만든다고 가정하고 다음 함수들을 배치하십시오.

CountCells(), ToBeOrNotToBe(), nextGenratrion(), printCells(), initialize()

함수 각각의 의미대로 배치를 끝내셨습니까?

혹시 다섯 개 함수를 모두 배치하였다면,

initialize()

nextGeneration()

countCells()

ToBeOrNotToBe()

printCells()

이렇게 배치하였을 것 같습니다.

제가 짠 프로그램에서는 countCells()와 ToBeOrNotToBe()는 nextGenera-tion() 안에서 호출하도록 만들었으니까 아래 세 개만 처음 상태부터 보여주도록 이런 순서로 배치하였습니다.

initialize()

printCells()

nextGeneration()

10세대까지 반복해서 결과를 보도록 출력하려면 initialize() 함수 다음 두 개의 함수를 for 반복문 안에 넣으면 됩니다. 10번 반복한 결과를 보여드리며 길었던 이번 장을 마칩니다.

안녕하세요.
통C 입니다.

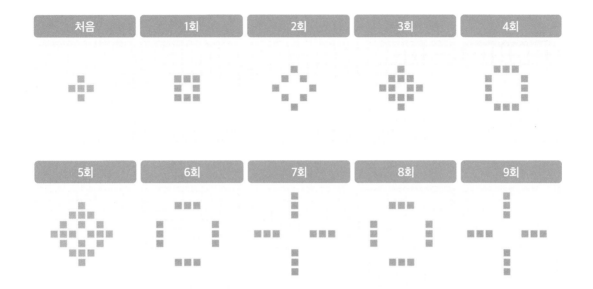

1 2차원 리스트의 인덱싱을 연습해 봅시다. 아래 그림의 비어있는 8칸을 모두 채워주세요.

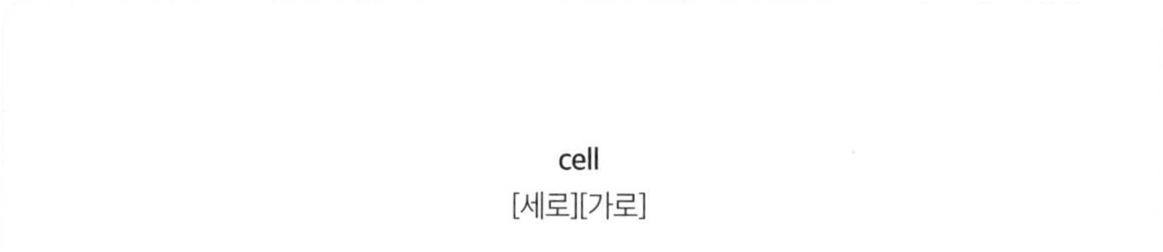

cell
[세로][가로]

2 다음의 그림에서 별표친 값 주변 8개의 방 중에서 실제로 존재하지 않는 방은 몇 개인가요?

```
        0  1  2  3  4  5  6  7  8  9
0    [[0, 0, 0, 0, 0, 0, 0, 0, 0, 0],
1     [0, 0, 0, 0, 0, 0, 0, 0, 0, 0],
2     [0, 0, 0, 0, 0, 0, 0, 0, 0, 0],
3     [0, 0, 0, 0, 1, 0, 0, 0, 0, 0],
4     [0, 0, 0, 1, 1, 1, 0, 0, 0, 0],
5     [0, 0, 0, 1, 0, 0, 0, 0, 0, 0],
6     [0, 0, 0, 0, 0, 0, 0, 0, 0, 0],
7     [0, 0, 0, 0, 0, 0, 0, 0, 0, 0],
8     [0, 0, 0, 0, 0, 0, 0, 0, 0, 0],
9     [0, 0, 0, 0, 0, 0, 0, 0, 0, 0]]
```

3 다음은 만들어 놓은 프로그램을 수정해서 어떤 결과가 나오는지 관찰해 봅시다.

① 전체 판의 크기를 16 × 16으로 크게 만들어보세요.

② 시작하는 시점에서 살아있는 세포의 수와 위치를 바꿔보세요.

③ 세포들이 죽거나 살아남는 규칙을 바꿔보세요.

9 귀찮아, 귀찮아… 누가 만들어 놓은 것 없나?

앞장에서 꽤나 길게 느껴졌을 법한 프로그램을 만들어보았는데, 어떤 느낌이었는지 궁금합니다. 어렵다고 느꼈을 수도 있고 해볼만 하다고 느꼈을 수도 있을 것 같은데, 저는 '어렵다' 보다는 '익숙하지 않다'가 맞는 표현이라고 생각합니다. 익숙해지도록 좀 더 애정을 가져주길 바랍니다.

이번 장에서는 몇 가지 새로운 개념을 공부해 보려고 합니다.

❶ 남들이 만들어 놓은 것들을 가져다가 사용하는 방법
❷ main 함수의 사용
❸ 전역변수란 무엇인가?

위의 세 가지 내용이 이번 장에서 알려드릴 중요한 주제이며, 그만큼 설명할 내용이 많습니다.

프로그래밍하다 보면 귀차니즘이 발동을 할 때가 많습니다. 아이디어는 있는데 일일이 프로그램하려니 시간과 공이 너무 많이 들어서 손대기 싫은 그런 때가 꽤 있다는 말입니다. 다행히 우리가 공부하는 소프트웨어의 세상에는 누구나 무료로 편하게 사용할 수 있도록 공개된 좋은 프로그램이 많이 있습니다. 파이썬도 그중의 하나고 파이참도 학생과 일반인들에게는 아주 관대한 프로그램이죠. 이렇게 편하게 사용할 수 있는 프로그램들이 많은데 사용하지 않으면 안 되겠죠?

이 책의 초반부에 anaconda라는 프로그램을 설치했던 것이 기억나십니까? 제가 엄청 큰 뱀이라고 말했는데 구렁이는 아니고, 그놈이 잡아먹은 것들 중에

웬만한 문제는 다 해결할 수 있는 유용한 프로그램들이 많이 있습니다. 이제 파이썬과 아나콘다가 삼켰던 것들을 목을 졸라 뱉어내게 만드는 방법을 알려드리겠습니다.

급 영어 단어 시험입니다. 아래에 나오는 한글의 영어 단어를 쓰세요.

---

① 수출:

② 수입:

③ ~로부터:

④ ~처럼, ~로:

정답   ① export, ② import, ③ from, ④ as

100점 맞으신 분 손!

아, 진짜 손을 드신 분이 있네요. 독자님 사랑합니다.

지금 시험 본 단어들이 아나콘다의 목을 조르는 핵심 주문들입니다. 꽉 쥐면 '우웩'하고 뱉어내게 되어있습니다.

①번 단어는 시험을 보니 그냥 끼워 넣은 거니까 잊어버리시고, ②번 단어부터 보겠습니다.

import는 무언가를 수입하겠다는 뜻입니다. 상황을 하나 만들어보겠습니다. 제가 조금 전에 통C에게 $\sqrt{2}$를 물었더니 잘 모르겠다고 합니다. 세상에, 그 비싼 컴퓨터가 저걸 모르겠다고 하다니 배신감이 듭니다. 이럴 때 우리가 통C를 때리거나 윽박지른다고 해서 갑자기 알겠다고 하지는 않습니다. 잘 생각해보니 통C가 파이썬 통역은 잘 하지만 수학은 형편없을 수도 있겠네요. 초등학교 다니는 학생에게 갑자기 중학 수학을 물어본 격이죠. 하지만 통C는 초등학생은 아니니 참고할 자료만 주면 그래도 꾸역꾸역 일은 할 것입니다. 이때 통C에게 자료를 수입해다가 통역해 달라고 부탁하는 용어가 import입니다. 수학은 영어로 math라고 쓰니까 import math라고 써놓으면 통C가 수학 자료를 가져가서 고생하며 통역을 해줍니다. 하지만 제곱근(루트)이 수학 안에 있다고 알려줘야 합니다(통C는 좀 수동적으로 일을 합니다).

```
>>> import math
>>> math.sqrt(2)
1.4142135623730951
```

이렇게 친절하게 알려주니까 통C가 일을 제대로 하네요. (sqrt는 영어로 제곱근(square root)의 약자입니다.) 여기서 가져오는 math는 수학에 관한 여러 공식을 프로그래밍해서 모아 놓은 것으로 패키지라고 부릅니다. 이 안에 뭐가 있는지, 어떻게 사용하는지는 구글링을 통해서 알아보아도 되고, 파이참에서 사용하는 마법 도구 점(.)을 뒤에 찍어서 알아낼 수도 있습니다. 이렇게 말입니다.

얼핏 봐도 꽤 많은 수학 함수들이 들어 있는 것 같습니다. 연습 삼아 제곱근 함수를 이용해서 피타고라스의 정리 문제를 한 번 풀어볼까요? 아는 분들도 있겠지만 피타고라스의 정리는 '직각 삼각형의 빗변의 길이의 제곱은 나머지 두 변의 길이의 제곱의 합과 같다'입니다.

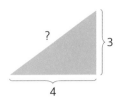

이 삼각형의 빗변의 길이는 $\sqrt{3^2 + 4^2}$입니다. 수학 패키지를 가져와서 답을 출력하도록 프로그래밍해보길 바랍니다.

```
01:import math
02:
03:slope = math.sqrt(3**2 + 4**2)
04:print(f'The length of the slope is {slope}')
```

보통 import 문장과 실제 프로그램 사이는 한 줄 정도 띄어서 씁니다. 띄지 않아도 괜찮은데 파이참에서는 밑줄이 그어지면서 줄을 띄우라고 알려주기도 합니다.

그런데 제곱근을 많이 써야 하는 공식들도 있는데 매번 math.sqrt라고 쓰려면 귀찮고 불편할 것도 같습니다. 통C가 수학 패키지에서 제곱근만 쏙 빼서 가지고 있으면 굳이 제곱근이 수학 패키지 안에 있다고 알려주지 않아도 되지 않을까요? 단어 시험을 봤었던 from이 이럴 때 아주 유용합니다.

사용 방법은 다음과 같습니다.

```
from 패키지 import 함수
```

위의 프로그램을 이 방법을 써서 수정하면 바로 다음과 같습니다.

```
01:from math import sqrt
02:
03:slope = sqrt(3**2 + 4**2)
04:print(f'The length of the slope is {slope}')
```

여러 개의 함수를 한 번에 가져오고 싶다면 sqrt, sin, cos 이렇게 쉼표로 계속 나열할 수도 있습니다.

　단어 시험을 봤던 3번째 as는 어떨 때 사용할까요? 별명을 지어서 쓰고 싶을 때 사용합니다. 패키지 이름이 너무 길어서 타이핑이 불편할 때 많이 사용하고 어떤 패키지들은 전 세계적으로 공통된 별명을 쓰는 것들도 있습니다. 이 책의 뒷부분에서 소개할 패키지들도 그런 별명을 가진 것들이니 각각의 별명은 그때 알아보기로 하고, 여기에서는 시간 정보를 저장하는 패키지의 별명을 붙여보겠습니다.

　패키지의 이름은 datetime입니다.

```
>>> import datetime
>>> datetime.datetime.today()
datetime.datetime(2021, 3, 25, 21, 45, 15, 856181)
>>> import datetime as dt
>>> dt.datetime.today()
datetime.datetime(2021, 3, 25, 21, 45, 20, 999486)
```

　현재 날짜와 시간을 알려주는 함수인 today()를 불러봤습니다. 이 패키지가 좀 이상해서 datetime 안에 datetime이라는 놈이 또 들어 있는데, 이렇게 이름도 긴 것을 두 번이나 불러서 쓰는 것 자체가 귀찮고 쓸데없는 반복인 셈이죠. datetime 패키지를 자주 사용한다면 두세 글자로 별명을 만들어 사용하는 것이 효율적입니다. 위를 보면 dt라는 별명을 만들어 놓고 같은 결과를 만들 수 있음을 알 수 있습니다. from과 혼합해서도 사용 가능합니다.

```
>>> from datetime import datetime as dt
>>> dt.today()
datetime.datetime(2021, 3, 25, 21, 49, 2, 867862)
```

　이렇게 했더니 정말 짧아졌네요. 프로그래밍을 공부하다 보면 자리를 깔아도 될 정도로 작명 센스가 생깁니다. 이제는 별명까지 만들어주니 말입니다.

화제를 바꿔서 이번 장의 두 번째 주제인 main 함수에 대해서 이야기해 보겠습니다. 프로그래밍에 조금 익숙해지면 파일을 여러 개로 나누어서 프로그래밍하기도 합니다. 수학 패키지처럼 자신이 자주 사용하는 것들을 프로그래밍해 놓고 개인용 패키지를 만들 수도 있습니다. 그럴 때 main 함수의 필요성을 절실히 느끼게 되는데, 각설하고 설명 들어갑니다.

이렇게 뒤엉킨 실타래를 풀기 위해서 가장 먼저 하는 일이 무엇입니까? 누구나 생각하는 것이 '실마리'를 찾는 일입니다. 사건의 단서의 의미도 갖고 있지만 원래 '실마리'의 말뜻은 '뒤엉킨 실의 끝'을 의미합니다. 우리가 프로그래밍을 하면 통C도 이 복잡한 프로그램의 실타래에서 실마리를 찾아서 프로그램을 실행시켜야 하는데, 프로그램이 시작하는 실마리가 되는 곳이 바로 main 함수입니다.

'어? 난 여태까지 main 함수 없이 잘 실행시켰는데?'라고 생각할 겁니다. 프로그램을 실행하면 파이썬 내부적으로 지금 실행하고 있는 프로그램을 main이라고 정해놓습니다. 우리가 지금까지 몰랐을 뿐이죠.

```
01:def main():
02:    print('Here is the main function.')
03:
04:
05:if __name__ == '__main__':
06:    main()
```

5번째 줄을 보면 __name__ 이렇게 써있는 변수값이 있는데(파이썬에는 밑줄 친 변수들이 많습니다), 이 변수가 현재 실행 중인 프로그램 덩어리의 이름을 저장하고 있습니다. 그래서 위의 짧은 예제는 '지금 실행 중인 프로그램이 main이냐?' 이렇게 대놓고 물어보고 맞다면 위에 만들어 놓은 main 함수를 실행하도록 구성해 놓은 것입니다.

그런데 이번 장에서 배운 import를 하면 아래와 같은 일이 발생합니다. 서로 자기가 main이라고 실행되던 프로그램들(따로 저장된 파일들) 중 하나가 다른 하나를 import할 때 수입된 쪽이 부하가 되는 거죠. 수입해 오는 프로그램이 main이라는 이름을 가져가므로 다음 그림에서는 프로그램 B를 A가 가져올 때 B의 이름이 main이 아니게 되어 앞의 경우에서라면 6번 줄의 코드는 실행되지 않습니다.

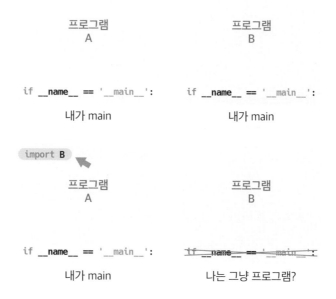

이런 구조를 잘 이용하면 각각의 프로그램 자신을 실행시키고 확인할 수 있는 main 함수를 가진 채로 다른 프로그램에서 만들어 놓은 함수들을 가져다 사용할 수 있게 됩니다. 그래서 파이썬 기본 코딩에서는 이런 구조로 프로그래밍하는 것을

권장하고 있는데, 다른 사람과 코드를 공유하거나 협업해서 프로그래밍하지 않는 다면 굳이 이렇게 만들지 않아도 됩니다. 다만, 프로그래밍 공부를 하면서 인터넷 여기저기에서 이런 코드를 만났을 때 어떤 의미인지 아는 정도의 개념만 가지면 될 듯합니다.

이제 함수의 지역성이라는 어렵다고 하면 어렵고, 쉽다고 하면 쉬운 주제에 대해 알아보겠습니다.

'3-2 반갑다 함수야' 편에서 화살표를 그려가면서 함수 안에 있는 변수가 언제까지 살아있고 메모리에서 없어지는지 등 이야기했습니다(기억을 잘 더듬어 보면 아마도 그림 정도는 기억나지 않을까요).

그런데 왜 굳이 함수를 사용할 때 매개변수를 넘겨주고 결과를 돌려받고 이렇게 해야 할까요? 함수를 호출하는 쪽이나 호출당하는 함수나 같은 기억장소에 값을 읽고 기록할 수 있다면 결과값을 돌려주는 return이 필요 없지 않을까요? 이런 생각대로 만들어진 변수가 있는데, 바로 전역 변수라고 합니다. 이 전역 변수는 한 마디로 어떤 변수 영역 내에서도 접근할 수 있는 변수를 말합니다. 쉽게 생각해 보면, 국가대표급 변수로 어디서나 그 이름을 알아주는 유명인이므로 어디를 가더라도 이름 하나면 다 통합니다.

전역 변수를 만들 때는 이렇게 함수 바깥 위쪽에 일반 변수를 선언하듯이 만들면 됩니다(통C에게 변수를 갑자기 훅 들이대면 모른다고 잡아떼니까 꼭 사용하기 전에 변수를 먼저 만들기를 바랍니다).

```
01:Ms_Disney = '백설공주'
02:
03:def python_mirror():
04:    print(f'세상에서 제일 예쁜사람은 {Ms_Disney} 입니다.')
05:
06:python_mirror()
```

이렇게 Ms_Diesney라는 변수를 먼저 알려주고 함수를 호출하면 전국구 변수이기 때문에 함수 안에 변수가 없거나 매개변수로 넘겨주지 않아도 아무 문제가 일어나지 않습니다. 거울도 다 아는 유명인이 된 거죠.

그런데 '왕비님'의 평생소원을 이뤄주기 위해서 Ms. 디즈니를 '왕비님'으로 바꾸면 어떤 일이 일어나는지 볼까요?

```
01:Ms_Disney = '백설공주'
02:
03:def python_mirror1():
04:    Ms_Disney = '왕비님'
05:    print(f'세상에서 제일 예쁜사람은 {Ms_Disney} 입니다.')
06:
07:def python_mirror2():
08:    print(f'세상에서 제일 예쁜사람은 {Ms_Disney} 입니다.')
09:
10:
11:python_mirror1()
12:python_mirror2()
```

```
C:\Anaconda\python.exe C:/Users/신유선/PycharmProjects/untitled/test3.py
세상에서 제일 예쁜사람은 왕비님입니다.
세상에서 제일 예쁜사람은 백설공주입니다.

process finished with exit code 0
```

이러한 일이 일어납니다. 분명히 먼저 호출한 파이썬_거울1() 함수에서 Ms. 디즈니를 '왕비님'으로 바꿨는데 말이죠. 지역구만 영향을 받았습니다. 아무래도 통C가 왕비를 거부하는 듯합니다. 파이썬_거울2()에서 Ms. 디즈니를 물어봤더니 여전히 전국구에서는 '백설공주'라고 대답합니다. 재미있는 수업을 위해서 독사과를 먹여서 백설공주를 없애버리고 Ms. 디즈니를 왕비로 바꿔야겠습니다.

==   global

파이썬에서 백설공주를 없앨 수 있는 독사과는 global입니다. 안 먹으려고 해도 통C에게 시키면 어쩔 수 없이 강제로 먹게 됩니다. 독사과를 먹여보고 결과를 보여 드리지요.

```python
Ms_Disney = '백설공주'

def python_mirror1():
    global Ms_Disney
    Ms_Disney = '왕비님'
    print(f'세상에서 제일 예쁜사람은 {Ms_Disney}입니다.')

def python_mirror2():
    print(f'세상에서 제일 예쁜사람은 {Ms_Disney}입니다.')

python_mirror1()
python_mirror2()
```

```
C:\Anaconda\python.exe C:/Users/신유선/PycharmProjects/untitled/
test3.py
세상에서 제일 예쁜사람은 왕비님입니다.
세상에서 제일 예쁜사람은 왕비님입니다.

Process finished with exit code 0
```

설마 위쪽이 코드고 아래쪽이 결과인지, 구분이 어려운 독자분은 없겠죠? 자, 이렇게 해서 1937년부터 장장 84년간 디즈니에서 거울의 사랑을 독차지한 백설공주가 퇴출되고 왕비가 세상에서 제일 예쁜 사람이 되었습니다.

이번 장은 손에 익어야 하는 내용들이니 모두 주관식 문제로 연습을 해보겠습니다.

1 파이썬에는 임의의 숫자를 만들어주는 random이라는 이름의 패키지가 있습니다. 패키지를 사용할 수 있게 불러와 주세요.

2 불러온 random 패키지에는 원하는 범위 안에서 난수(임의의 수)를 만들어주는 함수 randint()가 있습니다. 패키지를 이용해서 해당 함수를 이용해 1부터 10 사이의 임의의 수를 생성해 보세요(randint 함수의 매개변수는 시작, 끝 두 개이고, 각각의 값을 포함).

3 random 안에 random()이라는 동일한 이름의 함수가 있습니다. 앞에 random을 붙이지 않고 함수를 사용할 수 있게 random 패키지 안에서 random() 함수만 꺼내 보세요.

4 작명 센스도 중요하다고 말씀드렸습니다. 다음의 패키지들을 사용하기 쉽게 별명을 만들어주세요(파이썬 문법을 사용해야 합니다).

① datetime   ② collections
③ random   ④ tkinter

5 프로그램 내의 어디에서나 사용할 수 있는 변수를 무엇이라고 하나요?

6 함수 바깥쪽의 변수값을 변경하도록 알맞은 명령어를 넣어 주세요.

```
01:bulletin = '현재 날씨는 맑음입니다. '
02:
03:def change_weather():
04:      (        ★        )
05:      bulletin = '현재 날씨는 비입니다. '
```

⑩ 이젠 입력도 귀찮아. 파일을 바로 읽어 보자

컴퓨터로 프로그래밍을 하는 이유는 대량의 자료를 반복적으로 빠르게 처리하기 위해서라고 생각합니다. 그럴 이유가 없다면 사람이 직접 계산하고 정리하는 것이 빠른 경우도 많으니까 말입니다. 지금까지 공부한 내용은 특별히 입력이라고 할 것도 없을 정도로 단순한 값들을 다뤘었는데, 이제부터 통C에게 제대로 일을 시키게 될 것 같습니다.

보통 컴퓨터를 사용하면서 파일을 많이 사용하지만 파일 속이 어떻게 생겨 먹었는지까지 알 필요는 없습니다. 그런데 프로그래밍을 잘하려면 파일에 관련된 개념을 알고 있어야 할 수 있는 일이 많아집니다. 여러분이 생각하는 파일이란 무엇인가요?

그림? 음악? 문서?

이렇게 생각한 분도 있더군요. 음악이 나오는 파일 자체가 그냥 음악이라고……. 충분히 그럴 수도 있겠습니다. 그런데 파일을 사용하기 위해 정말 중요한 지식은 '어떤 프로그램으로 파일을 읽을 수 있는가'하는 것입니다. 단순하게 보면 그냥 1과 0의 집합체인 파일을 읽기 위해서 왜 특정한 프로그램이 필요한지 생각해본 적이 있나요?

저는 파일을 '약속된 정보의 집합체'라고 표현하고 싶네요. '2-2. 숫자와 문자' 편에서 봤던 두 얼굴의 여자와 같습니다. 정보의 집합체를 정상적으로 읽어내기 위해서는 당연히 약속을 알고 있어야 하겠죠? 그림 파일을 열어서 보여주는 스마트폰의 갤러리나 사진 같은 앱들은 파일에서 그림을 읽어내기 위한 세계적인 약속을 알고 있는 프로그램들입니다. 이렇게 약속된 규칙을 이용해서 파일의 정보를 얻어내는 일을 영어로는 디코딩(decoding)이라고 합니다. 반대의 경우는 인코딩(encoding)이라고 하죠. 인코딩이라는 용어가 단순히 동영상 파일을 용량이나 크기가 다르게 바꾸는 것만을 의미하는 것은 아닙니다.

독자분들께 부담되지 않도록 특별한 형식이 없는 단순한 텍스트(text) 파일을 다루면서 파일에 대한 개념을 좀 더 다져보기로 하겠습니다.

컴퓨터를 자주 접해본 사람이라면 파일의 이름만으로도 어떤 종류의 파일인지 알아낼 수 있습니다. 파일이 어떤 약속에 의해 만들어진 것인지를 이름에 떡하니 적어 놓기 때문이죠. 그런데 이름이 영어식입니다. 영어에서 앞이 이름 뒤가 성씨인 개념처럼 점(.)을 기준으로 왼쪽을 파일의 이름, 오른쪽을 파일의 확장자라고 부릅니다. 텍스트 파일은 이름의 오른쪽 끝이 .txt라고 표시되어있습니다. 텍스트 가문의 종자라는 것을 바로 알아낼 수 있죠. 그냥 text 이렇게 다 써주면 좋을 텐데, 옛날 컴퓨터가 이름 최대 8자리, 확장자 3자리밖에 사용할 수 없었던 시절부터 사용하던 것들이라 지금까지 명맥을 이어오고 있습니다. 지금은 그런 제한이 없어져서 3자리보다 긴 확장자를 사용하기도 하지만 그래도 여전히 3자리를 사용하는 것이 일반적입니다.

파일 이름의 역사도 설명했으니 이제 본격적으로 텍스트 파일을 분해해 봅시다. 텍스트 파일의 속은 이렇게 생겼습니다.

```
글자.숫자.기호.공백.줄바꿈.탭.등등
글자.숫자.기호.공백.줄바꿈.탭.등등
글자.숫자.기호.공백.줄바꿈.탭.등등
text,number,symbol,space,newline,tab,etc.
......
...
.
```

우리가 눈으로 보는 것과 똑같은 상태로 글자가 들어가 있습니다. 그런데 위의 텍스트 파일 속을 좀 다른 방법으로 보면 재미있는 일이 벌어집니다.

```
 1  00000000:  eab8 80ec 9e90 2eec 88ab ec9e 902e eab8   ................
 2  00000010:  b0ed 98b8 2eea b3b5 ebb0 b12e eca4 84eb   ................
 3  00000020:  b094 eabf 882e ed83 ad2e eb93 b1eb 93b1   ................
 4  00000030:  0d0a eab8 80ec 9e90 2eec 88ab ec9e 902e   ................
 5  00000040:  eab8 b0ed 98b8 2eea b3b5 ebb0 b12e eca4   ................
 6  00000050:  84eb b094 eabf 882e ed83 ad2e eb93 b1eb   ................
 7  00000060:  93b1 0d0a eab8 80ec 9e90 2eec 88ab ec9e   ................
 8  00000070:  902e eab8 b0ed 98b8 2eea b3b5 ebb0 b12e   ................
 9  00000080:  eca4 84eb b094 eabf 882e ed83 ad2e eb93   ................
10  00000090:  b1eb 93b1 0d0a [7465] 7874 2c6e 756d 6265   .......text,numbe
11  000000a0:  722c 7379 6d62 6f6c 2c73 7061 6365 2c6e   r,symbol,space,n
12  000000b0:  6577 6c69 6e65 2c74 6162 2c65 7463 2e0d   ewline,tab,etc..
13  000000c0:  0a2e 2e2e 2e2e 2e0d 0a2e 2e2e 0d0a 2e      ................
```

위에 보여드린 내용을 실제 저장된 값을 볼 수 있는 특별한 프로그램으로 열어 본 모습입니다(좀 잉크가 많이 들어가는 색으로 캡처가 되었습니다). 그림의 가운 데가 실제 파일에 저장된 값이고 오른쪽의 점으로 된 부분이 그 값에 해당하는 글 자입니다.

그림의 오른쪽 부분을 보면 한글은 없고 영어만 보입니다. 아래 그림도 살펴보 겠습니다. 이 그림에서도 영어가 보이는데 위와 아래 그림에서 7465로 시작하는 부분부터 'te'라는 글자가 시작하는데, 앞부분은 서로 다르고 영어로 된 부분만 동 일합니다.

```
 1  00000000:  b1db c0da 2ebc fdc0 da2e b1e2 c8a3 2eb0   ................
 2  00000010:  f8b9 e92e c1d9 b9d9 b2de 2ec5 c72e b5ee   ................
 3  00000020:  b5ee 0d0a b1db c0da 2ebc fdc0 da2e b1e2   ................
 4  00000030:  c8a3 2eb0 f8b9 e92e c1d9 b9d9 b2de 2ec5   ................
 5  00000040:  c72e b5ee b5ee 0d0a b1db c0da 2ebc fdc0   ................
 6  00000050:  da2e b1e2 c8a3 2eb0 f8b9 e92e c1d9 b9d9   ................
 7  00000060:  b2de 2ec5 c72e b5ee b5ee 0d0a [7465] 7874   .........text
 8  00000070:  2c6e 756d 6265 722c 7379 6d62 6f6c 2c73   ,number,symbol,s
 9  00000080:  7061 6365 2c6e 6577 6c69 6e65 2c74 6162   pace,newline,tab
10  00000090:  2c65 7463 2e0d 0a2e 2e2e 2e2e 2e0d 0a2e   ,etc............
11  000000a0:  2e2e 0d0a 2e                               .....
```

두 개의 그림 모두 같은 내용을 저장한 텍스트 파일인데, 인코딩 방식이 다릅니 다. 위의 것은 utf8 아래 것은 euc-kr로 인코딩한 것입니다. 하지만 텍스트 파일은 어떤 값으로 인코딩했는지 저장된 정보가 없으므로 파일을 열 때 신경을 써줘야 합 니다. 구체적인 것은 좀 더 뒤에 보기로 하고, 왜 이렇게 복잡하게 만들어 놓았는지 재미 삼아 알아볼까요?

알파벳은 모두 세 글자가 아니라 26글자라고 말했습니다. 대문자까지 해봐야 52자면 땡이죠. 그런데 한글은 모두 몇 글자가 있을까요? 자, 국어 공부 시간입니다.

① 한글의 자음은 몇 개?
② 한글의 모음은 몇 개?

자음 19개 모음 21개입니다. 인터넷 검색해 보니 이렇게 나오네요. 그러면 합쳐봐야 40개로 영어보다 글자수가 적죠. 그런데 문제는 한글은 초성, 중성, 종성을 합쳐서 하나의 글자를 만든다는 점입니다. 영어로 사과를 적으면 a, p, l, e 네 글자를 나란히 배열해서 apple이라고 표기하는 반면에 한글은 ㅅ+ㅏ, ㄱ+ㅘ 이렇게 글자를 합쳐서 '하나의 문자'를 만들어야 하니 글자의 조합 수가 훨씬 많습니다. 컴퓨터 프로그램은 원래 영어를 기본으로 만들었기 때문에 이렇게 조합수가 많은 글자를 표현하기 위한 방법이 없었는데 전 세계적으로 사용자가 늘면서 표현해야 할 문자수가 아주 많아지게 되었습니다. 그렇다고 지구상에 사용하는 모든 문자를 다 표현하도록 글자 하나의 값을 크게 늘리자니 불필요한 정보가 너무 많아지기도 해서 글자표를 만들어 놓고 그 순서에 따라 값을 저장하도록 만들게 되었습니다. 우리가 주로 사용하는 표의 이름이 앞에서 인코딩이라고 했던 utf8과 euc-kr(또는 cp949)입니다.

그렇다고 어려워할 필요는 없습니다. 독자 여러분들이 파이썬에서 파일을 열 때는 어떤 인코딩 방식이냐만 적어주면 나머지는 알아서 처리해 주니까요.

기억해야 할 또 하나의 개념은 파일을 열면 그 내용이 모두 기억장소로 쏙하고 들어오는 게 아니라는 점입니다. 파일을 연 후에 내가 어디까지 읽었는지 책갈피를 꽂아놓는다고 생각하면 비슷할 것 같습니다. 당연히 다 읽은 파일은 닫아서 원래대로 두어야 하고 말이죠.

파이썬에서 파일은 이렇게 엽니다.

책갈피 = open('파일경로', '여는 방식', encoding='인코딩 방식')

책갈피는 프로그래밍 세상에서는 '파일 포인터'라고 부르죠. 이제 open 함수의 매개변수를 하나씩 살펴보겠습니다.

❶ 파일경로

열고자 하는 파일의 위치를 써주면 됩니다. 따옴표로 묶어서 문자열로 만들어야 합니다. 점점(..)과 점(.)의 개념도 알고 있으면 편리하니 그림으로 쉽게 알아보겠습니다.

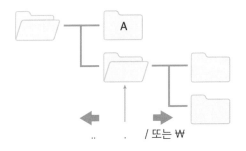

그림처럼 현재 위치하고 있는 폴더를 점(.) 바로 앞의 폴더를 점점(..) 이렇게 표현하고 안쪽 폴더는 / 또는 ₩로 표현합니다. 그림에서 A 폴더 안에 '연습.txt'라는 파일이 있다면, 가운데에 화살표로 표시한 열려 있는 폴더 기준으로는 './A/연습.txt' 이렇게 파일 위치가 표현됩니다. 다른 경로에 있다면 'c:/' 이렇게 드라이브 이름도 사용이 가능합니다.

❷ 여는 방식

파일을 여는 방식에는 크게 3가지가 있습니다. 쓰기(write), 읽기(read), 추가(append) 이렇게 3가지인데(알파벳 첫 글자만 '여는 방식'에 입력합니다), 파일이 이미 있을 때와 그렇지 않을 때의 동작이 다릅니다.

	읽기	쓰기	추가
파일이 없을 때	그런 파일은 없다! 에러 발생	좋아. 새로운 파일을 만들자. (크기가 0인 파일이 만들어진다)	
파일이 있을 때	처음부터 읽어봅시다. 책갈피 맨 앞에	뭐지. 파일이 있는데 새로 쓰라고? 뭐 그래봐야지. 원래 있던 파일은 내 맘대로 지운다.	하던 일 계속 하려고? 책갈피 맨 뒤에 꽂아줄게.

파일이 있을 때 쓰기로 열면 기존 파일은 휴지통으로 가지 않고 그냥 사라집니다. 주의하셔야 합니다.

이 세 가지 파일을 여는 방식의 기본값은 텍스트 읽기입니다. 원래는 'wt', 'rt' 이런 식으로 써야 하는데 아무 값도 지정하지 않으면 텍스트를 읽기 위해 파일을 연다고 생각하고 열어버리죠. 그런데 우리가 꼭 텍스트만 저장해야 하는 건 아닌데 그런 경우는 어떻게 할까요? 텍스트로 저장을 하면 인코딩을 해버리기 때문에 문자값이 아닌 다른 정보를 저장하려고 할 때 문제가 생깁니다. 이럴 때는 't'를 붙이는 자리에 'b'를 붙이면 인코딩을 하지 않고 저장을 합니다. 'b'를 사용하려면 생략할 수 없고 반드시 붙여야 하니 혹시라도 나중에 피클이라는 패키지로 뭔가를 저장할 때 잊지 말고 'b'를 붙여서 파일을 열기 바랍니다.

❸ encoding

이 부분은 앞에 이렇게 영어로 써주고 등호 기호 뒤에 '문자열'로 인코딩 방식을 써줘야 합니다. 우리의 경우에는 encoding='utf8' 또는 encoding='euc-kr' 이렇게 되겠죠. 대소문자는 중요하지 않고 아무것도 지정하지 않으면 'euc-kr' 방식으로 인코딩 방식을 선택합니다.

여기까지는 준비 단계였고 이제 파일을 열어볼까요?

인터넷 창에 '대통령 신년사 전문'이라고 검색해서 본문을 복사하고 윈도우즈의 메모장 프로그램을 열어서 텍스트 파일로 저장하겠습니다. 원하는 내용으로 텍스트 파일을 하나씩 만들어보길 바랍니다.

파일을 저장할 때 파이참의 프로젝트에 저장하고 싶으면 다음과 같습니다.
C:\Users\[사용자 이름]\PycharmProjects

이곳에 기본으로 저장되니 위치를 참고하길 바랍니다(저는 파이참 기본 폴더에 만들어 놓은 untitled 프로젝트 안에 파일을 넣었습니다).

읽기 방식으로 파일을 열어보겠습니다.

```
fp1 = open( '2020 대통령 신년사 전문_euc-kr.txt', 'r' )
fp2 = open( '2020 대통령 신년사 전문_utf8.txt', 'r' )
fp3 = open( '2020 대통령 신년사 전문_utf8.txt', 'r', encoding='utf8' )
fp4 = open( '2020 대통령 신년사 전문_euc-kr.txt', 'r', encoding='utf8' )
```

저는 원문을 이렇게 두 가지 인코딩 방식으로 저장해서, 다른 인코딩 옵션으로 읽어 보았습니다(내용은 저의 정치적 성향과는 무관합니다).

파이썬 콘솔 창에서 이렇게 파일을 여는 것까지는 아무런 변화가 일어나지 않습니다. 하지만 파일에 저장된 값을 읽어내려고 하는 시점에 인코딩을 따지기 때문에 읽어봐야 어떻게 다른지 알 수 있습니다.

파일에서 한 줄을 읽어내는 방법을 우선 알려드리면 점(.) 찍고 readline() 이렇게 함수를 호출하면 됩니다. 이 함수는 파일에서 줄바꿈 기호(엔터 '\n')를 만나기 전까지의 내용을 하나의 문자열로 되돌려줍니다. 그리고 책갈피를 그 문장의 끝에 꽂아두니까 다시 한 번 부르면 그 다음 줄의 내용을 읽을 수 있습니다.

처음 열린 책갈피(대다수의 프로그래머들이 파일포인터의 약자인 fp를 변수로 주로 사용합니다)의 내용을 읽어 보겠습니다.

```
>>> fp1.readline( )
'문재인 대통령 신년사 전문. \n'
```

정상적으로 처음 줄이 출력되었네요. 계속해서 나머지를 보면, 다음과 같습니다.

```
>>> fp2.readline( )
Traceback (most recent call last):
    File "<input>", line 1, in <module>
UnicodeDecodeError: 'cp949' codec can`t decode byte 0xec in
position 6: illegal multibyte sequence
>>> fp3.readline( )
'문재인 대통령 신년사 전문. \n'
>>> fp4.readline( )
Traceback (most recent call last):
File "<input>", line 1, in <module>
File "C:\Anaconda\lib\codecs.py", line 321, in decode
(result, consumed) = self._buffer_decode(data, self.errors,
final)
UnicodeDecodeError: 'utf-8' codec can`t decode byte 0xb9 in
position 0: invalid start byte
```

fp2와 fp4의 경우 인코딩 방식을 잘못 선택했으므로 에러가 발생하였습니다(거듭 말씀드리자면 인코딩 방식 기본값은 euc-kr입니다).

이번에는 책갈피의 변화를 살펴보죠. 책갈피가 어디에 있는지는 파일 포인터 뒤에 .tell()이라는 함수를 붙이면 알려줍니다.

다시 파일을 열어서 처음부터 위치를 물어보면 다음과 같이 동작하는 것을 볼 수 있습니다.

```
>>> fp1 = open('2020 대통령 신년사 전문_euc-kr.txt', 'r')
>>> fp1.tell()
0
>>> fp1.readline()
'문재인 대통령 신년사 전문. \n'
>>> fp1.tell()
29
```

처음에는 0이었다가 한 줄을 읽으면 \n의 뒤에 다시 위치하게 됩니다. 이 문장에 있는 문자를 보면 '한글 11글자, 공백 4개, 마침표 1개, 줄바꿈 기호 1개' 이렇게 들어 있습니다. 여기에서 한글만 정보를 2배를 사용하니까 총 $11 * 2 + 4 + 1 + 1 = 28$개의 정보만큼을 읽어내고 위치 29부터 읽을 준비를 한 것이죠. (영어나 공백, 기호는 1바이트(byte)라고 하는 8개의 비트(bit, 1 또는 0을 저장하는 최소 단위)가 모인 기본단위로 전부 표현이 가능한 반면, 한글은 2바이트가 필요하다고 전문가들은 어려운 용어로 설명합니다.)

파일을 읽을 때 원하는 단위로 몇 개씩 읽으려면 .read(읽을 개수) 이렇게 할 수도 있고, 통으로 파일을 불러오려면 .readlines() 이렇게 복수형으로도 읽을 수 있습니다. 책갈피를 옮겨 다닐 수도 있는데 필요하다면 인터넷을 검색해서 사용법을 알아보길 바랍니다.

이제부터는 이렇게 불러온 문자들에서 불필요한 내용을 제거하고 단어 단위로 나누는 일을 해보려고 합니다.

파일의 크기가 그렇게 크지 않으니 .readlines()를 이용해서 한 번에 다 읽어내겠습니다.

```
fp = open('2020 대통령 신년사 전문_utf8.txt', 'r', encoding='utf8')
lines = fp.readlines()
```

이렇게 하면 lines라는 곳으로 파일에서 읽은 내용이 모두 들어갑니다.

```
∨ ≣lines = {list: 459} ['문재인 대통령 신년사 전문.₩n', '₩n',
   '₩n200b₩n', '₩n', '존경하는 국민여러분'
   01 000 = {str} '문재인 대통령 신년사 전문.₩n'
   01 001 = {str} '₩n'
   01 002 = {str} '₩n'
   01 003 = {str} '₩n'
   01 004 = {str} '존경하는 국민 여러분, 경자년(慶子年) 새해가 밝았습니다.
   ₩n'
   01 005 = {str} '₩n'
   01 006 = {str} '₩n'
   01 007 = {str} '₩n'
   01 008 = {str} '3·1독립운동과 임시정부 수립 100년의 뜻깊은 해를
   보내고, 올해 ₩'4·19혁명 60주
   01 009 = {str} '₩n'
   01 010 = {str} '₩n'
   01 011 = {str} '₩n'
   01 012 = {str} '정의롭고 안전하며, 더 평화롭고 행복한, ₩'나라다운
   나라₩'를 만들라는 국민의 준
   01 013 = {str} '₩n'
   01 014 = {str} '₩n'
   01 015 = {str} '₩n'
   01 016 = {str} '많은 국민들이 낯선 길을 함께 걸어주셨습니다. 국민들이
   불편과 어려움을 견디며
   01 017 = {str} '₩n'
```

readlines()는 파일에서 읽은 내용들을 이렇게 줄 단위로 리스트로 만들어서 돌려줍니다. 그런데 불필요한 기호들도 많고 빈 줄도 많이 보입니다. 단어 단위로 나누려면 이것들을 제거하는 게 좋겠습니다.

작업을 위해서 몇 가지 문자열에서 제공하는 내장된 함수가 필요합니다.

❶ 문자열에서 지정한 값들을 제거해 주는 .strip()

❷ 구분자 단위로 문자를 쪼개어 주는 .split('구분자')

❸ 구두점(마침표, 느낌표 등의 기호들)은 string 패키지에 들어 있습니다. 이것을 import해서 사용하겠습니다. string 패키지에 들어 있는 구두점은 string.punctuation이라고 값을 불러낼 수 있고 문자열 자료 값은 '!"#$%&₩'()*+,-./:;<=>?@[₩₩]^_`{|}~' 이런 것들이 들어 있습니다.

```
01:import string
02:
03:fp = open('2020 대통령 신년사 전문_utf8.txt', 'r', encoding='utf8')
04:lines = fp.readlines()
05:
06:clean_contents = []
07:punctuation = string.punctuation + "\u200b\'"
08:for line in lines:
09:    line_splitted = line.strip().strip(punctuation).split()
10:    for word in line_splitted:
11:        clean_contents.append(word)
```

∨ clean_contents = {list: 2006} ['문재인', '대통령', '신년사',
  '전문', '존경하는', '국민', '여러분', '경자년(慶子年)'…

01 0000 = {str} '문재인'
01 0001 = {str} '대통령'
01 0002 = {str} '신년사'
01 0003 = {str} '전문'
01 0004 = {str} '존경하는'
01 0005 = {str} '국민'
01 0006 = {str} '여러분'
01 0007 = {str} '경자년(慶子年)'
01 0008 = {str} '새해가'
01 0009 = {str} '밝았습니다'
01 0010 = {str} '3·1독립운동과'
01 0011 = {str} '임시정부'
01 0012 = {str} '수립'
01 0013 = {str} '100년의'
01 0014 = {str} '뜻깊은'
01 0015 = {str} '해를'
01 0016 = {str} '보내고'
01 0017 = {str} '올해'
01 0018 = {str} '₩'4·19혁명'
01 0019 = {str} '60주년₩'과'
01 0020 = {str} '₩5·18민주화운동'
01 0021 = {str} '40주년₩'을'

이렇게 한 바퀴를 돌리니 총 2006개의 단어가 나타났습니다(7번 줄의 '\u200b'

부분은 원문에 포함된 이상한 공백을 제거하기 위해서 추가한 것입니다). 유니코드

때문에 몇몇 구두점들이 남아있는 게 보이네요. 이 구조를 조금 변형시켜서 단어별로 몇 번씩 나타나는지를 세어보도록 프로그램을 수정하겠습니다.

단어별로 무언가를 하려 할 때 적합한 파이썬의 자료형이 있습니다. 단어하니까 저놈들 중에 한 놈이 생각나지 않으십니까? '딕!셔!너!리!' 단어는 역시 사전이죠. 딕셔너리를 이용해서 key 값으로 단어, key에 연결된 값으로 숫자를 저장하도록 만들면 다루기 쉽게 자료가 정리될 것 같습니다. 딕셔너리 뒤에 .get('키값')을 넣어서 None이 나오면 새로운 단어, 값이 나오면 그 값에 1을 더하도록 프로그램을 수정합시다. 그리고 '정렬에 대해서'에서 말씀드렸던 sorted() 함수를 이용해서 자주 나온 단어순으로 정렬을 하겠습니다.

```python
01:import string
02:
03:fp = open('2020 대통령 신년사 전문_utf8.txt', 'r', encoding='utf8')
04:lines = fp.readlines()
05:
06:clean_contents = []
07:punctuation = string.punctuation + "\u200b\'"
08:for line in lines:
09:    line_splitted = line.strip().strip(punctuation).split()
10:    for word in line_splitted:
11:        dict_value = clean_contents.get(word)
12:        if dict_value is None:
13:            clean_contents[word] = 1
14:        else:
15:            clean_contents[word] += 1
16:result=sorted(clean_contents.items(), key=lambda x:x[1],
reverse=True)
```

프로그램이 좀 복잡해 보이나요? 하나씩 뜯어보면 결코 그렇지 않습니다. 처음 보는 것들 몇 개는 '아직은 그냥 이런 게 있구나'하고 넘어가면 되겠습니다.

```
>   0000 = {tuple: 2} ('더', 25)          >   0030 = {tuple: 2} ('할', 5)
>   0001 = {tuple: 2} ('수', 22)          >   0031 = {tuple: ?} ('우리가', 5)
>   0002 = {tuple: 2} ('등', 18)          >   0032 = {tuple: 2} ('새로운', 5)
>   0003 = {tuple: 2} ('더욱', 17)        >   0033 = {tuple: 2} ('하는', 5)
>   0004 = {tuple: 2} ('것입니다', 14)    >   0034 = {tuple: 2} ('많은', 4)
>   0005 = {tuple: 2} ('우리', 13)        >   0035 = {tuple: 2} ('될', 4)
>   0006 = {tuple: 2} ('함께', 13)        >   0036 = {tuple: 2} ('"변화"를', 4)
>   0007 = {tuple: 2} ('위해', 12)        >   0037 = {tuple: 2} ('지원을', 4)
>   0008 = {tuple: 2} ('있습니다', 12)    >   0038 = {tuple: 2} ('크게', 4)
>   0009 = {tuple: 2} ('국민', 11)        >   0039 = {tuple: 2} ('간', 4)
>   0010 = {tuple: 2} ('지난해', 11)      >   0040 = {tuple: 2} ('지역', 4)
>   0011 = {tuple: 2} ('올해', 10)        >   0041 = {tuple: 2} ('국민들의', 4)
>   0012 = {tuple: 2} ('위한', 10)        >   0042 = {tuple: 2} ('3대', 4)
>   0013 = {tuple: 2} ('것입니다', 9)     >   0043 = {tuple: 2} ('연속', 4)
>   0014 = {tuple: 2} ('정부는', 8)       >   0044 = {tuple: 2} ('올해는', 4)
>   0015 = {tuple: 2} ('통해', 8)         >   0045 = {tuple: 2} ('수출', 4)
>   0016 = {tuple: 2} ('대한', 7)         >   0046 = {tuple: 2} ('평화를', 4)
>   0017 = {tuple: 2} ('있습니다', 7)     >   0047 = {tuple: 2} ('협력을', 4)
>   0018 = {tuple: 2} ('있을', 7)         >   0048 = {tuple: 2} ('한', 4)
>   0019 = {tuple: 2} ('세계', 7)         >   0049 = {tuple: 2} ('존경하는', 3)
>   0020 = {tuple: 2} ('두', 7)           >   0050 = {tuple: 2} ('3년', 3)
>   0021 = {tuple: 2} ('우리는', 7)       >   0051 = {tuple: 2} ('잘', 3)
>   0022 = {tuple: 2} ('여러분', 6)       >   0052 = {tuple: 2} ('있도록', 3)
>   0023 = {tuple: 2} ('하겠습니다', 6)   >   0053 = {tuple: 2} ('삶의', 3)
>   0024 = {tuple: 2} ('그', 6)           >   0054 = {tuple: 2} ('역대', 3)
>   0025 = {tuple: 2} ('있는', 6)         >   0055 = {tuple: 2} ('맞춤형', 3)
>   0026 = {tuple: 2} ('남과', 6)         >   0056 = {tuple: 2} ('결과', 3)
>   0027 = {tuple: 2} ('남북', 6)         >   0057 = {tuple: 2} ('이상', 3)
>   0028 = {tuple: 2} ('국민의', 5)       >   0058 = {tuple: 2} ('합니다', 3)
>   0029 = {tuple: 2} ('"'확실한"', 5)   >   0059 = {tuple: 2} ('최근', 3)
```

상위 60개의 결과는 이렇게 나왔습니다. '더', '수', '등' 같은 의존명사나 부사 등은 금지어로 정해놓고 제거해야 하는데, 이번 장의 주목적은 파일을 어떻게 열어서 어떤 일을 할 수 있는지가 주목적이기 때문에 큰 흐름만 보여드렸습니다.

의미 있을 법한 단어를 몇 개 뽑아보면 19번의 '세계', 26, 27번의 '남과/남북', 36, 37번의 '변화/지원', 44~46의 '수출/평화/협력', 55번 맞춤형 이런 것들이 신년사의 핵심 단어인 듯합니다. 보이는 것처럼 파일로 데이터를 처리하면 귀찮게 하나씩 입력하지 않아도 됩니다.

이렇게 파일을 사용하고 나면 파일을 닫아줘야 합니다. 파일을 다룰 때는 책갈피(파일 포인터)를 통해서 파일을 읽고, 쓰기 때문에 책갈피를 닫으면 파일이 닫힙니다. 위의 프로그램에서는 fp.close() 이렇게 하면 됩니다. 읽기로 파일을 열었을 경우에는 별문제가 생기지 않는데, 쓰기로 파일을 열고 닫지 않으면 대개는 파이썬 프로그램이 종료하면서 자동으로 닫아주기도 하지만 최악의 경우 컴퓨터의 운영체제가 파일의 끝이 어디인지 알 수 없어서 애써 저장한 파일을 읽지 못할 수도 있습니다. 따라서 사용한 파일은 꼭 닫는 습관을 들여야 합니다.

팁을 하나 드리면 파이썬에는 열어놓은 파일을 닫는 습관을 들이는 것이 어려운 사람들을 위한 해결책도 가지고 있습니다. 파일을 열 때 조금 다르게 열면 알아서 닫는 일까지 해주는데 문법이 이렇습니다.

```
with open('2020 대통령 신년사 전문_utf8.txt', 'r', encoding='utf8') as fp:
      lines = fp.readlines()
```

앞의 프로그램 3, 4번 줄을 이렇게 만들면 파이썬이 알아서 파일을 닫아주게 됩니다. with라는 문장이 시작된 들여쓰기와 같은 수준으로 프로그램 코드가 시작되는 지점에서 파일이 닫히게 됩니다. 다음 두 가지 경우를 비교해 보면 더욱 이해가 잘 될 것 같습니다.

```
01:with open('2020 대통령 신년사 전문.txt', 'r', encoding='utf8') as fp:
02:      line = fp.readline()
03:      print(line)
04:print(line)
05:line = fp.readline()
```

이 프로그램을 실행하면 이런 결과가 나옵니다.

문재인 대통령 신년사 전문.
문재인 대통령 신년사 전문.

```
Traceback (most recent call last):
File "<input>", line 5, in <module>
ValueError: I/O operation on closed file.
```

처음 파일포인터 fp를 이용해서 한 줄을 읽어 왔을 때는 with문 안에서 실행했기 때문에 파일이 열려 있어서 정상적으로 값을 읽어 '문재인 대통령 신년사 전문.'이라는 문장을 출력했습니다.

하지만 4번 줄로 나올 때 이미 with문을 빠져나왔기 때문에 파일이 닫혀버려서 5번 줄에서 fp를 이용해서 값을 읽으려 할 때 '닫혀있는 파일에서 값을 읽으려고 시도했다'며 통C가 빨간색 에러 메시지를 날려주는 겁니다. 하지만 line이라는 변수에 저장된 값은 여전히 살아있으므로 파일이 닫혀있어도 두 번째 '문재인 대통령 신년사 전문.'이라는 문장을 출력할 수 있는 거죠. 쉽죠? 이번 장은 여기서 마무리하겠습니다.

1 ○, × 퀴즈입니다.

① 파일의 이름은 쉼표(,)를 기준으로 이름과 확장자로 나뉜다. (   )

② 파일의 종류를 구분할 때는 확장자를 확인한다. (   )

③ 컴퓨터에서 한글을 저장하는 방식은 한 가지 밖에 없다. (   )

④ 파일을 사용한 후에는 반드시 닫아야 한다. (   )

2 파일을 여는 함수에 대한 설명입니다. 빈칸에 들어가는 내용들의 의미를 적으세요.

(①) = open(② , ③ , ④)

① _____   ② _____

③ _____   ④ _____

3 파일을 읽는 용도로 열려고 합니다. 어떤 값을 이용해야 하나요?

① 'w'   ② 'a'

③ 'r'   ④ 'c'

4 파일을 열려고 합니다. 다음 특징을 가지도록 보기에서 짝을 찾으세요.

여는 목적		자료의 형태	
ⓐ 'r'	ⓑ 'w'	㉠ 'b'	㉡ 'x'
ⓒ 'a'	ⓓ 'c'	㉢ 'k'	㉣ 't'

① 텍스트(일반글자) 형태의 자료를 기록하는 목적 (   )

② 파이썬 객체를 그대로 읽어 들이는 목적 (   )

③ 기록했던 텍스트 파일에 이어서 기록하는 목적 (   )

5 다음 문자열을 .split() 함수를 이용해서 나누려고 합니다. 함수의 매개변수를 넣어 주세요.

> 문자열1: 2020-7-11
>
> → 2020   7   11
>
> 문자열2: 파이썬은 절대 어렵지 않다.
>
> → 파이썬은   절대   어렵지   않다.
>
> 문자열3: .csv파일의,값들은,이렇게,나눌수,있다.
>
> → .csv파일의   값들은   이렇게   나눌수   있다.

① 문자열1.split(   )   ② 문자열2.split(   )   ③ 문자열3.split(   )

6 문자열 뒤에 공백이나 엔터기호('\n')이 들어 있어서 제거하고 싶습니다. 어떤 함수를 이용하면 좋을까요?

① .split()   ② .strip()

③ .stripe()   ④ .string()

7 다음을 실행시켰을 때 4번 줄에서 에러가 발생하였습니다. 원인이 무엇일까요?

```
01:with open('2020 대통령 신년사 전문.txt', 'r', encoding='utf8')
as fp:
02:    line = fp.readline()
03:    print(line)
04:line = fp.readline()
```

⑪ 햄버거? 치즈버거? 디버거?

독자 여러분, 오늘도 안녕하십니까? 제목을 보고 느낀 분도 있겠지만 유치해도 참아야 합니다.

이번에는 파이참 디버거를 다뤄보려고 합니다. 제가 파이썬을 사용하면서 다양한 프로그램 중에서 군이 파이참을 고른 이유가 바로 디버거에 있다고 해도 될 정도로 파이참 디버거는 다루기 쉽도록 잘 만들어져 있습니다. 좋은 디버거를 사용하는 것도 복입니다. 생각한 대로 동작하지 않는 프로그램의 원인을 찾지 못하는 경우처럼 답답함은 없으니까 말입니다.

목 막히는 상황에 시원한 사이다 같은 파이참의 디버거는 Shift + F9 번을 누르거나 ▶ ⚙ 이 그림의 실행 버튼 오른쪽에 보이는 벌레를 사정없이 마우스로 누르면 동작합니다.

디버거는 디버깅을 하기 위한 도구로 이런 이름이 생기게 된 유명한 일화가 있죠. 〈전설따라 파이썬! 蛾死留誤謬 편〉을 지금부터 시작하겠습니다.

이 이바구는 1940년대 후반 아메리카 대륙에 살던 타고난 신분의 굴레를 벗어나지 못해 늘 안타까워하던 한 나방에 관한 이야기입니다.

그는 그렇게 유복한 집안에서 태어나지는 않았지만 손이 귀한 집안의 독자로, 알에서 태어나자마자 눈만 마주치면(사실 겹눈이라 마주칠 일이 엄청 많았지만) 역사에 이름을 남겨야 한다고 설교해대는 할아버지의 영향을 받아 남다른 포부를 가지고 유충기를 보냈습니다. 유충 1기부터 유달리 똑똑하고 인생관이 명확했던 그는 집안의 자랑이었습니다. 시간이 순식간에 흘러 어느덧 성인이 되기 위한 길목에 접어들었고, 실을 뽑아 온몸을 꽁꽁 둘러싼 채 수주를 버텨야 하는 고행을 앞두고도 성충이 되어 더욱더 성실히 노력해서 집안을 빛내겠다는 부푼 꿈과 포부를 간직한 채 변태에 들어갔습니다.

얼마나 시간이 흘렀을까……. 더듬이와 날개를 달고 독립된 성충이 되어 꿈을 실현하기 위해 세상에 도전하기 시작했습니다. 세상일에 유독 호기심이 많았던 그는 컴퓨터야말로 미래 세상에서 가장 중요한 물건이 될 것이라고 예상했고, 컴퓨터에 대해 좀 더 자세히 알기 위해 그 주위를 돌면서 끊임없이 관찰하기 시작했습니다.

지금은 상상하기 어렵겠지만 그 시절은 스마트폰 성능의 1할도 안 되는 수준의 컴퓨터가 방안을 가득 채울 정도로 무식하게 컸습니다. 곁에서만 봐서는 그 심오한 원리에 다가갈 수 없다고 판단한 나방은 그만 금단의 선을 넘고 말았습니다. 그는 좀 더 깊이 있는 연구를 위해 컴퓨터 안으로 들어가는 모험을 강행했고, 논리의 흐름을 따라 뒤얽힌 전선을 이리저리 날아다니며 이해의 차원을 넓혀 나가고 있었습니다.

그러나 잡힐 듯 잡히지 않는 깨달음의 영역에 대한 갈증은 점점 깊어지고, 어느덧 그는 회로 속을 들여다보고 싶다는 욕망의 노예가 되어가고 있었습니다. 저기에 답이 있는데 위험하지만 저 속에 답이 있는데……. 그렇게 멍하니 회로를 쳐다보던 그는 무엇에 이끌린 듯 광기 어린 표정으로 회로를 향해 한 발짝씩 다리를 옮겨가고 있었습니다. 회로의 금속 단자와 그의 거리는 점점 가까워지고 있었고 죽을지도 모른다는 걱정은 까맣게 잊은 채 그만 차가운 금속판에 발을 디디고 말았습니다. 그 순간 그의 몸으로 들어오는 전류의 흐름은 그가 그토록 갈망했던 깨달음의 영역으로 그를 인도하였고, 그는 생명이 타들어가는 것도 잊은 채 그렇게 꿈과 새로운 세계를 향해 넘어오지 못할 다리를 건넜습니다.

그의 사고로 인해 컴퓨터에 오동작이 발생했고, 오류를 해결하기 위해 컴퓨터 안을 조사하던 개발자는 새로운 깨달음을 얻은 최악의 대가로 생명을 버린 채 회로 사이에서 입가에 옅은 미소가 남아있는 듯한 표정으로 싸늘하게 식은 나방을 발견했습니다. 그 개발자는 Oh! shit! It's a bug!(이런 xx! 벌레 아냐!)라고 했고, 虎死留皮 蛾死留誤謬(호랑이는 죽어서 가죽을 남기고 나방은 죽어서 오류를 남긴다)라는 말이 생겨났습니다.

언제부터인지 정확히 알려지지는 않았지만 하나뿐인 목숨을 버려가면서까지 광적으로 지식을 탐구하던 나방의 순수한 영혼을 이해하지 못한 채, 그 행위의 결과로 만들어진 일의 원인을 찾는 행위에 대해서만 벌레 제거, 즉 Debug라고 부르게 되었습니다.

미물의 몸으로 학문을 향한 타오르는 열정을 보여줬던 그는 그렇게 아쉽게 세상을 져버렸지만, 결국 컴퓨터사에 디버그라는 새로운 용어를 만드는 데 큰 공헌을 하게 되었고, 지금도 그의 유해는 미국의 스미소니언 박물관에 보관, 전시되어 그가 그토록 갈망했던 컴퓨터의 역사에 길이 남게 되었습니다.

개화기의 신파극 콘셉트로 쓰려고 했는데, 좀 이상하게 철학적인 글이 되어버린 듯합니다. 어이없음과 괴기함, 황당함에도 불구하고 끝까지 읽어준 독자분께 감사드립니다.

아무튼 파이참의 디버깅 툴에 대해 알아보려던 참이었습니다. 그나저나 앞에서 디버깅 버튼을 사정없이 마우스로 눌러 본 사람 있나요? 어떤 일이 일어났나요? 그렇죠. 실행했을 때와 차이점을 못 느끼겠다거나 조금 느리게 실행이 되는 것 같다고 말하는 게 당연합니다. 아직 필요한 조치를 취하지 않았거든요.

蛾死留誤謬라고(제가 만든 말입니다) 디버깅은 프로그램에 오류가 생겼을 때 원인을 찾아 문제를 해결하는 행위입니다. 오류가 생긴 상황이 전제가 되는 것이죠. 오류는 어떤 원인에 의해서 의도하지 않은 결과가 발생한 것으로 일반적으로 오류가 발생한 주변에 사건의 단서가 있습니다. 그런 상황에서는 통C가 파이썬 개발자로부터 받은 행동 지침과 강령에 따라 사건의 발생 장소에 관한 정보를 1차 단서로 정리하여 주인장에게 제공합니다.

실제 오류가 발생한 상황을 캡처하여 보여드리겠습니다.

```
01:zodiac_sign = {1: '쥐', 2: '소', 3: '호랑이', 4: '토끼', 5: '용', 6: '뱀',
02:███████7: '말', 8: '양', 9: '원숭이', 10: '닭', 11: '개', 12: '돼지'}
03:base_year = 1901   #소띠 해
04:birth_year = input('당신이 태어난 년도를 입력하세요: ')
05:print(f'당신은 {zodiac_sign[(birth_year-base_year+2)%12]}띠 입니다.')
```

태어난 년도를 입력하면 무슨 띠인지를 출력하도록 만들었습니다.

```
당신이 태어난 년도를 입력하세요: 2000
Traceback (most recent call last):
File "C:/Users/신유선/PycharmProjects/untitled/test4.py" line 5,
in <module>
    print(f'당신은 {zodiac_sign[(birth_year-base_year+2)%12]}띠
입니다.')
TypeError: unsupported operand type(s) for -: 'str' and 'int'

Process finished with exit code 1
```

ⓧ 태어난 년도는 개인정보 보호를 위해 임의로 입력하였습니다.

통C의 사건 보고서에 따르면 사건의 발생지는 사각형을 표시한 5번 라인입니다. 5번 라인에서 문자열에서 정수를 빼기하려고 했다는 말입니다. 왜 잘못된 거지? 이렇게 생각할 때 빼기의 앞이 문자열이라고 했으니 birth_year가 입력되는 다음 라인에서 입력된 값을 확인하면 원인 파악에 도움이 될 것이라고 생각하면 됩니다.

이제 이 부분을 좀 더 자세히 들여다봐야 하는데 프로그램이 실행되다가 여기에서 멈추는 상태가 가장 문제의 상황과 근접할 것입니다. 이럴 때를 위해서 만들어 놓은 것이 breakpoint입니다. 파이참 에디터를 잘 보면 몇 번 줄인지 숫자로 표시가 되어 있고 아래 그림의 사각형 부분에 여백이 있습니다.

```
1  zodiac_sign = {1: '쥐', 2: '소', 3: '호랑이', 4: '토끼', 5: '용', 6: '뱀',
2                 7: '말', 8: '양', 9: '원숭이', 10: '닭', 11: '개'. 12: '돼지'}
3  base_year = 1901  # 소띠 해
4  birth_year = input('당신이 태어난 년도를 입력하세요: ')
5  print(f'당신은 {zodiac_sign[(birth_year-base_year+2)%12]}띠 입니다.')
```

5번 줄 표시 뒤의 공간을 마우스로 클릭하면 빨간 동그라미가 생기며 줄 전체가 핑크색이 됩니다.

```
4    birth_year = input('당신이 태어난 년도를 입력하세요: ')
5 ●  print(f'당신은 {zodac_sign[(birth_year-base_year+2)%12]}띠 입니다.')
```

이 표시는 디버거에게 프로그램을 실행하다가 이 지점에서 멈춰달라고 알리는 표식입니다. 이제 벌레 모양의 실행 버튼을 누르고 태어난 년도를 입력한 후 엔터 키를 치십시오.

줄이 남색으로 바뀌고 4번 줄의 뒤에 회색으로 변수값이 표시됩니다.

```
4    birth_year = input('당신이 태어난 년도를 입력하세요: ') birth_year:'2000'
5 ●  print(f'당신은 {zodac_sign[(birth_year-base_year+2)%12]}띠 입니다.')
```

그리고 아랫부분을 보시면 디버그 창이 열려 있습니다.

아래쪽에 5:Debug 부분이 반전되어 있고, 벌레 모양 버튼 옆에 디버그 실행 중 이라는 의미로 작은 초록색 동그라미가 생겼습니다.

파이썬 파일 이름(여기에서는 test4) 아래에 있는 console 버튼을 누르면 실제 실행되는 화면이 나옵니다.

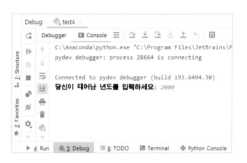

디버그 창의 오른쪽에 변수들이 나타나 있고 현재 컴퓨터의 기억장치에 입력되어있는 변수의 값들이 보입니다. 이 중 세 번째인 birth_year를 보면

`01 birth_year = {str}'2000'` 이렇게 문자열 변수로 '2000'이라는 값이 저장된 모습을 볼 수 있습니다. input 함수에서 입력한 값이 문자열로 저장되었음을 확인 했습니다. 문제 해결을 위해서는 이 값을 정수로 만들어줘야 하겠죠? 정수는 영어로 integer라고 쓰는데 보통 int라고 줄여서 사용합니다. 이쯤은 이제 상식이죠. 파이썬에서 문자열을 정수로 변환하는 함수는 int()입니다. 이 함수를 이용해서 원하는 결과를 얻을 수 있을지 디버그 상태에서 확인해봅시다.

변수창의 왼쪽 위에 있는 + 버튼이나 키보드의 insert 키를 누르면 아래 그림처럼 New watch를 입력할 수 있는 공간이 나타납니다.

여기에 int(birth_year)라고 입력하고 엔터를 치겠습니다.

의도했던 대로 정수 2000이 되었습니다. 5번 줄의 birth_year를 int(birty_year)로 변경하면 문제가 해결됨을 알 수 있었습니다.

정말로 해결되는지 지금 상태 그대로 birth_year 값을 정수로 바꿔보겠습니다. 변수창의 birth-year를 선택하고 F2이나 마우스 오른쪽 버튼을 눌러 Set value을 선택하면 값을 변경할 수 있는데, 2000을 입력하고 엔터를 치면 문자열 변수가 정수로 바뀝니다.

여기에서  → 여기로 `01 birth_year = {int} 2000`

이제 멈췄던 프로그램을 다시 진행해보겠습니다.

변수창 윗부분에 화살표들이 여러 개가 있습니다. 각각의 마우스를 가져가면 이름이 나타납니다.

제가 사용하는 기능을 위주로 드리면

❶ Step over F8 : 현재 줄에 있는 함수를 실행시킨다.

❷ Step into F7 : 현재 줄에 있는 함수의 안으로 들어간다.

❸~❻은 사용할 일이 없어서 저는 쓰지 않습니다. 궁금한 사람은 직접 실험해 보세요.

이 외에 F9를 누르면 다음 breakpoint까지 프로그램이 실행됩니다. 설정한 breakpoint가 없으면 프로그램의 끝까지 실행합니다.

위의 코드에서는 마지막 줄에서 멈춰있기 때문에 F8과 F9가 같은 결과가 나옵니다. 실행 버튼이나 키보드를 눌러 밈춰있는 프로그램을 이어서 실행시켜보세요.

```
Connected to pydev debugger (build 193.6494.30)
당신이 태어난 년도를 입력하세요: 2000
당신은 용띠입니다.

Process finished with exit code 0
```

birty-year 정수로 변경하니 의도했던 대로 프로그램이 실행되었습니다. 이제 5번 줄로 가서 프로그램을 이렇게 수정하면 디버깅이 끝납니다.

```python
print(f'당신은 {zodiac_sign[(int(birth_year)-base_year+2)%12]}띠 입니다.')
```

정상적으로 초록 삼각형을 눌러서 프로그램을 실행해도 되고, breakpoint를 설정한 위치를 다시 한 번 클릭해서 해제한 후 다시 debug를 실행해도 됩니다.

breakpoint에 대해서 한 가지 더 유용한 기능을 설명해보겠습니다. 변수창 왼쪽에 보이는 겹쳐진 빨간 동그라미를 이용하여 특정 조건에서 프로그램 실행을 멈추도록 하는 방법입니다.

여기에 사각형으로 표시해 놓은 버튼을 누르거나 실제 브레이크포인트가 설정된 빨간 동그라미에서 마우스 오른쪽 버튼을 누르면 우측 편에 다음과 같은 그림이 나타납니다.

Condition 앞에 있는 상자를 체크해 주고 '참이 되는 조건'을 적어주면 됩니다.

for 루프(이렇게 반복하는 구조를 루프(loop)라고 부릅니다)를 하나 만들어서 100번 돌리는 중간에 35번째에 멈추도록 위의 왼쪽 그림과 같이 설정했습니다. 결과는 오른쪽에 보이는 것처럼 breakpoint 옆에 물음표(?)가 생기고 원하는 대로 i 값이 35가 되는 순간 프로그램을 일시정지하였습니다. 디버거에 익숙해지면 프로그래밍이 더 재밌어질 겁니다.

1 디버깅을 할 때의 중요한 개념으로 프로그램의 실행을 일시정지시키기 위해 설정하는 표식을
무엇이라고 할까요?

① 빨간점   ② 디버거

③ 브레이크포인트   ④ 조건문

2 다음과 같이 for를 이용한 반복문이 있습니다. 디버깅을 하면서 프로그램의 실행을 일시정지
되었을 때 설정된 조건을 참고하여 올바른 i의 값을 찾아보세요.

```
01:sum = 0
02:for i in range(100):
●03:      sum += i
```

① 40   ② 50

③ 0   ④ 100

3 디버깅을 할 때 어떤 함수의 안에서 실행되는 변화를 보려고 할 때 필요한 기능은 무엇일까요?

① Step into `F7`   ② Step over `F8`

③ Run to cursor `Alt` + `F9`   ④ Resume program `F9`

버그(Bug)의
창시자

컴퓨터 프로그래밍에서 버그(bug)라는 개념을 처음 사용한 사람은 그레이스 호퍼(Grace Hopper)라는 미국의 컴퓨터 과학자입니다. 이름만으로는 성별을 짐작하기 어렵겠지만 여성 과학자이면서 동시에 미 해군 최초의 여성 제독이라는 타이틀을 가진 분이죠. 예일대학교에서 수학으로 박사학위를 취득하고 Vassar College 대학의 부교수로 재직 중이었지만, 2차 세계대전 당시 UNIVAC I 컴퓨터 개발 팀원으로 해군에 자원입대하였습니다. 영어를 컴퓨터가 이해할 수 있는 기계어로 바꾸어주는 것이 가능하다고 굳게 믿고 있던 그녀는 최초의 COBOL 컴파일러를 개발하였고, 다수의 초창기 프로그래밍 언어를 개발하는 데 큰 공헌을 하며 전 세계 40개의 대학으로부터 명예 학위를 받았습니다.

1947년 하버드 대학에서 Mark II 컴퓨터 관련 일을 하고 있을 때, 컴퓨터의 오동작을 확인하던 중 컴퓨터 기판 위에 붙어있는 나방이 원인이었던 것을 발견하고 벌레를 제거했다는 뜻으로 디버깅(debugging)이라는 말을 처음 사용한 것이 현재의 디버깅이라는 용어의 시초가 되었다고 합니다.

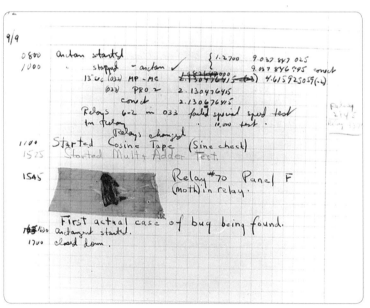

워싱턴 소재 스미소니언 박물관에 남아있는 최초의 버그 기록
(출처: https://en.wikipedia.org/wiki/Grace_Hopper)

재미있게 견학하는
패키지의 세계

나 이제 좀 잘하지 않아?

엑셀 차트도 아닌 것이 엑셀인 듯 아닌 듯

판다 안판다? 판다스

그림을 배워봅시다

① 나 이제 좀 잘하지 않아?

제목대로 책의 내용이 후반부로 달려가는 느낌입니다. 독자 여러분, 프로그래밍에 좀 익숙해졌습니까?

앞에서 알려드린 내용들은 파이썬이라는 프로그래밍 언어의 문법과 일반적인 프로그래밍의 개념입니다. 이것들을 잘 이해하고 조합하면 사용하기 편하게 만들어진 좋은 성능의 패키지들을 쉽게 사용할 수 있게 될 것입니다. 여기서부터는 사람들이 많이 사용하는 패키지를 소개하고 간단한 사용법을 알아보도록 하겠습니다. 그 첫 번째로 배열(리스트 친구)과 행렬(2차원 리스트) 연산에 최적화 되어있는 numpy를 알아보겠습니다.

numpy라고 쓰고 보통 넘파이라고 읽습니다. 파이썬용 패키지이면서 C/C++라는 언어로 만들어져 있어서 속도가 아주 빠르고 다양한 기능을 지원합니다.

앞에서 보았듯이 패키지를 사용하려면 수입을 해야 됩니다. 그리고 넘파이의 별명은 거의 전 세계적으로 np를 사용하고 있습니다. 공부했던 내용을 떠올려서 numpy를 np라는 별명으로 가져와 보시기 바랍니다.

```
import numpy as np
```

이렇게 하였다면 정답입니다.

이제부터는 np.으로 numpy의 기능을 사용할 수 있습니다. 파이썬의 리스트와 비슷한 부분이 많이 있어서 생소하지는 않을 거라 믿습니다.

❶ numpy 배열 만들기

numpy 배열은 일반적으로 파이썬 리스트로부터 만들거나 전체값이 0 또는 1로 채워진 상태로 만들어주는 함수를 이용하여 만듭니다.

정수 1, 2가 들어있는 numpy 배열을 만들어보겠습니다.

```
numpy_array = np.array([1, 2])
```

np.array라는 함수의 매개변수로 리스트를 직접 입력해 주는 것으로 간단하게 numpy 배열을 만들 수 있습니다. 지금까지 긴 시간은 아니었지만 이 책으로 프로그래밍 공부를 하면서 프로그램의 많은 부분이 변수와 함수 이름 자체만으로도 어떤 일을 하는지 짐작할 수 있도록 이름 지어졌다는 걸 느꼈을 것입니다. 모든 값을 0이나 1로 만들어주는 기능은 zeros와 ones라는 이름을 가지고 있습니다. 이번에는 인터넷 검색을 해서 함수의 매개변수 형태도 살펴보고 어떻게 이용하는지 예제도 알아보는 연습을 해봅시다.

무슨 기관도 아닌데 사이트 주소가 .org로 끝나네요.

https://numpy.org/

접속해 보니 문서(Documentation)라는 항목이 보입니다.

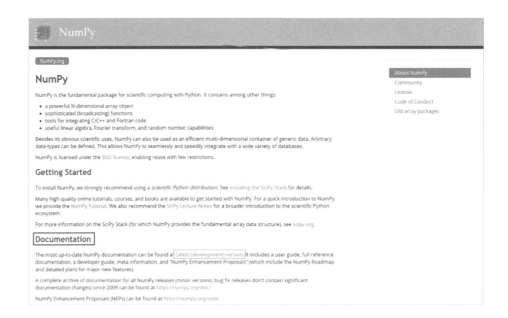

사각형으로 표시한 최신 버전의 설명서로 가는 링크를 클릭해서 화면을 열고 왼쪽 상단의 찾기 기능을 이용해 zeros의 설명을 찾아보겠습니다.

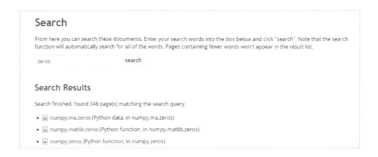

zeros가 들어간 문서가 꽤 많이 보입니다. 우리는 위에서 세 번째 항목을 보려고 합니다. 클릭해서 들어갑시다.

numpy.**zeros**

numpy.zeros(*shape, dtype=float, order='C'***)**

Return a new array of given shape and type, filled with zeros.

Parameters:

    shape : *int or tuple of ints*

        Shape of the new array, e.g., (2, 3) or 2.

    dtype : *data-type, optional*

        The desired data-type for the array, e.g., **numpy.int8**. Default is **numpy.float64**.

    order : *{'C', 'F'}, optional, default: 'C'*

        Whether to store multi-dimensional data in row-major (C-style) or column-major (Fortran-style) order in memory.

Returns:

    out : *ndarray*

        Array of zeros with the given shape, dtype, and order.

See also:

zeros_like   Return an array of zeros with shape and type of input.

empty   Return a new uninitialized array.

ones   Return a new array setting values to one.

full   Return a new array of given shape filled with value.

Examples

```
>>> np.zeros(5)
array([ 0.,  0.,  0.,  0.,  0.])

>>> np.zeros((5,), dtype=int)
array([0, 0, 0, 0, 0])

>>> np.zeros((2, 1))
array([[ 0.],
       [ 0.]])

>>> s = (2,2)
>>> np.zeros(s)
array([[ 0.,  0.],
       [ 0.,  0.]])

>>> np.zeros((2,), dtype=[('x', 'i4'), ('y', 'i4')]) # custom dtype
array([(0, 0), (0, 0)],
      dtype=[('x', '<i4'), ('y', '<i4')])
```

zeros를 검색했다고 문서의 본문에도 zeros가 들어간 단어는 모두 누런색으로 표시가 되었습니다. 위의 복잡해 보이는 설명은 추후에 보기로 하고, 아래에 하나 씩 나눈 예제들부터 알아보도록 합시다.

```
>>> np.zeros(5)
array([0., 0., 0., 0., 0.])
```

이 부분을 보고 넘겨짚으니 0으로 만들 배열의 원소수를 매개변수로 주는 것 같습니다. 다음도 알아보겠습니다.

```
>>> np.zeros((5,), dtype=int)
array([0, 0, 0, 0, 0])
```

다섯 개를 만든 건 동일한데 dtype=int라고 매개변수가 더 있습니다. int면 정수인데 앞에서 본 게 정수가 아니었나요? 자세히 보니 0 뒤에 작은 점이 있습니다. 아무래도 이 함수는 기본적으로 소수 형태의 0을 만들어주나 봅니다. 그런데 위에는 처음 매개변수로 숫자 5만 써줬는데, 여기는 원소가 하나인 투플을 써줬습니다. 뭐가 다를까요? 궁금해서 직접 실행시켜 봤습니다.

```
>>> np.zeros(5, dtype=int)
array([0, 0, 0, 0, 0])
>>> np.zeros((5,), dtype=int)
array([0, 0, 0, 0, 0])
```

결과는 동일합니다.

```
Parameters:
    shape : int or tuple of ints
        Shape of the new array, e.g., (2, 3)or 2.
```

위쪽 설명을 보니 정수나 투플 모두를 사용할 수 있다고 합니다. 예제에는 두 경우를 혼합해서 사용했습니다.

```
>>> np.zeros((2, 1))
array([[ 0,],
       [ 0,]])
```

이건 투플로 2차원 배열을 만드는 예제니까 별다를 것이 없습니다.

```
>>> s = (2, 2)
>>> np.zeros(s)
array([[ 0., 0,],
       [0., 0,]])
```

당연히 변수에 대입해서도 만들 수 있습니다.

```
>>> np.zeros((2,), dtype=[('x', 'i4'), ('y', 'i4')]) # custon dtype
array([(0, 0), (0, 0)]
      dtype=[('x', '<i4'), ('y', '<i4')])
```

dtype에 써놓은 문장이 어떤 의미가 있는지 잘 모르겠습니다. (패키지 만든 사람이 자기 맘대로 만든 걸 어떻게 다 알아요!) 어쨌든 0으로 만들어지는 칸 자체가 값을 두 개 가지는 투플이네요. (0, 0)이 두 개 만들어졌습니다.

이제 다시 앞서 본 복잡했던 설명을 살펴봅시다.

numpy.zeros(*shape, dtype=float, order='C'*)

　　Return a new array of given shape and type, filled with zeros.

Parameters:

　　shape : *int or tuple of ints*

　　　　Shape of the new array, e.g., (2, 3) or 2.

　　dtype : *data-type, optional*

　　　　The desired data-type for the array, e.g., **numpy.int8**. Default is **numpy.float64**.

　　order : *{'C', 'F'}, optional, default: 'C'*

　　　　Whether to store multi-dimensional data in row-major (C-style) or column-major

　　　　(Fortran-style) order in memory.

Returns:

　　out : *ndarray*

　　　　Array of zeros with the given shape, dtype, and order.

매개변수로 값이 3개 들어가는데 두 번째, 세 번째 항목은 '변수명=값'의 형식으로 쓰고 있습니다. 파이썬 함수만의 특징이기도 한데, 이런 형식으로 매개변수에 써있는 값들은 그 값을 주지 않으면 옆의 값을 기본값으로 사용한다는 의미입니다. 기본적으로 예제 첫 번째, 두 번째에서 소수로 배열을 만들어주는 것 같다고 했는데 여기에서 확인이 되었어요. 이런 매개변수 구조를 보기 좋게 다음의 그림으로 설명하겠습니다.

numpy.zeros(2)
변수명과 값이
모두 있는 매개변수들은
안 적으면 기본값으로

numpy.zeros(2, order='C')
numpy.zeros(2, 'C')
기본값이 있는 변수명들의 변수명을 같이 적으면 순서에 관계 없지만
아래처럼 적지 않으면 두 번째 값을 dtype이라 생각해요.

numpy.zeros(shape, dtype=float, order='C')

numpy.zeros(2, dtype=int)
numpy.zeros(2, int)
변수명을 적지 않으려면 순서대로

numpy.zeros(dtype=int, 2)
변수명과 값이 모두 있는 매개변수는
변수명만 있는 매개변수의 뒤쪽에
※ 순서를 바꿀 수 없어요.

아래쪽에는 큼직하게 Returns라고 돌려주는 값을 써 놨습니다. 이 함수는 numpy 배열을 돌려주는 함수이군요.

❷ 원소 추가하기

numpy에서 기억하고 있어야 할 부분은 numpy는 거의 모든 함수가 numpy 배열 형태로 값을 돌려준다는 점입니다. 파이썬 리스트와 numpy 배열의 원소 추가 함수를 보면 쉽게 이해할 것 같습니다.

(파이썬)

python_list = [1, 2, 3]

python_list.append(4)

리스트 변수에 .append()하고 나면 값이 추가되어 있습니다. 함수를 호출한 결과를 다른 변수에 저장하지 않았습니다.

numpy_array = numpy.array([1, 2, 3])

numpy_array = numpy.append(numpy_array, 4)

numpy 배열에 .append() 할 때 값을 추가할 배열도 매개변수로 같이 전달하고 결과를 다시 변수에 저장했습니다.

numpy 배열에 원소를 추가할 때마다 변수 이름을 바꾸려면 이름만 짓는 네버엔딩 스토리일 것입니다. 매개변수를 줄 때도, 결과를 받을 때도 같은 이름을 사용하지만 실제 저장되는 공간은 매번 다릅니다.

```
>>> numpy_array = np.array([1,2,3])
>>> id(numpy_array)
2670821654896
>>> numpy_array = np.append(numpy_array, 4)
>>> id(numpy_array)
2670827324720
```

id 함수를 이용하여 4를 추가한 후 변수의 주소값이 달라진 것을 볼 수 있습니다.

파이썬의 기본 list는 차원과 관계없이 무조건 뒤쪽에 값을 추가해 줍니다. 자료의 형태가 달라도 마찬가지로 값을 추가해 줍니다.

```
>>> a = [[1, 2], [3, 4]]
>>> a.append([5, 6])
>>> a.append(7)
>>> a.append('This is a sentence.')
```

```
∨ ᵃa = {list: 5} [[1, 2], [3, 4], [5, 6], 7, 'This is a
   sentence.']
   >ᵢ0 = {list: 2} [1, 2]
   >ᵢ1 = {list: 2} [3, 4]
   >ᵢ2 = {list: 2} [3, 4]
   013 = {lnt} 7
   014 = {str} 'This is a sentence.'
   01_len_={int} 5
```

하지만 numpy는 이렇게 유연하지 못하고 조금 까탈스러운 대신에 '축(axis)'이라는 개념을 통해 좀 더 쉽게 배열을 다룰 수 있습니다.

```
>>> a = np.array([[1, 2], [3, 4]])
```
```
>ᵢ0 = {ndarray: (2.)} [1 2]...View as Array
>ᵢ1 = (ndarray: (2.)) [3 4]...View as Array
```
```
>>> a = np.array([[1, 2], [3, 4]])
>>> a = np.append(a, [5, 6])
```
```
>ᵢ0 = {int32} 1
>ᵢ1 = {int32} 2
>ᵢ2 = {int32} 3
>ᵢ3 = {int32} 4
>ᵢ4 = {int32} 5
>ᵢ5 = {int32} 6
```

처음에 2차원이었던 numpy 배열 a가 1차원 배열 [5, 6]을 추가하는 것으로 모든 배열이 1차원으로 변경되었습니다. 파이썬의 리스트와는 분명히 다르게 동작합니다. numpy 배열을 파이썬의 리스트에 [5, 6]을 추가했을 때의 3x2 크기의 2차원 배열처럼 만들려면 '축'을 이용하여 다음과 같이 만듭니다.

```
>>> a = np.array([[1, 2], [3, 4]])

>≡0 = {ndarry: (2,)} [1 2]...View as Array
>≡1 = {ndarry: (2,)} [3 4]...View as Array

>>> a = np.array([[1, 2], [3, 4]])
>>> a = np.append(a, [[5, 6]], axis=0)

>≡0 = {ndarry: (2,)} [1 2]...View as Array
>≡1 = {ndarry: (2,)} [3 4]...View as Array
>≡2 = {ndarry: (2,)} [5 6]...View as Array

>>> a = np.array([[1, 2], [3, 4]])
>>> a = np.append(a, [[5], [6]], axis=1)

>≡0 = {ndarry: (3,)} [1 2 5]...View as Array
>≡1 = {ndarry: (3,)} [3 4 6]...View as Array
```

축 번호를 지정해서 세로로 붙일 수도, 가로로 붙일 수도 있습니다.

개념을 보다 쉽게 이해하도록 그림으로 표현해 보겠습니다.

배열에서 맨 처음 만나는 덩어리들을 의미한다.

[1, 2], [3, 4]   [1, 2], 배열,
배열, 배열,   [3, 4], 배열,   axis = 0

[[5, 6]], axis=0 ◎ 2차원 배열의 덩어리를 붙여라.

덩어리들에서 한 단계 더 들어가서 만나는 원소들을 의미한다.

[1, 2], [3, 4]   [1, 2], 원소들,
원소들, 원소들,   [3, 4], 원소들,   axis = 1

[[5, 6]], axis = 1 ◎ 2차원 배열의 원소값들을 붙여라.

덩어리는 호빵처럼 생겼고 원소들은 계란처럼 생겼습니다.

2차원 배열을 쭉 늘어놓으면 하나의 덩어리들이 늘어서 있는 1차원 배열이라고
생각할 수 있습니다. 이 상태를 axis = 0이라고 정의하는데, 각 덩어리들 안에 있

는 값들을 열어보려면 덩어리를 꺼내고 그 안을 다시 들여봐야 합니다. 이 상태를 axis = 1이라고 합니다. 결국 몇 단계 안쪽의 값을 이용할 것이냐를 정하는 것인데, 이것을 덩어리 하나에 한 줄씩 차지하도록 배열하면 마치 2차원 평면에 값이 배열된 것처럼 보여서 축의 개념으로 부르는 것입니다.

| 이천쌀 호빵 | 단호박크림치즈 호빵 | 순창고추장 호빵 | 영빈루 호빵 | 닭강정 호빵 | 단팥호두 호빵 |
| 숯불갈비 호빵 | 고구마 호빵 | 떡방아 호빵 | 공화춘 짬뽕 호빵 | 허쉬초코 호빵 | 씨앗호떡 호빵 |

예를 들어 예전에는 단팥과 야채호빵만 있었는데 요즘 호빵은 이렇게 종류와 색이 다양합니다. 호빵들이 다 섞여 있는 곳에서 호빵들을 고르는 것을 axis = 0에 대응해서 생각하고, 호빵 속의 맛깔나는 속을 먹는 것을 axis = 1에 대응해서 생각하면 아주 잊혀지지 않을 겁니다. 그런데 왼쪽 그림의 맨 윗줄 가운데 있는 단호박 크림치즈 호빵은 크림치즈가 단호박에 둘러싸여 있습니다. 크림치즈만을 말할 때는 axis = 2라고 하면 됩니다. 그리고 이 axis = 2는 3차원 좌표의 개념이 되는 거죠.

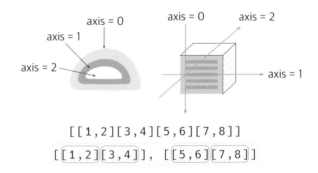

[[1 , 2] [3 , 4] [5 , 6] [7 , 8]]
[[1 , 2] [3 , 4]], [[5 , 6] [7 , 8]]

③ slicing 하기

파이썬 리스트와 마찬가지로 numpy 배열도 원하는 부위를 잘라내어 사용할 수 있습니다. 혹시 파이썬 리스트에서 잘라내기 했던 규칙을 기억하나요? 여기에 소환해 올려보겠습니다.

[숫자1 : 숫자2 : 숫자3]

이렇게 숫자 3개를 쌍점(:) 기준으로 배치하는 것이었죠. 시작값, 끝값, 증감값의 순서로 range 대감과 같은 개념이라고도 했었습니다.

numpy도 크게 다르지 않습니다. 그렇다고 아예 똑같지는 않습니다. 1차원 배열을 다룰 경우에는 차이를 느끼기 어렵습니다. numpy의 장점은 2차원 이상을 다룰 때 빛이 납니다. 파이썬과 numpy에서 2차원으로 데이터를 만들어서 비교해 보겠습니다.

아무 숫자나 쓰면 심심하니까. 3 × 3 마방진을 하나 그려보겠습니다.

8	1	6
3	5	7
4	9	2

```
[[8, 1, 6],
 [3, 5, 7],
 [4, 9, 2]]
```

짠! 가로, 세로 대각선의 합이 모두 15인 마방진입니다. magic square라고 하는데 줄여서 m_square라고 변수명을 만들겠습니다.

```python
m_square_list = [[8, 1, 6], [3, 5, 7], [4, 9, 2]]
m_square_np = np.array(m_square_list)
```

이렇게 리스트를 먼저 만든 후에 numpy 배열로 변경했습니다.

```
>≣0 = {list: 3} [8, 1, 6]
   ○>≣0 = {ndarray: (3,)} [8 1 6]...View as Array
>≣1 = {list: 3} [3, 5, 7]
   ○>≣1 = {ndarray: (3,)} [3 5 7]...View as Array
>≣2 = {list: 3} [4, 9, 2]
   ○>≣2 = {ndarray: (3,)} [4 9 2]...View as Array
```

오른쪽 그림을 보니 numpy 배열에서는 원소들 사이에 쉼표가 없네요. 특징이라면 특징일 수 있겠습니다. 가로로 두 번째 줄을 가져오려면 이렇게 하죠.

```
>>> m_square_list[1]
[3, 5, 7]
>>> m_square_np[1]
array([3, 5, 7])
```

아직까지 다른 점을 모르겠습니다.

이번에는 세로로 두 번째 줄을 가져오겠습니다. 리스트에서 2차원 원소에 접근하려면 []를 연속해서 썼었죠. 그러니까 모든 원소값을 의미하는 ' : '을 이용해서 m_square_list[:][1] 이렇게 하면 될 것 같습니다.

```
>>> m_square_list[:][1]
[3, 5, 7]
```

그런데 또 가로줄이 나왔습니다. 파이썬의 리스트는 세로로 값을 가져올 수 없습니다. 그러면 numpy는 가져올 수 있을까요? 진짜 가능한지 확인해 보겠습니다.

```
>>> m_square_np[:] [1]
array([3, 5, 7])
```

하지만 잘되지 않네요. numpy에서 세로를 가져오려면 사용법이 조금 다릅니다. numpy는 [:, 1] 이렇게 하나의 대괄호 안에 쉼표로 분리해서 값을 모두 써주어야 2차원의 값을 가져오라는 명령으로 인식합니다.

```
>>> m_square_np[:, 1]
array([1, 5, 9])
```

이 구분을 잘 이해하면 재미있는 일들을 할 수 있습니다. 연습도 할 겸 2차원 배열 마음대로 잘라먹기 놀이를 해보겠습니다.

잘라먹기 하고 놀 수 있는 판을 만들겠습니다. 바로 뒤에서 쉽게 만드는 내용을 설명할 예정이라서 여기에서는 만들어진 10 × 10인 2차원 배열을 그냥 내놓았습니다.

```
> ☰ 00 = {ndarray: (10,)} [1 2 3 4 5 6 7 8 9 10]...View as Array
> ☰ 01 = {ndarray: (10,)} [11 12 13 14 15 16 17 18 19 20]...View as Array
> ☰ 02 = {ndarray: (10,)} [21 22 23 24 25 26 27 28 29 30]...View as Array
> ☰ 03 = {ndarray: (10,)} [31 32 33 34 35 36 37 38 39 40]...View as Array
> ☰ 04 = {ndarray: (10,)} [41 42 43 44 45 46 47 48 49 50]...View as Array
> ☰ 05 = {ndarray: (10,)} [51 52 53 54 55 56 57 58 59 60]...View as Array
> ☰ 06 = {ndarray: (10,)} [61 62 63 64 65 66 67 68 69 70]...View as Array
> ☰ 07 = {ndarray: (10,)} [71 72 73 74 75 76 77 78 79 80]...View as Array
> ☰ 08 = {ndarray: (10,)} [81 82 83 84 85 86 87 88 89 90]...View as Array
> ☰ 09 = {ndarray: (10,)} [91 92 93 94 95 96 97 98 99 100]...View as Array
```

변수의 이름은 동일하게 m_square_np입니다.

잘라먹기 놀이 시작!

1 가로로 짝수 번째 열들만 가져오려면 어떻게 해야 할까요? 째깍째깍⏰
  (위의 그림의 01, 03, 05… 줄을 가져온다는 말입니다.)

2 세로로 홀수 번째 열들만 가져오려면 어떻게 해야 할까요? 째깍째깍⏰

3 가로, 세로 모두 홀수만 나타나게 잘라보세요. 째깍째깍⏰

4 1의 자리가 3의 배수인 3, 6, 9만 보이게 잘라보세요.
  째깍째깍⏰째깍째깍⏰째깍째깍⏰째깍째깍⏰째깍째깍⏰??⏰

5 원하는 대로 이리저리 잘라 보세요. 잘라먹기 놀이는 여기까지입니다.

1

```
>>> m_square_np[1::2]
array([[ 11,  12,  13,  14,  15,  16,  17,  18,  19,  20],
       [ 31,  32,  33,  34,  35,  36,  37,  38,  39,  40],
       [ 51,  52,  53,  54,  55,  56,  57,  58,  59,  60],
       [ 71,  72,  73,  74,  75,  76,  77,  78,  79,  80],
       [ 91,  92,  93,  94,  95,  96,  97,  98,  99, 100]])
```

[1::2]는 1번 줄부터 끝까지 2씩 건너뛰어서라는 의미입니다.

2

```
>>> m_square_np[:, ::2]
array([[ 1,  3,  5,  7,  9],
       [11, 13, 15, 17, 19],
       [21, 23, 25, 27, 29]
       [31, 33, 35, 37, 39],
       [41, 43, 45, 47, 49],
       [51, 53, 55, 57, 59],
       [61, 63, 65, 67, 69]
       [71, 73, 75, 77, 79],
       [81, 83, 85, 87, 89],
       [91, 93, 95, 97, 99]])
```

::2 앞에는 0이 생략된 표현입니다.

3

```
>>> m_square_np[::2, ::2]
array([[ 1,  3,  5,  7,  9],
       [21, 23, 25, 27, 29],
       [41, 43, 45, 47, 49],
       [61, 63, 65, 67, 69],
       [81, 83, 85, 87, 89]])
```

4

```
>>> m_square_np[2::3, 2::3]
array([[23, 26, 29],
       [53, 56, 59],
       [83, 86, 89]])
```

5
　　아무거나~~!
　　numpy의 배열을 자르는 능력은 정말 막강합니다!

❹ numpy의 비밀무기! reshape

과연 비밀무기라고 부를 만한 것인지는 잘 모르겠습니다만 어쨌든 저는 이 함수를
아주 유용하게 써먹었던 것 같습니다. 무슨 일을 하는 함수인지는 이름만 쳐다봐도
짐작을 하리라 생각합니다. 바로 모양 바꾸기입니다.

　　혹시 스네이크 큐브라는 장난감을 아나요?

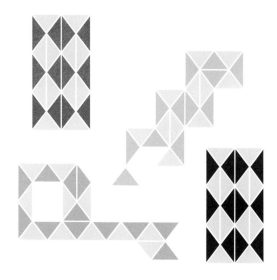

　　막대기 모양으로 길게 펴진 퍼즐을 관절마다 접을 수 있게 되어 있어서 다양한
모양을 만들어 볼 수 있습니다. 어렸을 때 꽤 재밌게 갖고 놀았던 기억이 납니다.

　　numpy의 reshape 기능이 이 장난감과 비슷하게 작동합니다. 원소가 나열된 배
열을 만들어 놓고 원하는 모양으로 접어서 가지고 놀 수 있죠.

　　연속된 숫자의 배열을 만드는 arange라는 함수를 이용해서 1부터 45까지 연속
된 값을 가지는 1차원 numpy 배열을 만들겠습니다.

```
snake_cube = np.arange(1, 46)
```

```
∨ ≡ snake_cube = {ndarray: (45.)} [  1   2   3   4   5   6   7   8   9  10  11  12  13
 14  15  16  17  18  19  20  21  22  23  24  25  26  27  28  29  30  31  32  33  34  35  36  37
 38  39  40  41  42  43  44  45]
   > ≡ min = {int32} 1
   > ≡ max = {int32} 45
   > ⋮≡ shape = {tuple: 1} (45,)
   > ≡ dtype = {dtype: 0} int32
    01 size = {int} 45
```

정말 길게 만들어졌습니다. 이 함수의 사용법은 찾아보세요. 자주 썼던 어떤 함수와 동작이 비슷합니다.

이제부터 reshape 함수를 이용해서 이 큐브를 다양한 크기의 2차원 배열로 접어보겠습니다.

우선 9 × 5의 배열로 만들어보면 다음과 같습니다.

```
>>> snake_cube.reshape((9, 5))
array([[ 1,  2,  3,  4,  5],
       [ 6,  7,  8,  9, 10],
       [11, 12, 13, 14, 15],
       [16, 17, 18, 19, 20],
       [21, 22, 23, 24, 25],
       [26, 27, 28, 29, 30],
       [31, 32, 33, 34, 35],
       [36, 37, 38, 39, 40],
       [41, 42, 43, 44, 45]])
```

5의 배수가 되는 관절에서 딱딱 잘 접혀서 이런 모양이 되었습니다. reshape 함수의 매개변수로 투플값을 사용하였습니다만 리스트로 값을 주어도 괜찮습니다.

3 × 15의 배열로도 바꾸어 보죠.

```
>>> snake_cube.reshape((3, 15))
array([[ 1,  2,  3,  4,  5,  6,  7,  8,  9, 10, 11, 12, 13, 14, 15],
       [16, 17, 18, 19, 20, 21, 22, 23, 24, 25, 26, 27, 28, 29, 30],
       [31, 32, 33, 34, 35, 36, 37, 38, 39, 40, 41, 42, 43, 44, 45]])
```

가로, 세로의 크기가 딱 나누어 떨어지기만 하면 이렇게 쉽게 모양을 바꿀 수 있습니다. 그런데 숫자가 커지거나 차원이 늘어나면 숫자 계산하기가 힘들죠. 이럴 때는 명확한 숫자만 주고 계산하기 귀찮은 하나의 숫자는 –1로 대체하면 알아서 계산해 줍니다. 이 큐브를 3 × 3 크기의 단위로 모양을 바꿔 보겠습니다.

```
>>> snake_cube.reshape((-1, 3, 3))
array([[[ 1,  2,  3],          [[19, 20, 21],
        [ 4,  5,  6]            [22, 23, 24],
        [ 7,  8,  9]],          [25, 26, 27]],

       [[10, 11, 12],          [[28, 29, 30],        [[37, 38, 39],
        [13, 14, 15],           [31, 32, 33],          [40, 41, 42],
        [16, 17, 18]],          [34, 35, 36]],         [43, 44, 45]]])
```

세로로 길게 출력되는 바람에 동강동강 열매의 힘을 빌려봤습니다.

점 찍고 flatten이라는 함수를 이용하면 복잡한 차원의 배열을 1자로 펼 수도 있습니다.

5 연산!

numpy는 배열로 자료를 다루는 만큼 다양한 방법으로 조작할 수 있습니다. 모두 다루기에는 numpy가 제공하는 함수의 양이 너무・$(\lim\limits_{n\to\infty}\sum\limits_{i=0}^{n}\sqrt[3]{\log너무})^{(너무-너무)}$ 많아서 몇 가지 기본 연산과 함수만 소개하겠습니다. (앞에 너무가 들어가는 식의 결과값은 '너무'입니다. 너무 많다고 읽으면 됩니다. 혹시 믿기지 않다면 직접 계산해 보길 바랍니다.)

기본적인 ＋ － * / 사칙연산은 배열 전체에 적용됩니다. 3 * 3 배열에 어떤 수를 사칙연산 하면 각각의 원소에 모두 반영이 됩니다.

```
>>> array1 = np.arange(1, 10).reshape((3, 3))
>>> array1
array([[1, 2, 3],
       [4, 5, 6],
       [7, 8, 9]])
>>> array1*3
array([[ 3,  6,  9],
       [12, 15, 18],
       [21, 24, 27]])
>>> array1+7
array([[ 8,  9, 10],
       [11, 12, 13],
       [14, 15, 16]])
```

조금 전에 사용했던 arange와 reshape을 이용해서 1~9까지의 3 × 3 배열을 만들어서 각각의 원소에 곱하기와 더하기를 한 값을 출력해 봤습니다.

참고로 크기가 동일한 배열 간에 연산을 실행시키면 동일한 위치에 있는 값들 사이에서 연산이 실행됩니다.

특별한 함수를 이용하는 방법을 살펴봅시다. 배열 내의 모든 원소의 합을 구할 때는 np.sum 함수를 사용합니다. 전체 원소의 합을 구할 수도 있고, axis를 지정해서 가로세로의 합도 구할 수 있습니다.

```
>>> np.sum(array1)
45
>>> np.sum(array1, axis = 0)
array([12, 15, 18])
>>> np.sum(array1, axis = 1)
array([ 6, 15, 24])
```

1~9까지의 값을 가진 3 × 3 배열에서 축(axis)을 0으로 지정했을 때는 가장 큰 덩어리끼리의 합을 구했고, 축을 1로 지정했을 때는 큰 덩어리 안쪽의 값들끼리의 합을 구했습니다.

sum처럼 사용할 수 있는 함수로는 평균 mean, 표준편차 std, 분산 var, 최솟값 min, 최댓값 max 등이 있습니다.

함수를 사용하면서 축을 다룰 줄 알면 numpy를 잘 사용하게 된 거라고 생각해도 됩니다. 패키지 개발자들은 사용자가 편하게 사용할 수 있도록 고민하여 패키지를 만들고 수정합니다. 앞에서 기초를 잘 다졌다면 '이렇게 하면 되지 않을까?'라는 상상을 먼저 하십시오. 그리고 상상대로 함수를 다뤄보고 잘 안된다면 인터넷 검색 찬스도 이용하면서 공부해 나가기를 바랍니다. numpy는 여기까지 맛보고 사람들이 많이 사용하는 다른 패키지 몇 개 더 구경해 보러 갑시다!

① 1~5까지의 값을 가지는 numpy 배열을 만들어보세요.

② 아래의 배열을 15*3의 크기로 바꾸고 싶습니다. 이용할 수 있는 함수로 어떤 것이 있을까요?

```
v ≡ snake_cube = {ndarray: (45.)} [ 1  2  3  4  5  6  7  8
  9 10 11 12 13 14 15 16 17 18 19 20 21 22 23 24 25 26 27 28
 29 30 31 32 33 34 35 36 37 38 39 40 41 42 43 44 45]
    > ≡ min = {int32} 1
    > ≡ max = {int32} 45
    >┊≡ shape = {tuple: 1} (45,)
    > ≡ dtype = {dtype: 0} int32
     01 size = {int} 45
```

① .ones()   ② .reshape()   ③ .zeros()   ④ .sum()

③ 2번 답의 함수에 매개변수로 주어야 하는 값은 무엇일까요?

① 15*3   ② 3*15   ③ 15, 3   ④ 3, 15

④ 다음 배열에서 원소들의 합을 구하려고 합니다. 각각의 경우에 axis값을 어떻게 설정해야 할까요?

```
array([[ 1,  3,  5,  7,  9],
       [21, 23, 25, 27, 29],
       [41, 43, 45, 47, 49],
       [61, 63, 65, 67, 69],
       [81, 83, 85, 87, 89]])
```

① 가로로 원소들의 합을 구하고 싶다. → axis = ?

② 세로로 원소들의 합을 구하고 싶다. → axis = ?

⑤ 4번 배열에서 가로세로로 모두 홀수 번째 값들만을 잘라내어 3*3 크기의 배열을 만들려고 합니다. 슬라이싱 값을 적어보세요.

엑셀 차트도 아닌 것이 엑셀인 듯 아닌 듯

이름은 들어보셨나요? maybe not? matplotlib 패키지를 구경해 봅시다.

matpl⊗tlib

numpy도 그렇고 유명한 패키지들은 로고도 나름 유명합니다. 최근에는 값의 변화를 실시간으로 보여줄 수 있는 bokeh와 간단하고 편리한 seaborn도 많이 쓰지만, 시각화 패키지 중에 가장 유명하고 많이 쓰이는 패키지는 matplotlib라고 할 수 있을 정도로 정말 많이 사용됩니다.

지금부터는 도표나 그래프 그리는 패키지를 둘러볼까 합니다. 주마간산(走馬看山)식으로 슬쩍 살펴보겠습니다.

그래프 그리는 패키지니까 데이터가 필요합니다. 공공데이터 포털 같은 곳에서 복잡하지 않은 데이터를 얻어오겠습니다.

공공데이터 포털에 전국 캠핑장 데이터가 있네요. 자료가 그래프를 그리기에 양이 많고 복잡하니까 그래프 그리기 편리하도록 가공을 해서 사용하겠습니

다. 파일을 열 때 경로명을 지정하기 편하게 프로젝트 폴더인 C:\Users\사용자\ PycharmProjects\untitled 안에 캠핑장 면적이 넓은 30개의 지역명을 저장했습니다.

numpy 패키지를 가져올 때처럼 이놈도 유명한 패키지 별명이 있습니다. 보통은 이렇게 불러옵니다.

```python
import matplotlib.pyplot as plt
from matplotlib import pyplot as plt
```

두 가지 방법이 많이 사용되고 있으며, 어떻게 사용되어도 관계없습니다. 자료를 숫자가 큰 순서로 나열했으니 막대그래프를 먼저 보여드려야겠습니다. 저장한 파일을 읽어 들이는 방법은 패키지 견학의 취지에 맞지 않은 듯하여 여기에서는 생략하겠습니다.

저는 파일을 읽어 들여서 x_label에 지역 이름, values에 면적값을 넣었습니다.

```python
plt.bar(range(len(values)), values)
```

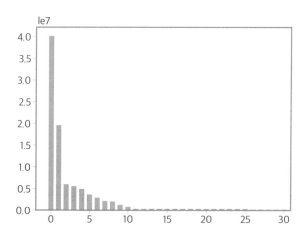

이렇게 가로로 몇 칸을 그릴 것인지와 실제 값을 매개변수로 넣어주니 막대그래프가 하나 그려졌습니다. 그래프를 만들어 놓고 plt.show() 이렇게 보여달라고 함수를 호출하면 그래프가 그려집니다.

이 그림은 그려졌는데 아래 축의 이름이 숫자라서 지역 구분이 안 됩니다.

```
ax=plt.subplot()
ax.set_xticks(range(len(x_label)))
ax.set_xticklabels(x_label, rotation=30, size=10)
```

이렇게 축을 얻어와서 값을 설정했더니 변하긴 했는데 한글이 안 나오고 네모들만 나옵니다. 한글을 그냥은 쓸 수 없고 특별한 짓을 해줘야 합니다.

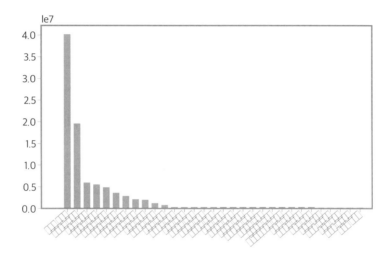

여기저기 검색해 보니 아래처럼 하면 된다고 합니다.

```
from matplotlib import rc, font_manager


font_location = 'c:/windows/fonts/malgun.ttf'
font_name = font_manager.FontProperties(fname=font_location).get_
name()
rc('font', family=font_name)
```

저는 맑은 고딕을 사용하기 위해서 폰트 위치를 지정할 때 malgun.ttf를 지정해 주었습니다. 이제 한글이 잘 나오는지 확인해 볼까요?

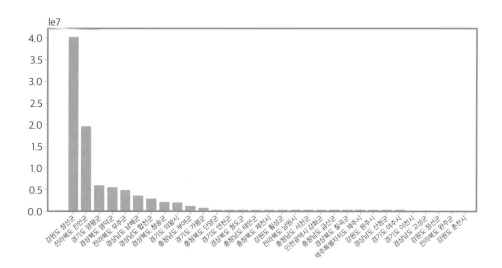

네모 상자들 대신에 한글이 잘 나왔습니다. 이제보니 강원도 정선군이 다른 지역에 비해서 압도적으로 캠핑장 면적이 넓습니다.

엑셀 같은 프로그램이 그래프 그리기 편하기는 한데, 그래프의 세세한 부분까지 하나씩 조정하기는 불편하죠. matplotlib는 그런 세세한 조정이 가능한 대신 한땀 한땀 바느질하듯 프로그래밍을 해야 해서 시간도 많이 걸리고 좀 복잡합니다. 장점이 있으면 단점도 있고 그런거죠.

막대기 색상이 단색이니까 단조롭죠. 컬러로 색을 만드는 방법을 알려드리고 만들어 놓은 그래프의 색을 변경해 보겠습니다.

패키지에서 제공하는 기본 색상표가 상당히 많이 있습니다. 어떤 색상표를 선택하느냐에 따라서 다양하게 표현할 수 있는데, 색상표부터 살펴볼까요? (우리는 수박 겉핥기식으로 보고 있으니까요.)

Perceptually Uniform Sequential colormaps

Sequential colormaps

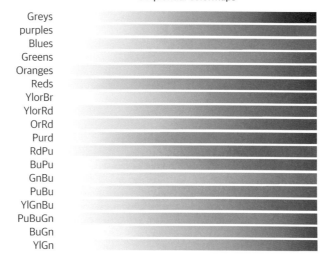

Sequential(2) colormaps

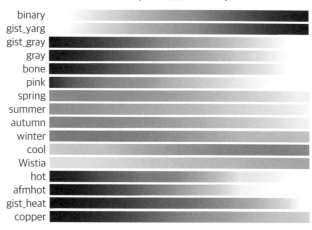

Sequential(2) colormaps

Cyclic colormaps

Qualitative colormaps

Miscellaneous colormaps

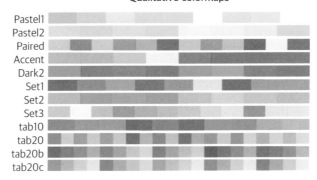

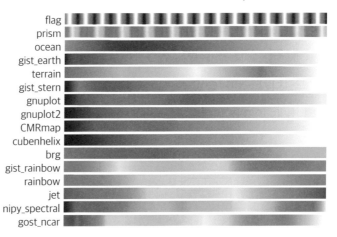

이것들은 colormap이라고 부르고 map 하나당 보통 256개의 색상이 들어있습니다.

```
plt.cm.get_cmap('viridis')
```

이렇게 map 이름을 매개변수로 넣어주면 해당 이름에 만들어져 있는 색상값들을 돌려줍니다. 점 찍고 쓸 수 있는 여러 속성이 들어있는데 'viridis' 색상표에서

'관심을 가져야 하는 것'은 colors 속성값입니다. 여기에는 다음과 같이 빨강, 초록, 파란색들이 한 묶음으로 256개 들어가 있고, 이 값들이 실제 색상으로 표현됩니다.

```
∨ colors = {list:256} [[0.267004, 0.004874, 0.329415
  > 000 = {list: 3} [0.267004, 0.004874, 0.329415]
  > 001 = {list: 3} [0.26851, 0.009605, 0.335427]
  > 002 = {list: 3} [0.269944, 0.014625, 0.341379]
  > 003 = {list: 3} [0.271305, 0.019942, 0.347269]
  > 004 = {list: 3} [0.272594, 0.025563, 0.353093]
  > 005 = {list: 3} [0.273809, 0.031497, 0.358853]
```

리스트 형태의 자료니까 index값으로 불러올 수 있습니다. 작은 값부터 시작해서 큰 값이 앞에서 보여드린 colormap의 왼쪽부터 오른쪽으로 가는 색상입니다. 이 값을 바로 사용하기 위해서

```
colors = plt.cm.get_cmap('viridis').colors
```

이렇게 색상값을 colors라는 변수에 연결했습니다. (리스트 자료는 .copy() 함수를 사용하지 않으면 값이 복사되지 않고 덩어리를 가리키는 주소만 복사된다고 말씀드렸던 것 기억하나요?)

그리고 matplotlib는 축을 기준으로 그림과 글자를 표현하는 방식이기 때문에 그래프 하나마다 색상을 바꾸기 위해 축을 가져와 보겠습니다.

```
ax = plt.subplot()
```

그래프 종류에 따라서 colormap을 바로 사용할 수 있는 것들도 있는데, 막대그래프는 그렇게 되지 않아서 지금과 같은 방법을 썼습니다. 색상을 넣는 방법도 역시 사람마다 다르니까 꼭 정해진 방식은 없다고 생각해 주십시오.

```
01:for i in range(len(values)):
02:    current_color = colors[int((255*values[i])//values[0])]
03:    ax.bar(i, values[i], color = current_color)
```

어떻게 색상을 다르게 표현하는지 직관적으로 보여드리기 위해서 함수를 써도 될 부분을 프로그래밍해 보았습니다.

2번 줄의 역할은 막대의 값(높이)들을 0~255 사이에 들어오게 하는 것입니다. 사용 가능한 색상이 256가지라서 가장 큰 값인 처음 값(엑셀 원본을 큰 값부터 작은 값의 순서로 저장했기 때문입니다)으로 나누어 가장 큰 값이 255가 되게 만들어 주었습니다. 그리고 index는 정수여야 하므로 정수로 몫을 구해주는 // 연산자를 썼는데 원래 값이 소수여서 .0이 남아서 int()를 함수에 넣어서 정수를 만들었습니다. ax.bar 함수의 첫 번째 매개변수는 몇 번째 칸인지 가로 방향의 순서를 의미하니까 values에 저장된 변수의 순서대로 i를 썼습니다. 이러한 방법으로 vlaues 안의 모든 값에 대해서 반복문을 돌아가면서 왼쪽부터 오른쪽으로 막대기 하나마다 길이와 색상을 지정하게 됩니다. 준비를 다 마친 후에 plt.show() 함수를 호출해서 그래프를 보여주면 다음과 같이 색상이 바뀌어서 ↗ 나옵니다.

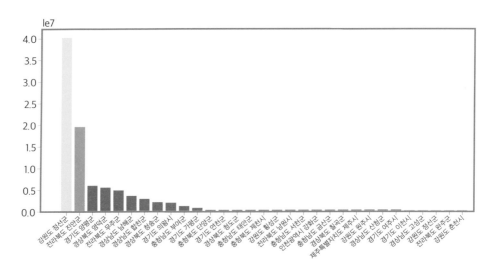

흑백에서도 구분이 잘 되도록 색상표를 바꿔서 몇 개 더 만들어 보겠습니다. 'Greys'라는 녀석은 색상표가 바뀌는 '구간값'들을 만들어 놓고 필요한 범위로 계산해서 사용하는 방식이라 바로 사용하지는 못하겠네요. 맵을 불러온 후에 256개의 값들로 변환을 먼저 시키겠습니다.

```
greys = plt.get_cmap('Greys')
colors = greys(range(256))
```

이렇게 색상표 정보를 얻어낸 다음에 256개의 색상값으로 변환시키면 colors가 256개의 색상값을 가지는 리스트가 됩니다. 이 이후에 사용하는 법은 동일합니다. 다음 그림을 그려보면 흑백으로 나옵니다.

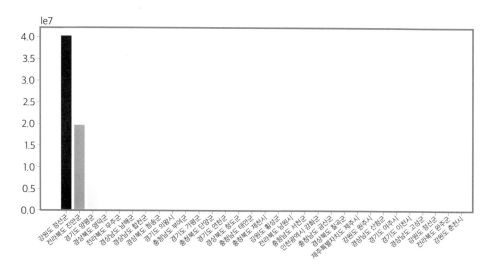

Qualitative colormaps처럼 256개가 안 되는 컬러맵은 index를 구할 때 255 대신 len(color)-1을 곱해서 사용하면 편리합니다.

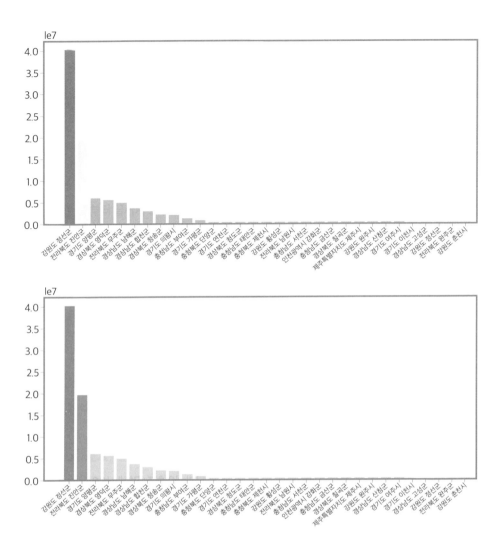

힘들게 막대그래프가 끝났습니다. 이제 점그래프하고 선그래프에 대해서 알아
보겠습니다.

그래프 종류에 맞게 시간에 따른 변화가 보이는 데이터를 수집해야겠습니다. 다
시 공공데이터 포탈로 가서 환경·기상 부문의 재활용가능자원 가격조사 자료를 다
운받겠습니다. 2011년~2013년 재활용 가능자원 시장동향 자료를 이용하겠습니다.
어떻게 생겼나 엑셀에서 열어서 살펴보니 '시점', '품목', '지역' 이런 기준으로 되어
있습니다. 파일을 열어서 지역별 신문지 가격만 저장해서 자료를 준비하겠습니다.

파일확장자가 csv이니까 자료가 쉼표로 구분되어 있을겠네. 엑셀에서 잘 열리는 것을 보니 한글은
euc-kr로 인코딩되어 있을거고 데이터가 1000줄이 채 안되니 한번에 열어서 처리해도 메모리에
부담이 안 될 것이군. with문으로 파일을 열고 첫줄은 자료 이름이 들어 있으니 따로 읽어서 라벨로 사
용하고 딕셔너리 타입의 변수를 하나만 들어서 재활용품 품종류를 키로 정하고 값으로 지역별 가격이 순
서대로 저장되도록 1차원 리스트를 사용해서 데이터를 수집해야겠군. 자료들은 문자열로 들어오니
까 strip함수를 이용해서 데이터 양쪽 끝에 필요없는 문자를 제거하고 불필요한 큰따옴표들이 있으니
replace함수를 이용해서 빈문자열로 대체한다음 split함수에 쉼표를 매개변수로 주어 항목별로 저
장하자.

이보다 훨씬 많은 작업을 통해서 다음과 같이 데이터를 깔끔하게 기억장소로 불
러왔습니다.

재활용 가능한 품목이 무려 24종류나 되는군요.

수도권에서 신문지의 3년간 가격을 뽑아보겠습니다. numpy를 이용해서 세로
로 값을 뽑으려면 다음과 같습니다.

```
np.array(values['신문지'])[:, 0]
```

선 그래프는 plt.plot(가로축 값, 표현할 값) 이렇게 매개변수를 전달해주는 것이 기본입니다. 가로축 값은 원본 파일의 값들을 모두 저장해서 set으로 변경한 후에 정렬했습니다. set으로 변경하면 중복된 값들이 쉽게 제거가 되므로 편리하게 사용할 수 있습니다.

```
plt.plot(time_data, np.array(values['신문지'])[:, 0])
```

이렇게 정말 필요한 값들만 두 개 줬더니 다음과 같은 그림이 나왔습니다.

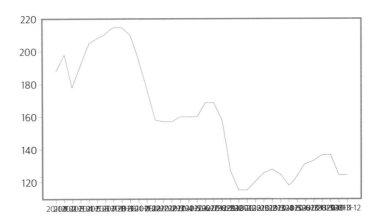

가로축의 시간값들은 하나하나가 길어서 손에 손잡고 서로 겹쳐 있으니 축을 가져와서 기울이든지 글자 크기를 바꾸든지 해야겠습니다. 어쨌든 우리는 시간에 따른 가격의 변화를 선그래프로 볼 수 있게 되었습니다. 2011년도 초반에 신문지의 가격이 올랐다가 해가 지날수록 가격이 떨어지고 있습니다. 파일에서 값을 읽을 때 주의할 점이 하나 있는데 읽어온 값 자체가 문자열이기 때문에 정수나 실수로 변환을 해줘야 한다는 점이죠. 이 과정을 잊어버리면 그래프가 이상하게 되니 주의하길 바랍니다.

for문을 이용해서 8개 지역의 그래프를 한 번에 그려보겠습니다.

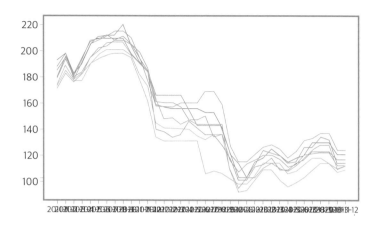

```
01:for i in range(len(values['신문지'][0])):
02:    plt.plot(time_data, np.array(values['신문지'])[:, i])
```

이렇게 값들의 가로 길이를 가져와서 반복문을 돌리면 간단하게 지역별 그림이
나옵니다. 지역마다 가격 차이가 있지만 전체적인 가격의 변동 방향은 비슷합니다.
그런데 범례가 없으니 도무지 구분되지 않습니다. 범례를 하나 얹어봐야겠습니다.
범례는 plt.legend()를 사용하고, 매개변수는 다양하게 넣을 수 있는데 가장 쉬운
방법을 적용하면 리스트로 이름 목록만 넣어주면 바로 앞에 그린 그래프를 대상으
로 자동으로 생성해 줍니다. 데이터의 처음 열에서 항목별 이름을 저장한 값을 가
져다 매개변수로 넘겨줬습니다.

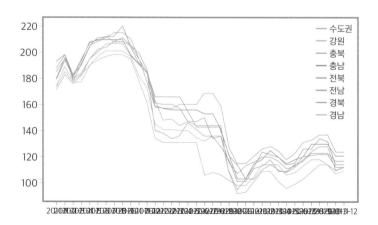

이제 좀 구분이 되네요. 물론 컬러로 보니 그렇단 말입니다. 흑백을 위해서 선의 종류를 점선, 파선, 일점쇄선 등으로 만들어볼 수도 있어요.

여러 가지 그래프가 있는 이유는 어떤 값을 표현하는데 어떤 그래프가 적절한지 다르기 때문입니다. 선그래프에 이어서 점그래프를 소개해 드려야 하니 맞는 데이터를 골라야 하겠습니다. 데이터를 들여다보니 경남지역 데이터가 그래도 성실하게 가득 채워져 있습니다. 이 중에서 재질이 같은 신문지-골판지, 재질이 서로 다른 발포스티렌-알루미늄 캔의 관계를 점 데이터로 표현해 보면 좋을 것 같습니다.

	A	B	C	D	E	F	G	H	I	J
1	시점	품목별	수도권	강원	충북	충남	전북	전남	경북	경남
2	Jan-11	신문지	188	173	180	193	179	185	171	174
3	Jan-11	골판지	162	153	153	166	158	152	151	154
4	Jan-11	PE FLAKE	605	600	602	604	615	640	627	637
5	Jan-11	PP FLAKE	552	549	553	558	570	588	620	606
6	Jan-11	PS FLAKE	500	510	500	500	505	557	570	563
7	Jan-11	ABS FLAKE			725		700	850	770	750
8	Jan-11	PVC FLAKE	864					680	600	650
9	Jan-11	PE PELLET	888	845	800	831	825	841	782	875
10	Jan-11	PP PELLET	811	782	750	780	745	756	831	833
11	Jan-11	PS PELLET	920		700			700	950	975

점 그래프를 그리는 함수는 scatter입니다. 매개변수로는 가로축의 값들을 가지는 리스트나 numpy 배열, 세로축에도 동일한 형태의 값을 필요로 합니다.

```
plt.scatter(x, y)
```

이게 기본형이죠. 우리는 가로축이 되는 x에는 신문지 가격, y에는 스티로폼 가격을 먼저 넣어보려고 합니다. 앞의 표를 보면 가로줄에서 경남이 가장 마지막 줄에 있으니까 numpy 배열 인덱스로는 -1을 주면 편리합니다.

우선 신문지-골판지의 값들로 그래프를 그렸습니다.

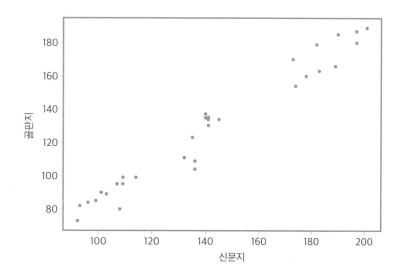

plt.xlabel(), plt.ylabel()을 이용해서 축의 이름도 넣었습니다.

다음으로 재질이 서로 다른 발포스티렌-알루미늄 캔의 그래프입니다.

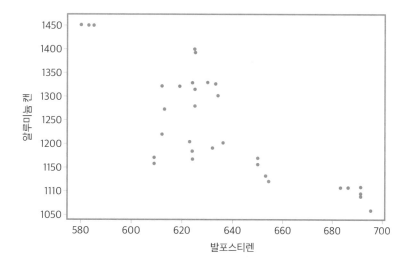

두 그래프를 보고 특징을 생각해 보십시오.

특징을 살펴보면 재질이 종이로 서로 같은 신문지와 골판지는 가격이 낮은 곳에서는 똑같이 낮고, 가격이 높은 시점에는 똑같이 높아져서 오른쪽으로 올라가는 점들의 분포가 나타났습니다. 점들이 퍼져 있는 정도도 아주 좁아서 통계 용어로 둘은 '강한 양의 상관관계를 가진다.'라고 말할 수 있습니다. 반면에 발포스티렌과 알루미늄 캔의 관계는 발포스티렌의 가격이 낮을 때 알루미늄 캔의 가격은 높고, 가격이 높을 때 그 반대가 됐습니다. 그리고 중간 부분에서 점들이 종이들을 비교했을 때보다 상대적으로 넓게 퍼져 있습니다. 이런 관계를 '약한 음(부)의 상관관계를 가진다.'라고 말합니다.

독자 여러분들은 이렇게 어떤 자료를 어떤 목적으로 표현해 보고 싶은가에 따라서 제가 소개해 드린 것보다 훨씬 다양하고 효과적인 그래프를 찾아서 matplotlib로 표현해내면 됩니다.

점들의 모양을 다르게 정하고 하나의 그래프에 앞의 두 그래프를 동시에 표현해 보면서 이번 패키지 훑어보기를 마무리 짓겠습니다.

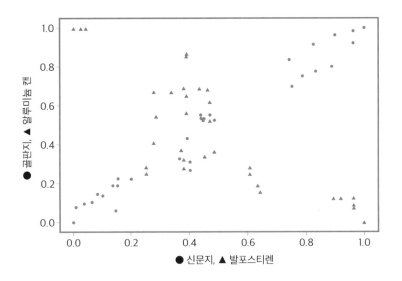

```
01:plt.xlabel('● 신문지,  ▲ 발포스티렌')
02:plt.ylabel('● 골판지,  ▲ 알루미늄캔')
03:newspaper = np.array(values['신문지'])[:, -1]
04:corrugated = np.array(values['골판지'])[:, -1]
05:expanded_styrene = np.array(values['발포스티렌'])[:, -1]
06:alumium_can = np.array(values['알루미늄캔'])[:, -1]
07:plt.scatter(np.interp(newspaper, (np.min(newspaper),
     np.max(newspaper)),
     (0, 1)), np.interp(corrugated, (np.min(corrugated),
     np.max(corrugated)), (0, 1)), s=25, c='b')
08:plt.scatter(np.interp(expanded_styrene, (np.min(expanded_
     styrene),
     np.max(expanded_styrene)), (0, 1)), np.interp(alumium_can,
     (np.min(alumium_can), np.max(alumium_can)), (0, 1)),
     marker='^', s=25, c='r')
```

참고로 소스코드도 붙였습니다.

numpy의 interp 함수는 어떤 범위의 값을 지정한 범위로 축소시키는 역할을 합니다. 하나의 그래프로 표현하려다 보니 가격대가 서로 다른 값들을 모두 0~1 사이의 값을 갖도록 만들어봤습니다. 나머지 모르는 부분은 인터넷 검색해서 알아내 보세요(대신 이후의 패키지 설명단원에서는 연습문제가 없습니다).

③ 판다 안판다? 판다스

앞의 두 패키지를 접한 소감이 어떤가요? 사용하는 데 익숙해지기만 하면 무궁무진한 일을 해낼 수 있을 것 같은 생각이 들지는 않나요?

세 번째로 판다스를 소개하기 전에 어떤 일을 할 수 있는 패키지인지 예상해 보겠습니다.

판다가 대나무 잎을 정말 맛깔나게 먹네요. 초록색 잎이 무척 싱싱해 보입니다. 갑자기 판다 사진이 나와서 의아하다고요? 바로 위의 사진에 힌트가 있습니다.

위의 로고가 바로 판다스의 공식 로고입니다.

힌트는 초록색이었습니다. 컴퓨터를 다루어 보았다면 한 번쯤은 사용했을 만한 프로그램 중에서 초록색 아이콘하면 떠오르는 프로그램이 있을 겁니다. 예전에는 이 프로그램 하나만 잘해도 밥 벌어먹고 산다고 했었을 정도로 기능도 많고, 지금도 사람들이 정말 많이 사용하는 프로그램이 바로 엑셀이지요. 구글에 what does the acronym pandas stand for라고 쳐봤더니, pandas는 pediatric autoimmune neuropsychiatric disorders associated with streptococcal infections. 한글로

'연쇄상 구균 감염과 관련된 소아 자기면역 신경 정신 장애'를 말한다고 하는데? 제가 찾는 답은 나오지 않네요. 위키백과에서 Python Data Analysis Library를 의미한다고 찾아냈지만, 저 단어들을 조합해서 pandas를 만들지는 못하겠습니다.

어쨌든 pandas라는 패키지를 둘러보시게 될 건데, 다음 장으로 넘어가기 전에 미리 머릿속으로 가로세로 2차원 배열을 상상하면 좋을 것 같습니다. 이 패키지를 통해서 우리는 엑셀 파일에서 데이터를 읽어 들이는 것도 볼 수 있을 겁니다.

파이참에서 프로그램을 실행시키는 방법은 크게 두 가지가 있습니다. 하나는 편집창에 코드를 막 짜놓고 실행 버튼을 눌러서 실행시키는 방법이 있고, 다른 하나는 파이썬 콘솔이라는 창을 열어서 대화식으로 프로그램을 실행시키는 방법이죠. 두 가지 모두 장점이 있는데 pandas는 파이썬 콘솔에서 사용하는 것이 더 편리합니다. 가장 큰 이유는 필요한 데이터를 메모리에 저장해 놓은 상태로 이런저런 작업을 해볼 수 있기 때문이죠. 편집창에 코드를 작성하는 방식으로는 작업을 할 때마다 매번 파일을 여는 과정부터 다시 실행되어서 시간도 오래 걸리고 불편함이 이만저만이 아닙니다. 그래서 파이참에서는 편집창의 코드를 파이썬 콘솔로 바로 보내는 기능도 지원합니다. Ctrl + Shift + E 세 개의 키를 프로게이머처럼 능숙하게 동시에 눌러주면 콘솔창이 자동으로 열리면서 실행이 됩니다. 이번에는 다른 데이터를 활용하여 예제를 살펴볼게요.

이번에 방문할 사이트는 서울 열린데이터 광장입니다.

요즘은 지자체별로도 다양한 데이터들을 잘 제공하고 있어서 바야흐로 공부하기에 정말 최적의 시기가 도래한 듯합니다. 관심데이터 36종 생활이슈 중에서 무언가 재미있어 보일 만한 자료를 찾아보겠습니다.

모기 예보정보가 있다는 사실에 새삼 놀랐습니다. sheet 형태로도 자료를 제공하니 이 자료를 열어서 가지고 놀아보겠습니다.

모기 예보는 위의 그림처럼 바늘이 가리키는 값으로 읽습니다.

pandas 패키지를 이용해야 하니 다른 패키지처럼 가져와 보겠습니다.

```
import pandas as pd
```

pandas는 약어로 pd를 주로 사용합니다.

판다스에서는 2차원으로 되어있는 자료를 데이터프레임이라고 부릅니다. 변수명을 구분하기 쉽게 df라고 만들고 모기 예보 파일을 열겠습니다.

```
In[6]: import pandas as pd
In[7]: df = pd.read_csv('서울시모기예보제정보.csv', encoding = 'euc-kr')
```

df라는 변수명에 파일의 정보를 이용해서 다음과 같은 값들이 생성되었습니다.

∨ ≣ df = {DataFrame: (3403, 4)} 모기시수 발생일 모기지수(수변부)
　　　 모기지수(주거지)...View as DataFrame
> ≣ T = {DataFrame: (4, 3403)} 0 1 2 3 4 5 6 7 8 9 10 11 12 13 14 15 16
　　　 17 18...View as DataFrame
> ≣ at = {_AtIndexer} <pandas.core.indexing._AtIndexer object at
　　　 0x000002700BB9DB88>
> ≣ attrs = {dict: 0} {}
> ≣ axes = {list: 2} [RangeIndex(start=0, stop=3403, step=1),
　　　 Index(['모기지수 발생일', '모기지수(수변부)
> ≣ columns = {Index: 4} Index(['모기지수 발생일', '모기지수(수변부)',
　　　 '모기지수(주거지)', '모기지수(공원)'
> ≣ dtypes = {Series: (4,)} ('모기지수 발생일', dtype('O')) ('모기지수(수변부)',
　　　 dtype('float...View as Series
　01 empty = {bool} False
> ≣ iat = {_iAtIndexer} <pandas.core.indexing._iAtIndexer object at
　　　 0x00000270075FF7C8>
> ≣ iloc = {_iLocIndexer} <pandas.core.indexing._iLocIndexer object at
　　　 0x00000270075FF778>
> ≣ index = {RangeIndex: 3403} RangeIndex(start=0, stop=3403, step=1)
> ≣ Ioc = {_LocIndexer} <pandas.core.indexing._LocIndexer object at
　　　 0x000002700BA15B38>
　01 ndim = {int} 2
> ≣ plot = {PlotAccessor} <pandas.plotting._core.PlotAccessor object at
　　　 0x0000027009A41288>
> ≣ shape = {tuple: 2} (3403, 4)
> ≣ size = {int32} 13612
> ≣ style = {Styler} <pandas.io.formats.style.Styler object at
　　　 0x000002700E605D48>
> ≣ values = {ndarray: (3403, 4)} [['2020-04-21' 36.3 15.0 21.6],
　　　 ['2020-04-20' 36.3 15....View as Array
> ♀ Protected Attributes

데이터프레임은 특별할 거 없이 아래와 같이 생겼습니다.

		column 1	column 2	...	column n
0	row 1				
1	row 2				
2	...				
3	column n				

왼쪽 맨 첫 줄의 숫자들을 인덱스라고 부르고 나머지는 보이는 바와 같습니다. 어떤 칼럼들이 있는지 간단하게 살펴보겠습니다.

```
In[8]: df.columns
Out[8]: Index(['모기지수 발생일', '모기지수(수변부)', '모기지수(주거지)',
'모기지수(공원)'], dtype='object')
```

모기 어쩌고저쩌고하는 네 개의 칼럼이 있네요. 데이터프레임이 어찌 생겼나 보려면 파이참 콘솔에서 변수명을 그대로 입력하면 됩니다. 앞에서 만든 변수 df를 쳐봤습니다.

```
In[9]: df
Out[9]:
        모기지수 발생일   모기지수(수변부)   모기지수(주거지)   모기지수(공원)
0       2020-04-21   36.3         15.0         21.6
1       2020-04-20   36.3         15.0         21.6
2       2020-04-19   36.3         15.0         21.6
3       2020-04-18   36.3         15.0         21.6
4       2020-04-17   36.3         15.0         21.6

            ...          ...          ...          ...
3398    1970-01-01   0.0          0.0          0.0
3399    1970-01-01   0.0          0.0          0.0
3400    1970-01-01   0.0          0.0          0.0
3401    1970-01-01   0.0          0.0          0.0
3402    1970-01-01   0.0          0.0          0.0

[3403 rows × 4 columns]
```

앞에 그려진 대로 왼쪽 맨 첫 줄에는 인덱스 값이 있고 나머지는 2차원 리스트나 엑셀표 같이 생겼습니다.

데이터프레임의 처음과 마지막 데이터들을 간략히 보는 함수로는 head(), tail()이 있습니다. 각각 매개변수로 보고 싶은 row의 개수를 넣게 되어 있는데 생략하면 기본값으로 5줄이 나옵니다.

pandas는 주로 이렇게 데이터프레임으로 만들어진 값들을 분석하기 위해 사용됩니다. 인터넷을 찾아보거나 하면 pandas만큼 설명이 어려운 패키지가 없습니다. 뭔가 딱딱하다고 해야 할까요? 다행히 우리는 그냥 훑어보기만 할 거니까 이런 기능도 되네? 정도의 선을 넘지 않겠습니다.

데이터에 대한 간략한 통계 요약은 describe() 함수로 확인 가능합니다. df.describe()라고 쓰는데 우리말로 읽어보면 데이터프레임.설명() 이 정도가 되겠죠? 우리의 모기 예보 데이터의 요약을 보겠습니다.

```
In[12]: df.describe( )
Out[12]:
```

	모기지수(수변부)	모기지수(주거지)	모기지수(공원)
count	3391.000000	3391.000000	3391.000000
mean	97.989236	97.578826	97.706134
std	220.766270	220.899739	220.854138
min	0.000000	0.000000	0.000000
25%	0.000000	0.000000	0.000000
50%	0.000000	0.000000	0.000000
75%	13.300000	13.050000	13.300000
max	1000.000000	1000.000000	1000.000000

보통 이렇게 영어와 숫자가 막 난무하는 표를 보면 일단 가슴이 턱 막히지 않나요? 몇 개의 값이 있고, 평균이 얼마고 표준편차, 최솟값, 사분위소, 최댓값 등 이런 게 나오죠. 다음 기능을 알아보겠습니다.

엑셀을 쓰면 정렬을 많이 사용하니까 데이터 요약에 이어서 정렬 기능을 살펴보겠습니다. pandas에서 데이터를 정렬하는 함수는 다음과 같이 두 가지입니다.

```
ⓜ sort_index(self, axis, level, ascending, inplace, kind, na_posi…
ⓜ sort_values(self, by, axis, ascending, inplace, kind, na_positi…
Press Ctrl+. to choose the selected (or first) suggestion and insert a dot afterwards  Next Tip      ⋮
```

인덱스와 축을 기준으로 정렬하거나 값과 축으로 정렬을 합니다. 그렇다면 이제 실행시켜볼까요?

```
In[13]: df.sort_index(axis=1)
Out[13]:
        모기지수 발생일     모기지수(공원)    모기지수(수변부)    모기지수(주거지)
0       2020-04-21    21.6          36.3           15.0
1       2020-04-20    21.6          36.3           15.0
2       2020-04-19    21.6          36.3           15.0
3       2020-04-18    21.6          36.3           15.0
4       2020-04-17    21.6          36.3           15.0
          ...          ...           ...            ...
```

차근차근 확인해보세요. 무엇이 달라졌을까요?

정렬하기 전의 값을 붙여놓고 다음 쪽에서 오랜만에 다른 그림 찾기를 해봅시다.

```
In[9]: df
Out[9]:
         모기지수 발생일   모기지수(수변부)   모기지수(주거지)   모기지수(공원)
0        2020-04-21    36.3         15.0         21.6
1        2020-04-20    36.3         15.0         21.6
2        2020-04-19    36.3         15.0         21.6
3        2020-04-18    36.3         15.0         21.6
4        2020-04-17    36.3         15.0         21.6

...                    ...          ...          ...
3398     1970-01-01    0.0          0.0          0.0
3399     1970-01-01    0.0          0.0          0.0
3400     1970-01-01    0.0          0.0          0.0
3401     1970-01-01    0.0          0.0          0.0
3402     1970-01-01    0.0          0.0          0.0

[3403 rows × 4 columns]
```

```
In[13]: df.sort_index(axis=1)
Out[13]:
         모기지수 발생일   모기지수(공원)    모기지수(수변부)   모기지수(주거지)
0        2020-04-21    21.6         36.3         15.0
1        2020-04-20    21.6         36.3         15.0
2        2020-04-19    21.6         36.3         15.0
3        2020-04-18    21.6         36.3         15.0
4        2020-04-17    21.6         36.3         15.0

...                    ...          ...          ...
3398     1970-01-01    0.0          0.0          0.0
3399     1970-01-01    0.0          0.0          0.0
3400     1970-01-01    0.0          0.0          0.0
3401     1970-01-01    0.0          0.0          0.0
3402     1970-01-01    0.0          0.0          0.0

[3403 rows × 4 columns]
```

여러분 발견하셨나요?

네, 그렇군요. 여기도 축이 덩어리를 말하는 것이라고 생각해 보면, 인덱스값 하나하나의 덩어리를 axis 0이라고 했을 때 axis 1은 그 안쪽의 값들인 칼럼들이 가나다순으로 정렬된 것으로 이해할 수 있겠습니다. 그러면 axis = 0을 하면 차곡차곡 써 있는 인덱스 값들이 거꾸로 정렬되는지 확인해 들어가겠습니다.

```
In[8]: df.sort_index(aixs=0)
Out[8]:
```

	모기지수 발생일	모기지수(수변부)	모기지수(주거지)	모기지수(공원)
0	2020-04-21	36.3	15.0	21.6
1	2020-04-20	36.3	15.0	21.6
2	2020-04-19	36.3	15.0	21.6
3	2020-04-18	36.3	15.0	21.6
4	2020-04-17	36.3	15.0	21.6
...	...	...	...	...

전혀 변화가 없습니다. 현재 상태가 인덱스 기준으로 axis = 0인 정렬 상태인가 봅니다. 그러면 순서를 뒤집어서 다시 확인해 보겠습니다.

```
In[9]: df.sort_index(aixs=0, ascending=False)
Out[9]:
```

	모기지수 발생일	모기지수(수변수)	모기지수(주거지)	모기지수(공원)
3402	1970-01-01	0.0	0.0	0.0
3401	1970-01-01	0.0	0.0	0.0
3400	1970-01-01	0.0	0.0	0.0
3399	1970-01-01	0.0	0.0	0.0
3398	1970-01-01	0.0	0.0	0.0
...	...	...	...	...

인덱스 순서가 뒤집어졌습니다. 독자분들은 이렇게 해서 정렬 순서를 선택하는 방법을 견학했습니다.

이제 값으로 정렬을 해보겠습니다. 이렇게 값으로 정렬할 때는 아까 보았던 sort_values(by=) 이것을 이용합니다.

```
In[10]: df.sort_values(by='모기지수 발생일')
Out[10]:
         모기지수 발생일    모기지수(수변부)    모기지수(주거지)    모기지수(공원)
1701    1970-01-01       0.0          0.0          0.0
2262    1970-01-01       0.0          0.0          0.0
2263    1970-01-01       0.0          0.0          0.0
2264    1970-01-01       0.0          0.0          0.0
2265    1970-01-01       0.0          0.0          0.0
         ...            ...          ...          ...
4       2020-04-17      36.3         15.0         21.6
3       2020-04-18      36.3         15.0         21.6
2       2020-04-19      36.3         15.0         21.6
1       2020-04-20      36.3         15.0         21.6
0       2020-04-21      36.3         15.0         21.6
```

인덱스 번호가 완전 뒤죽박죽되었고, 모기지수 발생일 칼럼이 연도순으로 배열된 것을 보면 해당 값을 기준으로 정렬된 것이 확인가능합니다.

정렬 기준을 여러 개로 하려면 매개변수인 by에 넣어주는 값을 리스트로 만들어주면 리스트에 적어준 순서대로 정렬을 합니다. 모기 예방 데이터는 값이 변하지 않는 부분이 많아서 정렬된 건지 확인이 어렵네요.

리스트와 numpy에서 썼던 슬라이싱 개념을 써서 데이터의 중간열을 보겠습니다.

```
In[20]: df.sort_values(by=['모기지수(수변수)', '모기지수 발생일']).
iloc[2500:2600, :]
Out[20]:
```

	모기지수 발생일	모기지수 (수변부)	모기지수 (주거지)	모기지수 (공원)
72	2020-02-10	5.5	5.5	5.5
71	2020-02-11	5.5	5.5	5.5
70	2020-02-12	5.5	5.5	5.5
69	2020-02-13	5.5	5.5	5.5
68	2020-02-14	5.5	5.5	5.5
...	...	...	...	...
690	2018-05-07	30.7	30.7	30.7
1099	2017-04-09	31.8	31.8	31.8
691	2018-05-06	32.4	32.4	32.4
699	2018-04-28	32.9	32.9	32.9
63	2020-02-18	33.7	14.0	20.1

정렬 기준으로 '모기지수(수변부)'를 우선으로 했더니 5.5로 값이 동일한 값들을 우선으로 모기지수 발생일이 그 다음 기준으로 해서 날짜 순서로 정렬되었습니다. 원하는 대로 잘 정렬된 것 같습니다. 독자분들은 이렇게 해서 숫자로 슬라이싱하고 두 개의 정렬기준을 주는 방법을 견학했습니다.

슬라이싱은 칼럼명으로도 가능합니다.

```
In[23]: df.loc[:, '모기지수(주거지)']
Out[23]:
0        15.0
1        15.0
2        15.0
3        15.0
4        15.0
         ...
3398      0.0
3399      0.0
3400      0.0
3401      0.0
3402      0.0
Name: 모기지수(주거지), Length: 3403,
dtype: float64
```

```
In[24]: df.loc[:, '모기지수 발생일']
Out[24]:
0        2020-04-21
1        2020-04-21
2        2020-04-21
3        2020-04-21
4        2020-04-21
         ...
3398     1970-01-01
3399     1970-01-01
3400     1970-01-01
3401     1970-01-01
3402     1970-01-01
Name: 모기지수 발생일, Length: 3403,
dtype: object
```

물론 row에도 이름을 주어 슬라이싱할 수도 있습니다. 독자분들은 이렇게 해서 이름으로 슬라이싱하는 방법을 견학하셨습니다.

솔직히 소개해 드리는 패키지들은 워낙 기능들이 많아서 어디서 어디를 보여드려야 할지 고르기 어렵네요. 어느덧 pandas 설명이 10쪽을 넘어가고 있으니 이쯤에서 엑셀 파일을 여는 것을 알려드리려고 합니다.

```
df2 = pd.read_excel('전국야영_캠핑_장표준데이터.xls')
```

그래프를 그리느라 받아두었던 캠핑장 엑셀 파일을 열었습니다. 엑셀을 여는 함수에 아주 간단하게 매개변수로 파일명을 넣어주면 됩니다.

> ≡ df = {DataFrame: (3403, 4)} 모기지수 발생일 모기지수(수변부) 모기지수(주거지) 모기지수(공원) [0: 2020-04-21 36.3...View as DataFram
∨ ≡ df2 = {DataFrame: (2168, 22)} 야영(캠핑)장명 야영(캠핑)장구분 위도 경도 소재지도로명주소 소재지지번주소 야영장...View as DataFram
  > ≡ T = {DataFrame: (22, 2168)} 0 1 2 3 4 5 6 7 8 9 10 11 12 13 14 15 16 17 18 19 20 21 22 23 24 25 26 27 28 2...View as DataFram
  > ≡ at = {_AtIndexer} <pandas.core.indexing._AtIndexer object at 0x000002C7823B4C78>
  > ≡ attrs = {dict: 0} {}
  > ≡ axes = {list: 2} [RangeIndex(start=0, stop=2168, step=1), Index(['야영(캠핑)장명', '야영(캠핑)장구분', '위도', '경도', '소재지도로5...Vie
  > ≡ columns = {Index: 22} Index(['야영(캠핑)장명', '야영(캠핑)장구분', '위도', '경도', '소재지도로명주소', '소재지지번주소', '야영장전...Vie
  > ≡ dtypes = {Series: (22,)} ('야영(캠핑)장명', dtype('O')) ('야영(캠핑)장구분', dtype('O')) ('위도', dtype('float64')) ('경도', dt...View as Serie
    01 empty = {bool} False
  > ≡ iat = {_iAtIndexer} <pandas.core.indexing._iAtIndexer object at 0x000002C7FD82F818>
  > ≡ iloc = {_iLocIndexer} <pandas.core.indexing._iLocIndexer object at 0x000002C7FD82F7C8>
  > ≡ index = {RangeIndex: 2168} RangeIndex(start=0, stop=2168, step=1)
  > ≡ loc = {_LocIndexer} <pandas.core.indexing._LocIndexer object at 0x000002C7FD82F5E8>
    01 ndim = {int} 2
  > ≡ plot = {PlotAccessor} <pandas.plotting._core.PlotAccessor object at 0x000002C7823A4FC8>
  > ⋮≡ shape = {tuple: 2} (2168, 22)
  > ≡ size = {int32} 47696
  > ≡ style = {Styler} <pandas.io.formats.style.Styler object at 0x000002C781D3C908>
  > ≡ values = {ndarray: (2168, 22)} [['장태산자연휴양림캠핑장' '자동차야영장' 36.21596913 ... '2019-10-08' '6300000' '대?...View as Arra
  > ≡ 건축연면적 = {Series: (2168,)} (0, '138.62') (1, '83.9') (2, '239') (3, nan) (4, nan) (5, '123') (6, '19856') (7, '56') (8, '23!...View as Serie
  > ≡ 경도 = {Series: (2168,)} (0, 127.3412778) (1, 127.38233100000001) (2, 127.31055500000001) (3, 127.1928270000(...View as Serie
  > ≡ 관리기관명 = {Series: (2168,)} (0, '장태산자연휴양림관리사무소') (1, '안성시 문화관광과') (2, '안성시 문화관광과') (3, '...View as Serie
  > ≡ 관리기관전화번호 = {Series: (2168,)} (0, '042-270-7883') (1, '031-678-2492') (2, '031-678-2492') (3, '031-678-2492...View as Serie
  > ≡ 기타부대시설 = {Series: (2168,)} (0, 'Y') (1, nan) (2, '매점') (3, nan) (4, nan) (5, '글램핑+카라반') (6, nan) (7, nan) (8, '...View as Serie
  > ≡ 데이터기준일자 = {Series: (2168,)} (0, '2019-10-08') (1, '2019-03-31') (2, '2019-03-31') (3, '2019-03-31') (4, '2019-0...View as Serie
  > ≡ 부지면적 = {Series: (2168,)} (0, 4237.0) (1, 1204.0) (2, 23250.0) (3, 259.0) (4, 402.0) (5, 792.0) (6, 5843.0) (7, 56.0) (...View as Serie
  > ≡ 소재지도로명주소 = {Series: (2168,)} (0, '대전광역시 서구 장안로 461') (1, '경기도 안성시 금광면 연내동길 138-37 (1...View as Serie
  > ≡ 소재지지번주소 = {Series: (2168,)} (0, '대전광역시 서구 장안동 259') (1, nan) (2, nan) (3, nan) (4, nan) (5, nan) (6, nar...View as Serie
  > ≡ 안전시설 = {Series: (2168,)} (0, '소화기+방송장비+안전게시물+대피공간+관리요원') (1, '소화기+확성기+대피공간+관리...View as Serie
  > ≡ 야영사이트수 = {Series: (2168,)} (0, 20) (1, 11) (2, 47) (3, 3) (4, 6) (5, 6) (6, 48) (7, 16) (8, 24) (9, 13) (10, 9) (11, 8) (...View as Serie
  > ≡ 야영장전화번호 = {Series: (2168,)} (0, '042-270-7883') (1, '031-678-2492') (2, '031-678-2672') (3, '031-674-5532') (...View as Serie
  > ≡ 위도 = {Series: (2168,)} (0, 36.21596913) (1, 36.971449) (2, 37.030644) (3, 37.083713) (4, 37.048456) (5, 36.96130...View as Serie
  > ≡ 이용시간 = {Series: (2168,)} (0, '14:00~익일13:00') (1, nan) (2, nan) (3, nan) (4, nan) (5, nan) (6, nan) (7, nan) (8, nan...View as Serie
  > ≡ 이용요금 = {Series: (2168,)} (0, '비수기20,000원 성수기25,000원') (1, nan) (2, nan) (3, nan) (4, nan) (5, nan) (6, nan) (...View as Serie
  > ≡ 제공기관명 = {Series: (2168,)} (0, '대전광역시') (1, '경기도 안성시') (2, '경기도 안성시') (3, '경기도 안성시') (4, '경기도...View as Serie
  > ≡ 제공기관코드 = {Series: (2168,)} (0, '6300000') (1, '4080000') (2, '4080000') (3, '4080000') (4, '4080000') (5, '40800...View as Serie
  > ≡ 주차장면수 = {Series: (2168,)} (0, 27.0) (1, 20.0) (2, 63.0) (3, 3.0) (4, 6.0) (5, 9.0) (6, 30.0) (7, 22.0) (8, 24.0) (9, 30.0)...View as Serie

엑셀 파일이 아주 잘 열린 것을 볼 수 있습니다. 하지만 pandas에서 엑셀을 열면 데이터 형식의 변환을 하는 경우 시간이 오래 걸리기도 합니다. 독자분들은 이렇게 해서 pandas 패키지를 간단하게 견학했습니다.

④ 그림을 배워봅시다

꽤 오래전에 팬브러시와 나이프 같은 도구로 정말 도깨비방망이 휘두르듯 뚝딱하면 산을 만들고, 뚝딱하면 호수를 만들고 하셨던 분이 계셨어요. 지금은 돌아가셨지만 여전히 그분 비디오를 인터넷에서 쉽게 찾을 수 있습니다. '그림을 그립시다'라는 TV 프로그램으로 유명한 밥 로스 아저씨가 그 주인공인데, 그분의 프로그램명을 따와서 이번 장의 제목을 '그림을 배워봅시다'로 정했습니다.

이번에 구경할 패키지는 OpenCV라는 패키지입니다.

공식 홈페이지에서 로고를 가져와 보았습니다.

네모난 침대에서 일어나 눈을 떠보면~♩♪♬
네모난 창문으로 보이는 똑같은 풍경.
네모난 문을 열고 네모난 테이블에 앉아,
...
네모난 오디오 네모난 컴퓨터, T╱V╲♩♪♬

그렇습니다. 불현듯 떠오른 「네모의 꿈」 노래 가사처럼 컴퓨터 화면은 네모입니다. 우리가 사물을 보는 모양을 정확히 특정하기 어렵지만 컴퓨터나 사진, 그림으로 보는 세상은 '네모==2차원==배열'입니다. 그림을 다루기 위해서도 2차원 배열이 사용되죠. 그리고 컴퓨터 모니터는 OpenCV 로고의 세 가지 색상처럼 사물의 색을 3가지 색상의 조합으로 표현합니다. 그래서 최종적으로는 네모의 위치를 표현하는 2차원에 3가지 값의 색상을 넣어서 3차원의 데이터 구조를 가지게 됩니다.

그림 파일 하나를 열어서 그 속을 보면 이렇게 숫자들이 가득하죠.

글씨가 작아서 잘 눈치채지 못했겠지만 좀 크게 보여드리면 값이 저장되어있는
자료의 이름이 ndarray입니다.

```
image = {ndarray: (100, 100, 3)} [[[0 0 0
   min = {uint8} 0
   max = {unit8} 255
   shape = {tuple: 3} (100, 100, 3)
   dtype = {dtype: 0} uint8
 01 size = {int} 30000
   array = {NdArrayitemsContainer} <p
 >   000 = {ndarray: (100, 3)} [[ 0
 >   001 = {ndarray: (100, 3)} [[ 0
 >   002 = {ndarray: (100, 3)} [[ 0
```

앞에서 봤었던 numpy 형식으로 저장되어있다는 이야기죠. numpy가 워낙 속
도도 빠르고 많이 사용하는 형식이라 pandas에서도 사용하고 다른 많은 패키지에
서도 사용됩니다(그래서 연습문제도 있었죠).

앞의 그림에서 shape을 보면 (100, 100, 3) 이렇게 쓰여 있듯이 딱 이렇게 3차

원의 값으로 저장돼 있습니다.

그리고 값이 0인 부분은 가장 작은 값으로 가장 어둡고 255가 가장 큰 값이면서 가장 밝은색이죠.

OpenCV는 정말 막강한 패키지인데 아나콘다에서는 기본적으로 제공하지 않기 때문에 사용하려면 별도로 설치를 해야 합니다.

파이참의 file 메뉴에 있는 setting에 들어가면 아래 그림처럼 project 아래에 Project Interpreter 메뉴가 있는 것이 보입니다. 여러분이 생각하는 동안 잊혀진 존재, 바로 통C!

여기에서 오른쪽 사각형으로 표시한 원형의 아이콘이 아나콘다 패키지 관리자입니다. 이걸 먼저 선택한 후에 윗부분의 '+' 아이콘을 누르면 다음 쪽에서 본 것과 같은 메뉴 상자가 나옵니다.

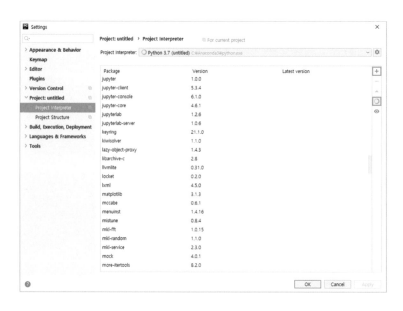

그림이 커서 한 면에 다 안 들어오는군요. 뒤로 바로 넘어갑니다.

다음과 같이 그림처럼 opencv로 검색해서 설치를 할 수도 있습니다.

여기 아래 그림에서 보다시피 시작메뉴의 Anaconda3 안에 있는 Anaconda prompt라는 프로그램을 실행시켜서 pip라는 명령어로 설치할 수도 있습니다.

```
(base) C:\Users\신유선>pip install opencv-python
Collecting opencv-pyton
  Downloading opencv_python-4.2.0.34-cp37m-win_amd64.whl (33.0 MB)
     |██████████████████            | 26.8 MB 37 KB/s eta 0:02:45
```

OpenCV 패키지는 불러올 때 이름이 조금 다릅니다.

```
import cv2 as cv
```

import OpenCV라고 하지 않는 게 다른 패키지들하고 다른 점이라고 할까요? 그리고 OpenCV의 함수 사용 결과는 보통 이미지에 적용되므로 그림을 보기 위한 기능이 마련되어 있습니다. matplotlib의 plt.show()와 비슷하게 말이죠. 그리고 그림을 화면에 보여주고 창을 바로 닫으면 안 되니까 키를 누를 때까지 기다리는 기능을 제공합니다.

'그림을 보여줘'라고 하려면 다음과 같이 합니다.

<code>cv.imshow('label', image)</code>

'키를 누를 때까지 기다려'는 다음처럼 하면 됩니다.

<code>cv.waitKey()</code>

그림을 다루는 패키지니까 작은 그림 하나를 선정하겠습니다. 백설공주에서 왕비가 갖고 있던 '사과'가 크기가 작고 좋네요.

먼저 사과를 빙글빙글 돌려보죠. 돌리다는 영어로 rotate니까 같은 이름의 함수를 먼저 찾아봤습니다. cv 뒤에 점(.)을 찍고 보니 rotate라는 이름이 보이네요. 그런데 정해진 각도만 돌릴 수 있는 것 같습니다. 시계 방향, 반시계 방향으로 90도씩 그리고 180도씩 말이지요.

```
01:image = cv.imread('apple.png')
02:image = cv.rotate(image, rotateCode=cv.ROTATE_90_CLOCKWISE)
03:cv.imshow('label', image)
04:cv.waitKey()
```

원본	시계 방향 90°	반시계 방향 90°	180°

사과가 잘 돌아갔습니다. 그런데 이런 각도로만 돌리는 것은 너무 단순하지 않습니까? 원하는 각도를 다 돌릴 수 있어야 하는데 다른 함수가 있는지 cv.rotat라고 다시 입력해 보았습니다.

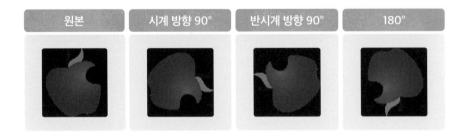

뭔가 rotat가 들어간 다른 함수들이 더 있습니다. 처음 것은 사용해봤고, 세 번째 것에 주목해보기로 합니다.

매개변수로 회전할 중심점, 각도, 배율을 받도록 되어있습니다. 중심값이 하나의 매개변수이므로 그림의 정 가운데 x, y 좌표를 투플 또는 리스트 형식으로 묶어서 하나로 만들어 전달해주어야 합니다.

openCV의 imread 함수에서 파일을 열고 리턴 받은 변수에는 shape이라는 항목이 생깁니다.

```
∨ ≣image = {ndarray: (100, 100, 3)} [[[0
  >≣min = {uint8} 0
  >≣max = {uint8} 255
  >≣shape = {tuple: 3} (100, 100, 3)
```

shape의 가로, 세로를 2로 나눈 지점을 중간이라고 하죠. 원래 그림 정보에서는 화소 하나를 반으로 쪼개는 개념이 없지만 openCV 패키지가 알아서 정수로 처리해 줍니다. 그래도 개념을 다루는 책답게 (shape[0]//2, shape[1]//2) 이렇게 2로 나눈 몫을 중심값으로 매개변수에 전달하겠습니다. int(shape[0]/2) 이렇게 해도 되는데 몫을 구해버리면 정수로 바로 전달되기 때문에 이렇게 사용했습니다.

그런데 함수 이름이 회전 행렬을 얻는다는 의미인 걸 봐서 이것만으로는 그림을 회전시킬 수 없나 봅니다.

열심히 여기저기 기웃기웃 찾아본 결과, warpAffine이라는 함수를 찾아냈습니다. 여기에 그림 정보와 회전행렬, 그림의 크기를 투플로 매개변수에 넘겨주어야 합니다. 종합하면 이렇게 최종이 됩니다.

```
01:image = cv.imread('apple.png')
02:mat = cv.getRotationMatrix2D((image.shape[0]//2,
                                 image.shape[1]//2), 45, 1.0)
03:image = cv.warpAffine(image, mat, image.shape[:2])
04:cv.imshow('label', image)
05:cv.waitKey()
```

45도 각도로 그림을 기울이는 데 성공하였습니다.

자, 다음은 뭘 구경해 볼까요? 그림을 갖고 할 수 있는 것들은 많은데 깊이 들어가면 다들 책 덮고 도망갈 듯하여 간단한 예제 위주로 보여드리려고 하니 딱히 생각나는 게 없네요. 회전시켜 봤으니 크기라도 바꿔 봐야겠습니다.

정말 오랜만에 난센스 퀴즈를 하나 내겠습니다. 미꾸라지보다 큰 물고기를 뭐라고 할까요? 실없는 아재 개그 정답은 미꾸엑스라지입니다.

흔히 크기를 말할 때는 size라는 표현을 쓰죠. 그래서 이번에 cv.size로 검색해봤습니다. resize라는 이름의 함수가 보입니다. 바로 이놈이 크기를 바꾸는 일을 해주는 함수인가 봅니다.

```
ⓕ getOptimalDFTSize(vecsize)                              cv2.cv2
ⓕ getTextSize(text, fontFace, fontScale, thickness)       cv2.cv2
ⓕ resize(src, dsize, dst, fx, fy, interpolation)          cv2.cv2
ⓕ resizeWindow(winname, width, height)                    cv2.cv2
Press Enter to insert Tab to replace                             ⋮
```

위의 그림에서 선택된 부분의 첫 번째 매개변수 src는 원본(source)인 건 알겠는데, dsize? 모르겠네요. 새로운 그림의 크기쯤으로 생각하고 나머지는 기본값을 써보겠습니다.

퀴즈도 내봤겠다. 미꾸라지를 미꾸 스몰, 미꾸 미디엄, 미꾸엑스라지로 만들어보겠습니다. 우선 미꾸라지 사진입니다.

resize 함수의 두 번째 매개변수에 원본 미꾸라지 사진의 0.5배, 0.75배, 1.25배 이렇게 곱해서 변수를 만들어 한 번에 보이기를 했습니다.

여러분은 지금 미꾸 스몰, 미꾸 미디엄, 미꾸라지, 미꾸엑스라지를 한 눈에 확인하고 있습니다.

```
01:mikku_large = cv.imread('mikku_large.jpg')
02:mikku_small = cv.resize(mikku_large,
       (int(mikku_large.shape[1]*0.5),
        int(mikku_large.shape[0]*0.5)))
03:mikku_medium = cv.resize(mikku_large,
       (int(mikku_large.shape[1]*0.75),
        int(mikku_large.shape[0]*0.75)))
04:mikku_xlarge = cv.resize(mikku_large,
       (int(mikku_large.shape[1]*1.25),
        int(mikku_large.shape[0]*1.25)))
05:cv.imshow('mikku_large', mikku_large)
06:cv.imshow('mikku_small', mikku_small)
07:cv.imshow('mikku_medium', mikku_medium)
08:cv.imshow('mikku_xlarge', mikku_xlarge)
09:cv.waitKey()
```

프로그램은 이렇게 만늘었으니 참고하길 바랍니다. 새로운 그림의 크기를 알려줄 때 int()를 이용해서 정수로 변경하지 않으면 오래전에 존재가 잊힌 통C가 일을 안 하기 때문에 정수로 꼭 변환시켜서 사용해야 합니다. 그리고 정말 중요한 것은 shape을 이용할 때 변수 shape에 저장되는 그림의 크기는 (세로, 가로) 순서이고 새로운 그림의 크기는 (가로, 세로)로 입력해야 한다는 점입니다. 그래서 [1], [0]의 순서로 크기값을 주었으니 참고하십시오. 만약 이 순서가 바뀌면 아래처럼 미꾸_길쭉이가 탄생을 하게 됩니다.

이번에는 openCV를 이용해서 윤곽선을 검출하는 것을 보여드리겠습니다. 이론도 복잡하고 구현하기도 까다로운데 역시 함수 하나로 됩니다! 이쪽 분야에서는 정말 유명한 Canny edge detector를 이용하겠습니다.

```
01:scene_edge = cv.Canny(scene, 50, 150)
02:scene_edge = cv.bitwise_not(scene_edge)    #잉크절약용 반전하기
```

이렇게 간단한 방법으로 다음 쪽에 있는 그림의 결과를 얻을 수 있겠죠.

OpenCV판 컬러링 북북입니다(제가 찍은 사진이니 마음대로 칠하세요).

보너스: 아쉬우니 좀 어렵더라도 이것까지만

입문이라면서 이것도 배워야 해? 수업하자고?

이것은 발전기인가?

어디엔가 짱박아 놓고 쓰고 싶다

① 입문이라면서 이것도 배워야 해? 수업하자고?

당연하죠! 수업해야죠!

여러 가지 패키지 구경을 마지막으로 책을 끝내려고 했는데 보너스로 무려 3개의 챕터를 더 준비했습니다.

이번 장의 수업 내용은 class입니다. 기억날지 모르겠지만 객체지향 프로그래밍에서 사용하는 방법이죠.

우선 클래스의 기본형은 다음과 같습니다.

```
class 이름:
    함수1
    함수2
```

클래스는 처음에 개념을 잘 정의하고 만들면 아주 편리하게 프로그래밍을 할 수 있습니다. 쉬운 예를 들어가면서 클래스를 알아보겠습니다.

어떤 예제를 만들어볼까 고민하면서 여기저기 기웃거리다 보니 예상치 않게 재난 만화 몇 편을 접하게 됐습니다. 우리는 자연재해로부터 그래도 안전한 편이지만 인재는 주의하면 막을 수 있지 않겠습니까? 그래서 소화기를 예제로 클래스를 만들어 보기로 결정했습니다.

소화기는 영어로 Fire extinguisher라고 하는데 클래스 이름으로는 좀 긴 듯하여 SoHwaGi라고 쓰려고 합니다.

소화기는 어떤 특징을 가지고 있을까요? 우선 눈에 잘 띄는 빨간색 몸통, 그 속에 들어있는 소화제가 먼저 생각이 나네요. 그리고 소화기의 역할은 당연히 화재를 진압하는 거죠. 여기에 인터넷에서 찾아본 소화기의 특징을 몇 가지 더해서 소화기 클래스의 뼈대를 만들겠습니다.

위키백과사전을 검색해 보니 생각보다 종류도 많고 유형도 많이 있습니다. 간단하게 앞에서 정의한 소화기의 특징에 이 중에서 가장 일반적인 A, B, C형만 추가로 넣어보겠습니다.

```
01:class SoHwaGi:
02:    def __init__(self):
03:        self.color = ''
04:        self.type = ''
05:        self.contain = 0
06:
07:    def fill(self):
08:        pass
09:
10:    def action(self):
11:        pass
```

기본 골격은 이렇게 잡았습니다. 2번 줄에 있는 init이라는 함수는 생성자라고 부릅니다(이렇게 이름 앞에 밑줄을 두 개 그어 놓으면 클래스 밖에서는 해당 내용을 접근하지 못하게 막을 수 있습니다). 클래스를 만들어 놓고 실제 사용하겠다고 변수를 만드는 순간 자동으로 실행되는 함수입니다. 그 안을 들여다보시면 self.으로 시작되는 값들이 있습니다. '셀프'라고 읽으면 되겠죠? (음, 제가 독자 여러분들을 너무 무시하는 건 아닌지 살짝 고민이 되는 표현입니다.) 어쨌든 음식점에 셀프서비스 코너처럼 자기 자신을 지칭하는 말입니다. 클래스 안에서는 self가 붙으면 클래스 자신 안에 있는 요소들을 지칭하게 됩니다. 7번 줄에는 소화기 내용물을 채우는 용도로 사용할 fill, 10번 줄에는 소화기 클래스가 수행할 action이라는 행위를 함수로 정의했고(중요! 클래스의 함수는 첫 번째 매개변수로 무조건 self를 써야 합니다) 세부 프로그램은 나중에 하려고 pass라는 아무 일도 하지 않는 문장만 일단 넣어놨습니다. 여기서 pass는 〈전설따라 파이썬! 삼형제 편〉의 첫째가 맞습니다.

이 내용들을 일단 classSoHwaGi.py라고 별도의 파일로 저장하고 다른 파일에서 불러와서 사용해 보겠습니다.

다른 파일에서 사용 방법은 패키지를 가져오는 것과 동일합니다.

```
01:import classSoHwaGi as sohwagi
02:
03:sohwagi_1 = sohwagi.SoHwaGi()
```

위의 프로그램의 3번 줄과 클래스의 3번 줄에 디버거의 빨간 점(브레이크 포인트)을 걸어놓고 어떻게 동작하는지 확인해보겠습니다.

마우스 오른쪽 버튼을 눌러서 벌레 아이콘을 실행시켰습니다.

```
1        import classSoHwaGi as sohwagi
2
3  ●     sohwagi_1 = sohwagi.SoHwaGi()
```

step into F7 버튼을 눌러서 다음 실행할 명령어로 움직여보겠습니다.

```
1        class SoHwaGi:
2            def_init_(self):
3  ●            self.color=''
4              self.type=''
5              self.contain = 0
```

자동으로 _init_ 함수가 실행되어 self.color의 값을 지정하는 곳까지 왔습니다. 계속해서 실행하면 _init_ 함수의 실행이 끝나고 변수 저장하는 곳으로 돌아오고 실행이 종료됩니다.

```
∨ ≡ sohwagi_1 = {SoHwaGi} <classSoHwaGi.SoHwaGi object at 0x00000259DA6BFAC8>
    01 color = {str} "
    01 contain = {int} 0
    01 type = {str} "
```

0x로 시작하는 메모리 장소에 sowhagi_1이라는 클래스가 생겼고, 그 안에 색상, 형태, 내용물 변수가 만들어졌습니다.

잘 동작하는 것을 확인했으니 세부 내용을 추가해보죠.

일반적인 가정용 소화기는 다음과 같이 분류됩니다.

나무, 종이, 천 등
일반물질

기름, 페인트 등
가연성 물질 및 액체

전기제품
전기용품

소화기 변수를 만들 때 매개변수로 종류와 색상을 선택할 수 있게 만들고, 처음에는 자동으로 100% 충전되도록 수정을 하겠습니다.

```
01:class SoHwaGi:
02:    def __init__(self, s_type, color='red'):
03:        self.color = color
04:        self.type = s_type
05:        self.contain = 0
06:        self.fill()  # self.으로 클래스 내부 함수를 호출합니다.
07:
08:    def fill(self):
09:        self.contain = 100
10:
11:    def action(self):
12:        pass
```

```
01:import classSoHwaGi as sowhagi
02:
03:sowhagi_1 = sowhagi.SoHwaGi('A')
```

클래스 선언부에서 2번 줄의 매개변수에 색상을 지정하지 않으면 빨간색이 되도록 하고, 입력받은 값들로 클래스 내부 변수를 정의하도록 만들었습니다. 6번 줄에는 클래스 내부 함수인 fill을 실행시키게 해서 클래스를 만들 때 내용물을 가득 채우도록 했습니다.

클래스 변수를 만들 때 매개변수로 종류를 지정해 주도록 만들었으니 변수를 만들 때도 'A'를 매개변수로 주도록 수정을 해야겠죠?

실행시켜서 조금 전과 비교해서 어떻게 바뀌었는지 살펴보겠습니다.

```
v ≡ sohwagi_1 = {SoHwaGi} <classSoHwaGi.SoHwaGi object at 0x00000259A05B788>
  01 color = {str} 'red'
  01 contain = {int} 100
  01 type = {str} 'A'
```

이제 색상과 종류 그리고 내용물의 양이 모두 초깃값을 가지게 되었습니다.

클래스의 action 함수에는 소화기 종류에 따라 불을 끌 수 있는 물질의 종류를 반환하도록 내용을 추가하겠습니다.

```
01:class SoHwaGi:
02:    __type_and_target = {'A': ['나무', '종이', '천'], 'B':
['기름', '페인트'], 'C': ['전기제품']}

...

12:    def action(self):
13:        self.contain -= 50
14:        return SoHwaGi.__type_and_target[self.type]
```

클래스 전체에서 사용할 변수를 2번 줄에 딕셔너리 형식으로 정의했습니다. 13번 줄에서는 소화기를 한 번 사용할 때마다 내용물이 50씩 줄어들게 했고, 14번 줄에서 소화기 타입을 딕셔너리의 키로 넣어주어서 action을 할 때마다 자기 타입에 맞는 소화 대상을 반환하도록 만들었습니다.

간단한 조건문을 만들어서 어떻게 동작하는지 확인해보겠습니다.

```
01:import classSoHwaGi as sohwagi
02:
03:sohwagi_1 = sohwagi.SoHwaGi('A')
04:sohwagi_2 = sohwagi.SoHwaGi('B')
05:fire = '종이'
06:for equipment in [sohwagi_1, sohwagi_2]:
07:    if fire in equipment.action():
08:        print(f'{fire}에 발생한 불을 소화기 {equipment.type}로
껐습니다')
09:    else:
10:        print(f'{fire}에 발생한 불은 소화기 {equipment.type}로 끌 수
없습니다.')
```

3, 4번 줄에서 A형과 B형의 소화기를 두 대 만들었고, 5번 줄에서 종이에 화재가 발생했다고 정했습니다. 6번 줄의 반복문에는 각각의 소화기로 action을 했을 때 소화 가능한 불인지에 따라 출력문을 다르게 만들었습니다. 이제 전체를 실행시켜 보면 이런 결과를 얻을 수 있습니다.

```
C:\Anaconda3\python.exe C:/Users/신유선/PycharmProjects/
untitled/ch4-5.py
종이에 발생한 불을 소화기 A로 껐습니다.
종이에 발생한 불은 소화기 B로 끌 수 없습니다.

Process finished with exit code 0
```

마치 변수들이 각각의 특성을 가진 소화기처럼 동작하는 것 같지 않았습니까? 좀 더 내용을 보완한다면 소화제가 들어있는지에 따라서 내용물 충전이 필요하다 고 출력하도록 할 수도 있고, 화재 발생 물질을 클래스로 만들 수도 있습니다. 이외 에도 특성을 물려받아서 새로운 클래스를 만드는 상속이나 기존 함수를 무시하고 새로운 동작을 하도록 만드는 오버라이딩의 개념도 존재하지만 초급자에게는 이 정도가 적당할 듯 싶습니다. 클래스가 생각보다 쉽지 않았나요? 쉽다고 느껴졌다 면 저자의 능력도 좋고, 독자들의 이해도도 높다는 의미겠지요?

② 이것은 발전기인가?

영어로는 generator라고 부릅니다. 어딜 보나 발전기라는 생각이 듭니다만 전기를 생산하지는 못할 것 같고 무언가 다른 것을 생산하지 않을까요?

> 총 100개의 사과가 달려 있는 사과나무가 있습니다. 한 손에 하나씩 한 번에 두 개의 사과를 받을 수 있다고 할 때 다음의 어떤 경우가 가장 빠르고 안전하게 모든 사과를 받아서 상자에 담을 수 있을까요? (단, 사과를 옮겨 담는 시간은 무시한다.)
> ① 30초마다 사과가 1개씩 떨어진다.
> ② 40초마다 사과가 2개씩 떨어진다.
> ③ 20초마다 사과가 3개씩 떨어진다.

정답

바로 ②입니다. 혹시 ③ 아니었나? 이렇게 생각한 사람은 없겠죠? ①은 한 개의 사과가 떨어지는 간격은 짧지만, 두 개의 사과가 떨어질 때까지는 1분이 걸립니다. 40초마다 2개씩 떨어지는 ②보다 느리죠. 그리고 ③은 20초마다 3개씩 떨어져서 속도는 가장 빠르지만 손이 두 개밖에 없어서 모든 사과를 받을 수 없습니다.

컴퓨터 프로그래밍에서도 비슷한 경우가 종종 발생합니다. 기억장치에 한 번에 10,000개의 데이터만 저장할 수 있는데, 100,000개의 데이터를 처리해야 하는 상황 또는 10,000개의 데이터를 읽어 오는 데 시간이 너무 오래 필요해서 CPU가 일도 안 하고 빈둥대는 상황처럼 말입니다.

generator는 이런 상황에 유연하게 대응할 수 있는 방법입니다. 간단하게 말하면 자신을 호출한 함수에게 딱 원하는 개수만큼만 값을 전달해 주도록 프로그래밍할 수 있는 것이죠. 어떻게 만들어 사용하는지 알아보기로 하겠습니다.

generator를 사용하려면 두 가지만 알면 됩니다. 바로 yield라는 명령어와 next()라는 함수입니다. 다음 예제를 통해 설명하겠습니다.

```
01:def appleTree():
02:▓▓▓▓apple_quantity = 100
03:▓▓▓▓for i in range(apple_quantity//2):
04:▓▓▓▓▓▓▓▓yield 2
05:▓▓▓▓▓▓▓▓apple_quantity -= 2
06:▓▓▓▓▓▓▓▓print(f'나무에는 {apple_quantity}개의 사과가 남아있습니다.')
07:
08:get_apple = appleTree()
09:count = 0
10:while True:
11:▓▓▓▓apples = next(get_apple)
12:▓▓▓▓count += apples
13:▓▓▓▓print(f'사과를 {count}개 가지고 있습니다.')
```

1~6번 줄에서는 generator로 동작할 함수를 정의했습니다. 4번 줄에 숫자 2를
yield하는 부분이 다른 함수와의 차이점입니다.

generator를 사용하려면 우선 8번 줄처럼 함수를 한 번 호출하여 그 결과를 다
른 변수에 저장해 놓아야 합니다. 그리고 11번 줄처럼 next()함수의 매개변수로 조
금 전에 저장해 놓은 변수명 get_apple을 넘겨 주면 연결된 appleTree라는 이름의
함수가 호출되어 yield문을 만났을 때 값을 전달하고 동작을 일시정지하는 일을 반
복하게 됩니다.

실제적인 프로그램의 시작인 8번 줄에 디버거의 빨간 점을 찍어놓고 F7번을 이
용해서 다음에 어떤 순서로 실행되는지 확인해보겠습니다.

```
1   def appleTree():
2       apple_quantity = 100
3       for i in range(apple_quantity//2)
4           yield 2
5           apple_quantity = 2
6           print(f'나무에는 {apple_quantity}개의 사과가 남아있습니다.')
7
8 ● get_apple = appleTree()
9   count = 0
```

우선 8번 줄에서 멈췄습니다.

```
8●   get_apple = appleTree( ) get_apple:<generator object appleTree at
     0x0000028B30E113CB>
9    count = 0
10   while True:
```

F7 키를 누르니 generator 객체의 0x로 시작하는 주소 정보가 나타나면서 다음 줄로 실행 위치가 이동했습니다.

디버거 창의 정보를 살펴볼까요?

```
∨ ≡ get_apple = {generator} <generator object appleTree at
   0x0000028B30E113C8>
     > ≡ gi_code = {code} <code object appleTree at
       0x0000028B30E8C270, file "C:/Users/신유선/
     > ≡ gi_frame = {frame} appleTree [ch4-6.py:1]
       id:2796844159048
         01 gi_running = {bool} False
         01 gi_yieldfrom = {NoneType} None
```

변수 get_apple이 generator 객체의 값을 가지고 있습니다(일부러 저의 이름을 다시 노출시킨 것은 아닙니다).

F7 키를 눌러서 계속 실행해 보겠습니다.

11번 줄 다음의 실행은 함수가 호출되면서 2번 줄로 넘어갔습니다.

```
1    def appleTree( ):
2        apple_quantity = 100
3        for i in range(apple_quantity//2):
4            yield 2
5            apple_quantity -= 2
6            print(f'나무에는 {apple_quantity}개의 사과가 남아있습니다.')
```

계속해서 yield 2가 있는 4번 줄까지 순서대로 넘어갑니다.

```
1    def appleTree():
2        apple_quantity = 100   apple_quantity = 100
3        for i in range(apple_quantity//2): i:0
4            yield 2
5            apple_quantity = 2
6            print(f'나무에는 {apple_quantity}개의 사과가 남아있습니다.')
```

다시 F7 키를 누르는 순간 next 함수를 호출했던 11번 줄로 넘어왔습니다.

```
10   while True:
11       apples = next(get_apple)
12       count +=apples
13       print(f'사과를 {count}개 가지고 있습니다.')
```

이제 apples의 값은 yield 받은 2값을 가지게 되었고, 그 상태로 출력까지 순서 대로 실행됩니다.

```
10   while True:
11       apples = next(get_apple) apples:2
12       count += apples
13   print(f'사과를 {count}개 가지고 있습니다.')
```

print 함수를 실행하고 디버거의 console 창을 확인하니 '사과를 2개 가지고 있습니다'라는 문장만 출력이 되었습니다.

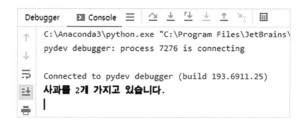

그리고 명령줄은 다시 11번 줄의 next() 함수를 실행하는 위치로 옮겨갑니다.

```
 9    count = 0 count = 2
10    while True:
11        apples = next(get_apple) apples: 2
12        count += apples
13        print(f'사과를 {count}개 가지고 있습니다.')
```

계속해서 실행하게 되니 generator인 appleTree 함수의 yield 2 다음 줄인 5번 줄로 실행이 이어집니다.

```
2    apple_quantity = 100  apple_quantity = 100
3    for i in range(apple_quantity//2): i:0
4        yield 2
5        apple_quantity -= 2
6        print(f'나무에는 {apple_quantity}개의 사과가 남아있습니다.')
```

그렇게 함수는 계속 실행됩니다.

```
Connected to pydev debugger (build 193.6911.25)
사과를 2개 가지고 있습니다.
나무에는 98개의 사과가 남아있습니다.
```

그리하여 나무에 남은 사과의 숫자를 출력하고, 다시 yield 2가 있는 4번 줄까지 계속 실행이 됩니다.

```
2    apple_quantity = 100  apple_quantity = 98
3    for i in range(apple_quantity//2): i:1
4        yield 2
5        apple_quantity -= 2
6        print(f'나무에는 {apple_quantity}개의 사과가 남아있습니다.')
```

generator는 자기가 yield할 수 있을 때까지 next 함수를 호출할 때마다 이 동작을 계속 반복하게 되어 나무에 0개의 사과가 남을 때까지 사과를 yield합니다.

어떠한가요? 꽤 편리하지 않습니까? 파일을 읽어 오는 방법을 공부했을 때

readline() 함수와 readlines() 이렇게 두 함수를 알아보았는데 앞의 것이 실제로는 generator로 구현되어있는 함수입니다. 이 방법을 사용하면 100기가짜리 파일을 처리할 때도 메모리 부족의 가능성이 없게 됩니다(디스크가 아니라 CPU가 사용되는 컴퓨터의 메모리 공간말입니다).

그런데 한 가지 문제점이 있습니다. 실제로는 generator가 더 이상 값을 돌려주지 못하는 시점이 언제인지 명확하지 않은 경우가 많다는 것이죠. 사실 10번 줄에서 while이라는 반복 명령을 사용한 이유는 언제 끝나는지 모르기 때문이기도 합니다. 앞의 예제에서는 appleTree에 100이라는 값을 넣어줬으니 2개씩 50번 돌려주면 끝이라는 것을 알겠지만 큰 파일 안에 몇 개의 줄이 있는지는 파일 끝까지 읽어보지 않으면 알아낼 방법이 없는 경우가 훨씬 많거든요.

그렇다고 '더 이상 돌려줄 게 없어'라는 에러가 나도록 프로그램을 만들면 그 시점에 프로그램이 종료되니 그럴 수도 없죠. 어떻게 이 상황을 처리할지 일단 프로그램을 끝까지 실행시켜서 에러를 보고 나서 정리해보겠습니다.

사과 100개를 모두 가져온 후에 다시 next 함수를 호출했을 때 StopIteration이라는 문구와 함께 에러가 발생했습니다.

파이썬 뿐만 아니라 다른 프로그래밍 언어에서도 언제 어떤 에러가 날지 정확히 알 수 없으므로 에러를 처리하는 구조를 만들어 놓고 특별한 상황에 대응합니다. 이제 이 구조를 알려드리겠습니다.

① 일단 시도해보자.

② 시도했는데 이러한 에러가 나오면 이렇게 하면 좋겠다.

③ 에러 처리가 끝나면 최종적으로는 이렇게 하자.

딱! 이런 느낌입니다.

이것을 그대로 영어로 바꿔서 try ~ except ~ else ~ finally라는 구조로 에러를 처리합니다.

프로그램의 구조에 따라서 에러를 처리하고 에러가 없을 때와 같은 일을 수행해야 할 때는 4가지를 모두 사용합니다. 그렇지 않으면 필요 없는 부분을 제외하고 최소 앞의 두 개만으로도 사용할 수 있습니다. 이번에는 앞의 2개만 사용해서 에러를 처리하겠습니다.

```
...
11:        try:
12:            apples = next(get_apple)
13:        except:
14:            break
...
```

이렇게 해놓고 실행시켜 보겠습니다.

```
사과를 94개 가지고 있습니다.
나무에는 6개의 사과가 남아있습니다.
사과를 96개 가지고 있습니다.
나무에는 4개의 사과가 남아있습니다.
사과를 98개 가지고 있습니다.
나무에는 2개의 사과가 남아있습니다.
사과를 100개 가지고 있습니다.
나무에는 0개의 사과가 남아있습니다.

Process finished with exit code 0
```

조금 전과는 다르게 아무런 에러 없이 코드 0번을 출력하며 정상적으로 프로그램이 종료되었습니다. 그런데 위의 코드는 모든 종류의 에러 발생에 대해서 while 반복문을 빠져 나가도록 되어있어서 약간의 위험성이 있습니다. 하지만 우리는 '에러' 즉, 예외 사항이 발생하는 메시지가 StopIteration이라는 것을 앞에서 확인했습니다. 그래서 이 경우에는 다음과 같이 실행해 봅니다.

```
...
11:      try:
12:          apples = next(get_apple)
13:      except StopIteration:
14:          break
...
```

이렇게 명확히 except 뒤에 예외의 종류를 명시해 주는 것이 더 명확하고 프로그램의 실행이 안정적이게 됩니다. 참고로 예외와 관련해서 raise라는 명령어가 있는데 특정한 예외를 발생시키는 역할을 하며, 여러 가지로 프로그래밍을 하다 보면 예외 발생이 필요한 순간이 생깁니다. 그런 경우에 예외 발생은 복잡한 문제를 쉽게 풀 수 있는 방법이 되기도 합니다. 이 외에 assert라는 명령어도 쓰이는데, 자세한 설명은 생략하고 이번 장도 마무리하겠습니다.

다음 장이 이 책의 마지막입니다. 그동안 쉽게 접근하고자 했던 억지 개그에도 불구하고 책을 덮어버리지 않고 지금까지 잘 읽어주어서 정말 감사합니다. 마지막까지 집중하여 읽어주세요. 책의 전체 내용들이 프로그래밍이라는 주제와 친숙해지는 데 조금이나마 도움이 되었기를 바라며 미리 작별 인사를 드립니다.

③ 어디엔가 짱박아 놓고 쓰고 싶다

옛날 옛날 호랑이가 담배 피우던 시절에 저자가 곱빼기 함수를 가지고 놀면서 파이썬에서 기억장치에 변수가 존재하고 사라지는 과정을 알려드렸습니다. 한마디로 요약하면 함수가 종료될 때 그 함수 안에 있던 변수도 같이 사라지는 건데, 이들을 사라지는 것으로부터 구원하는 존재가 등장하였으니……. 바로 파이썬 세상에서는 이 구세주를 closure라고 부릅니다. 하지만 사용법이 좀 교묘합니다. 예제로 사용할만한 자료를 다운받아서 closure로 프로그래밍해 보겠습니다.

먼저 우체국 홈페이지에서 5자리 우편번호 자료를 다운받았습니다. 열어보니 파일이 이렇게 들어있습니다.

20200402_강원도.txt	2020-03-25 [수] 오후...	텍스트 문서	64,075KB
20200402_경기도.txt	2020-03-25 [수] 오후...	텍스트 문서	187,947KB
20200402_경상남도.txt	2020-03-25 [수] 오후...	텍스트 문서	128,321KB
20200402_경상북도.txt	2020-03-25 [수] 오후...	텍스트 문서	138,305KB
20200402_광주광역시.txt	2020-03-25 [수] 오후...	텍스트 문서	22,138KB
20200402_대구광역시.txt	2020-03-25 [수] 오후...	텍스트 문서	39,469KB
20200402_대전광역시.txt	2020-03-25 [수] 오후...	텍스트 문서	20,546KB
20200402_부산광역시.txt	2020-04-02 [목] 오후...	텍스트 문서	57,882KB
20200402_서울특별시.txt	2020-04-02 [목] 오후...	텍스트 문서	99,577KB
20200402_세종특별자치시.txt	2020-03-25 [수] 오후...	텍스트 문서	4,604KB
20200402_울산광역시.txt	2020-03-25 [수] 오후...	텍스트 문서	18,024KB
20200402_인천광역시.txt	2020-03-25 [수] 오후...	텍스트 문서	35,725KB
20200402_전라남도.txt	2020-03-25 [수] 오후...	텍스트 문서	109,274KB
20200402_전라북도.txt	2020-03-25 [수] 오후...	텍스트 문서	82,028KB
20200402_제주특별자치도.txt	2020-03-25 [수] 오후...	텍스트 문서	28,280KB
20200402_충청남도.txt	2020-03-25 [수] 오후...	텍스트 문서	94,168KB
20200402_충청북도.txt	2020-03-25 [수] 오후...	텍스트 문서	65,214KB
우편번호DB설명_지역별주소(참고자료)....	2015-11-07 [토] 오후...	한컴오피스 2018 ...	20KB

용량이 큰 도시들이 많이 있네요. 예제로는 용량이 가장 작은 세종특별자치시 파일을 이용하겠습니다. 파일을 사용하기 전에 윈도우즈의 메모장으로 열어서 속을 살펴보니 아래 그림처럼 값들이 '|'로 구분되어 있습니다.

이제 이 자료들을 이용해서 특정 지역의 데이터를 읽어 들인 후에 주소를 입력해서 우편번호를 찾는 프로그래밍을 해보겠습니다.

```python
01:import os
02:
03:def zip_code(area):
04:    file_list = os.listdir('./zipcode_DB')
05:    zip_number = {}
06:    zip_name = {}
07:    for file in file_list:
08:        if file.endswith(f'{area}.txt'):
09:            with open(f'./zipcode_DB/{file}', 'r', encoding='utf8') as fp:
10:                rows = fp.readlines()
11:                for row in rows[1:]:
12:                    row_field = row.strip().split('|')
13:                    zip_number[f'{row_field[8]} {row_field[11]}']\
                        = row_field[0]
14:                    zip_name[f'{row_field[8]} {row_field[11]}']\
                        = row_field[15]
15:    def search(address, type='code'):
16:        if type == 'code':
17:            return zip_number[address]
18:        elif type == 'name':
19:            return zip_name[address]
20:    return search
21:
22:zip_search = zip_code('세종특별자치시')
23:print(zip_search('갈매로408', 'name'), end=' ')
24:print(zip_search('갈매로408'))
25:print(zip_search('다솜3로48', 'name'), end=' ')
26:print(zip_search('다솜3로48'))
```

3번 줄을 보면 def로 zip_code라는 함수를 정의하고 있는데, 15번 줄을 보면 함수 안에 def로 다른 함수를 또 정의하고 있습니다. 그리고 20번 줄에 15번 줄에서 새롭게 정의한 함수의 이름을 return하고 있죠. 바로 이것이 closure의 커다란 골격이라고 이해하면 되겠습니다. **함수 안에 함수를 만들고 그 함수의 이름을 리턴!**

22번 줄을 설명해 드리겠습니다. zip_code 함수에 매개변수로 '세종특별자치시'를 입력하여 함수를 실행하면 함수 안에서는 zipcode_DB라는 폴더에서 '세종특별자치시.txt'로 끝나는 이름의 파일을 찾아 내용을 읽어서 zip_number, zip_name이라는 변수에 넣어놓고 20번 줄에서 search라는 함수의 이름을 리턴합니다. 일반적인 경우라면 zipcode는 값을 돌려준 이후에 기억장치에서 사라지게 되는데 이렇게 함수 이름을 돌려주면 사라지지 않고 남아있게 됩니다. 메모리에 짱박히는 거죠.

그 다음에 함수 이름을 돌려받아 저장한 zip_search 변수를 마치 함수를 호출하는 것처럼 이름을 적고 매개변수를 전달해 주면 기억장치에 남아있던 zip_number, zip_name의 변수값에서 원하는 값을 찾은 후에 17번, 19번 줄처럼 해당하는 값을 돌려줍니다. 이후에도 여전히 기억장소에는 값이 남아있어서 23~26번 줄처럼 계속해서 필요할 때마다 불러서 사용할 수 있게 됩니다. 23, 25번 줄 마지막에 있는 end=' '가 생소할 겁니다. 처음 파이썬으로 인사하기를 설명할 때 print가 다음 줄로 이동하지 않고 연이어서 출력하는 방법이 있다고 했었는데, 이 부분이 바로 그 역할을 수행하는 부분입니다.

```
∨ ≡ zip_search = {function} <function zip_code.<locals>.search
   at 0x0000028035F8FA68>
∨ ≡ zip_code = {function} <function zip_code at
   0x0000028035F8F3A8>
```

기억장치 속을 들여다보니 당연하겠지만 두 변수의 0x로 시작하는 주소가 서로 다릅니다. 두 변수 모두 {function}이라고 표시된 것을 보니 함수의 이름으로 사용되고 있음이 확인됩니다.

closure는 개인이 프로그래밍할 때는 제가 사용한 용도 말고는 특별히 사용할 이유를 찾기 어려웠지만, 그래도 아주 가끔은 유용하게 쓰이는 것 같습니다.

closure의 짧은 설명을 끝으로 마무리하도록 하겠습니다.

**책을
마치면서**

정말 재미있고 쉬워서 누구나 부담 없이 읽을 수 있는 파이썬 교재를 만들어보겠다고 틈나는 대로 책을 쓰기 시작한 지 벌써 반년이 지났습니다. 책을 쓰는 내내 이렇게 가볍다 못해 경박해 보일지도 모르는 분위기로 쓴 책이 과연 프로그래밍을 어려워하시는 분들께 정말 재미와 배움을 모두 안겨드릴 수 있을지에 대해 두려움, 망설임 그리고 주저함도 많았습니다. 하지만 이 책이 미래 파이썬 프로그래밍을 처음 시작하려는 모든 분의 첫 단추를 잘 끼워주는 역할을 할 수만 있다면 그보다 보람된 일은 없을 것이라는 생각으로 마지막까지 힘을 내서 마무리하였습니다.

세상에 존재하는 어떤 일에 대하여 누군가에게는 쉽고, 그 일이 누군가에게는 어렵다면 그 차이는 생각만큼 크지는 않다고 생각합니다. 하지만 노력이 필요한 일에 누가 더 노력했고 누가 덜 노력했는지의 차이는 상상 이상으로 클 수 있습니다. 태어날 때 엉덩이를 한 대 얻어맞고 자연스럽게 숨통을 틔우는 것과는 달리 프로그래밍이라는 분야는 노력의 차이가 곧 실력의 차이가 될 수 있는 영역입니다. 한 번 더 생각하고 다르게 프로그래밍해보고, 다른 사람이 만든 프로그램도 들여다보면서 이해의 폭이 넓어지고 그 깊이가 깊어지는 느낌을 경험해보시기 바랍니다. 그리고 그 경험을 다른 누군가에게 또 나누어주세요. 제가 하는 것처럼 책을 통해서도 가능하고 블로그나 인터넷 카페와 같은 여러 가지 다른 방법을 이용할 수도 있을 겁니다.

끝으로 변변치 않은 책을 읽어준 독자분들께 다시 한 번 감사의 말씀을 올리면서 혹자의 블로그에서 읽었던 문구의 의미를 공유하는 것으로 마무리하겠습니다.

'나의 블로그에 있는 대부분의 지식은 타인이 공유를 허용함으로써 인터넷을 통해 얻게 된 것이 대부분이다. 그러므로 여기에 있는 지식들 또한 당연히 다시 인터넷을 통해 누군가에게 되돌려주어야 하는 것들이다.'

찾아보기